U0917761

本书为国家自然科学基金应急管理项目
“建设国内统一市场的重点领域、体制障碍与
政府治理研究”（项目批准号：71441032）的最终成果

中国社会科学院创新工程学术出版资助项目

统一市场建设

国外经验与中国实践

刘戒骄 等著

中国社会科学出版社

图书在版编目（CIP）数据

统一市场建设：国外经验与中国实践/刘戒骄等著．—北京：中国社会科学出版社，2021.1

ISBN 978－7－5161－9236－8

Ⅰ．①统…　Ⅱ．①刘…　Ⅲ．①统一市场—研究　Ⅳ．①F713.58

中国版本图书馆 CIP 数据核字（2016）第 264125 号

出 版 人　赵剑英
责任编辑　车文娇
责任校对　王　斐
责任印制　王　超

出　　版　中国社会科学出版社
社　　址　北京鼓楼西大街甲 158 号
邮　　编　100720
网　　址　http://www.csspw.cn
发 行 部　010－84083685
门 市 部　010－84029450
经　　销　新华书店及其他书店

印刷装订　三河市华骏印务包装有限公司
版　　次　2021 年 1 月第 1 版
印　　次　2021 年 1 月第 1 次印刷

开　　本　710×1000　1/16
印　　张　19.25
插　　页　2
字　　数　303 千字
定　　价　99.00 元

《统一市场建设：国外经验与中国实践》
课 题 组

课题组负责人： 刘戒骄

课 题 组 成 员： 郭朝先　徐孝新　王德华
马祥佑　赵　栩　陈晓东
江飞涛　杨晓琰　薛晓光
刘　欧

目　　录

总论：统一市场的含义及建设思路

党的十八届三中全会紧紧围绕使市场在资源配置中起决定性作用来深化经济体制改革，提出建设统一开放、竞争有序的市场体系是使市场在资源配置中起决定性作用的基础。现代市场体系所要求的统一、开放和竞争有序三个方面是相辅相成的。统一市场要求竞争有序和开放，竞争有序依赖于统一市场。统一是现代市场体系的基础环节，直接关系到市场配置资源作用的范围和程度，建设统一市场是我国经济体制改革新阶段的一项紧迫任务。但是，由于地方保护、部门本位和内幕交易，公平竞争、平等准入等统一市场建设制度的缺失和不合理行政性壁垒的存在，我国国内市场条条分割和块块分割的问题一直没有解决，土地、矿产资源等重要生产要素市场被分割的问题尤其突出，统一市场没有形成。

统一市场有交易场所和交易制度两层含义。从交易场所看，统一市场要求能够允许尽可能多的买者和卖者进入市场参与交易，所有潜在买者和卖者进入市场不受除自然因素以外的其他因素的阻碍，尤其不会受到同类经营者的排挤和不当竞争政策的限制。从交易制度看，进入市场的买者和卖者能够平等地获得信息，公平地展开竞争，尤其不会受到主导企业滥用垄断地位的不公平对待和内幕交易的损害。垄断及由其导致的行业封闭运行和用户选择权限制，将潜在竞争者排挤在市场以外，不能使低效率企业失去市场，削弱了企业降低成本和进行产品与服务创新的激励，进而对厂商行为、产业绩效、用户利益和配置效率产生消极影响，严重制约市场配置资源的范围和效果，是阻碍当前统一市场建设的一个主要因素。

改革开放前，就有经济学者对统一市场问题进行了研究，有的学术论文明确使用“统一市场”一词。改革开放以来，我国经济学界对市场经济体制的认识不断深入，对市场分割、地方保护的弊端和全国统一市场建设的重要性与紧迫性进行了深入研究。自 2013 年党的十八届三中全会以来，国内学者根据《中共中央关于全面深化改革若干重大问题的决定》的要求，加强了对国内统一市场建设的研究，取得了不少有价值的成果，对于如何推进全国统一市场建设提出了不少有价值的建议。尽管国内学术界对统一市场建设问题投入不少力量，开展了相关研究，但从现有研究成果看，存在以下几点不足：一是对统一市场建设涉及的问题进行孤立、个别的研究多，系统的研究不多，能够深入统一市场形成机理进行透彻分析的研究更少。二是对国外统一市场建设的研究不够系统，对国外研究动态和实践缺乏了解和追踪研究。三是对统一市场建设相关配套体制和政策的研究不够。总体来看，理论界和实践界都认同要加快统一市场建设，但对统一市场形成的条件和机理，如何构建加快统一市场形成的体制机制和政策体系等问题，还需要进一步深入研究。

本书重点研究产业政策、环境监管、土地和矿产资源配置、垄断行业等关键领域的全国统一市场建设。经过多年改革，我国初步建立了社会主义市场经济体制，但这个体制还不成熟、定型，目前的市场既有政府主管部门从上到下的条条分割，又有各地方政府的块块分割，垄断行业过度垄断和封闭运行的问题依然突出，不少关键和重要稀缺资源的配置仍然依靠本地市场，稀缺资源没有实现在全国范围内的优化配置，市场配置资源的作用没有得到充分发挥。本书拟从当前统一市场建设的需要出发，重点研究分析以下问题：垄断行业，产业政策，土地、矿产能源等稀缺资源和关键领域的全国统一市场建设；完善市场准入政策和改革产业监管，推进全国统一市场建设；创新市场内在制度，实现政府竞争中立，保障全国统一市场建设；治理商业贿赂，促进公平竞争等。

第一节 确立竞争政策在经济政策中的基础性地位

竞争是市场的本质和精髓，市场经济本质上是竞争经济。市场决定资源配置是市场经济的一般规律，统一市场建设必须遵循这条规律。只有把公平竞争作为经济发展方式和经济体制的内在要素，才能调动各类经济主体参与市场交易和竞争的积极性，实现市场对资源的有效配置和经济领域的互联互通。竞争是一个国家产业和企业竞争力的根本来源，没有竞争就没有竞争力。企业只有不断推进创新，开发适合市场需求的新产品，降低生产成本，提高经营效率，才能在市场中生存和发展。没有创新，企业必将在竞争中落伍，面临被淘汰的命运。特别是在当前市场竞争激烈、产品生命周期缩短、技术飞速进步的时代，创新对于企业发展具有尤为重要的意义。

垄断和竞争的关系至少可以追溯到亚当·斯密的“看不见的手”这个形象比喻。竞争政策涉及两个方面的问题。一是鼓励有效竞争，二是限制不正当竞争。在竞争过程中可能出现垄断和其他不正当竞争行为。今天的竞争政策已不再是对垄断采取自由放任或管制的简单选择，而是侧重于建立和维持一个有效竞争的秩序框架，在竞争受到扭曲时，使市场过程回到符合效率的轨道上来。

竞争政策与产业政策存在既相互统一又相互冲突的复杂关系，要实现国家社会经济发展的目标，必须对两者的关系加以动态协调。产业政策和竞争政策是一把“双刃剑”。设计良好的产业政策和竞争政策可以提高市场绩效，破除垄断、封闭和不合理的政策对公平竞争的阻碍，避免不公平竞争制度的永久化，分割封闭的产业政策和竞争政策抑制经济效率和经济动力。在市场经济国家，竞争政策在监督市场结构和矫正企业行为方面具有重要作用。产业政策和竞争政策都是纠正市场失灵的政策，（狭义的）产业政策的中心是纠正市场在配置资源过程中可能产生的失误，竞争政策是为了保证市场竞争机制的有效运转。竞争政策的核心目标是保护和促进经济繁荣的引擎——市场竞争，确保竞争机制在相关市场发挥作用，从而提高生产效率和资源配置效率，增进消费者福利。在经济全球化背景下，中国竞争政策应该着力解决政府及所属机构滥用权力限制竞争、行业或地区垄断、垄断企业拥有和滥用市场支配地位、政府过度管制等问题。

竞争政策是国家为保护和促进市场竞争、建立市场竞争规则而实施的一系列措施和工具，以反垄断法为基础，重点规制企业实施的各类限制竞争行为，也包括行政垄断的规制、竞争倡导、政府补贴的竞争审查、法律法规的竞争审查等内容。竞争政策通过建立和维护竞争秩序的政府措施来保护市场机制的有效运转。其基点是资源的有效配置，即社会福利最大化。其内容可以从狭义和广义两个方面来理解。狭义的竞争政策是指有关限制性商业做法、垄断、兼并及相关现象的法律制度及行政规定。广义的竞争政策是指放松经济管制、促进竞争自由和市场开放的政策，它包括竞争法规定的竞争规范以外的一些调整竞争行为的措施。反垄断政策是竞争政策的核心内容，有时甚至将竞争政策与竞争法作为同义语看待。一般来说，竞争法调整的是私营企业活动，竞争政策的适用范围除了私营企业的活动，还包括国有企业和政府的行为。

竞争政策反映一国的文化、规制传统和发展阶段，各国竞争政策因此存在差异。通过大力实施竞争政策，保护和促进统一的市场竞争，实现优胜劣汰，能够使资源得到优化配置，提高资源配置效率。随着市场配置资源作用的增强，产能过剩、产业结构调整优化与发展质量提升等很多问题可以通过市场竞争自行解决。在统一市场建设中，应当逐步确立竞争政策在经济政策中的基础性地位，充分发挥竞争促进经济持续健康发展的作用。理解竞争政策，必须首先摆正竞争法和竞争政策的位置。竞争法是指一国政府主要针对企业之间旨在限制竞争的协议或滥用市场支配地位，以及试图通过企业并购建立市场支配地位等行为所建立和维护的一套规则和纪律，主要包括反限制竞争法和反不正当竞争法。竞争政策的含义比竞争法要宽泛得多，是所有为保护和促进市场竞争而采取的行动措施、制定的法规条例和设立的监察实施机构的总和。竞争法只是竞争政策的组成部分。可见，除了上述竞争法的任务领域，竞争政策还包括对国有企业的私有化、减少一些领域中的政府管制、削减对特定公司（如国有企业）的补贴计划，以及减少对外国产品或者生产者的政策歧视等。现代竞争法与竞争政策的目的主要是通过维护竞争实现有效的资源配置（经济效率目标），并由此使一国福利最大化（社会福利目标）。

竞争政策的核心目标是保护和促进市场竞争，确保竞争机制在相关市场发挥作用，从而提高生产效率和资源配置效率，增进消费者福利。竞争政策涉及两方面问题。一是鼓励有效竞争，它要求消除在市场准入、生产运营和贸易等方面的各种限制，赋予企业平等的竞争条件。二是限制不正当竞争。在竞争过程中可能出现垄断和其他不正当竞争行为。竞争政策侧重于建立和维持一个公开、公正和公平的竞争秩序框架，在竞争受到扭曲时，干预市场过程，纠正扭曲，使市场过程回到与竞争一致的轨道上来。反垄断法或反不正当竞争法就是要防止和消除妨碍平等竞争的因素。二者相辅相成，共同维护竞争秩序，促进竞争自由化。

竞争政策是国家根据现有经济条件、各种形式的市场结构和行为的影响、国际竞争态势，以及总的经济政策目标而制定的。竞争政策主要通过以下几个方面对企业行为进行规范：一是禁止限制竞争的协议和相互协调市场的行动，如限定价格或者其他销售条件、串通投标、划分市场、限定产量和销量等。二是禁止滥用市场支配地位的行为，如某些企业凭借其垄断优势任意延伸垄断范围损害独立厂商和消费者利益、限制用户选择权、搭售或附加其他不合理条件等。三是控制企业合并，目的是防止市场力量的过度集中，维护竞争性的市场结构。

市场经济可以创造最有效的竞争条件，而竞争使市场经济成为迄今为止人类社会发展史上最有效率的经济制度，所以，实行市场经济体制的国家，其市场运行均依赖于竞争规律的运行。从这一角度讲，竞争是市场经济的生命之源，是市场经济的灵魂。

在市场经济体制下，竞争发挥着独特的功能：一是适应与协调功能，即经济主体适应价格信号的变化以调整自己生产经营活动的功能；二是刺激与创新功能，即经济主体在“优胜劣汰”的压力下提高经济效率与推动技术进步的功能；三是分配与监督功能，即通过竞争实现按效率对经济主体的初次分配，这种分配客观上也对竞争者形成监督。经济学家斯蒂格利茨认为，竞争有两个重要的经济功能，即选择功能和激励功能。对功能的这些表述，实际上就是我们通常所说的竞争的积极意义或作用。

但是，当市场竞争发挥诸如使社会资源得到有效配置、提高劳动生产率、满足社会需求等积极作用的同时，也会给社会带来一定的消极影响。这是因为，在不完全竞争的市场中，基于竞争者追逐超额经济利润而实施的垄断现象和反竞争行为，如限定价格、价格歧视、划分市场、卡特尔、掠夺性定价、搭售、强制交易、公用企业限制竞争的行为等，都可能引起市场的价格扭曲、产量扭曲、收入扭曲，干扰市场经济体制的正常运行，破坏竞争和市场秩序。总的来看，当前竞争政策呈现以下趋势。

（1）强调有效竞争，对不正当竞争的界定越来越具体。传统的竞争政策以竞争法为代表，主要涉及一些影响重大的竞争规范，如垄断、卡特尔等。随着现代经济的发展和对经济制度完善的关注，人们注意到了更多直接或间接影响竞争的因素，更多地考虑竞争的效果，产生了对竞争的宏观环境和竞争的技术细节进行规范的要求。

（2）不绝对禁止垄断。这是随着对竞争的认识不断深入而发生的变化，垄断的内涵得到相当大的扩展。例如，熊彼特的动态竞争理论认为，大企业由于创新和技术进步形成的垄断不是真正的垄断；克拉克的有效竞争理论认为，竞争过程某些阶段的垄断是必要和合理的；哈佛学派把市场不完善因素或垄断因素视为实现技术进步的前提条件。以上理论的一个共同点是：不认为垄断有百害而无一利。在一定条件下对垄断加以适当限制，可以与竞争互相促进。这种认识在相当程度上影响竞争政策的制定。

（3）重视竞争政策与产业政策的协调。由于竞争政策与市场经济这一基本经济制度相联系，竞争政策和产业政策都包含政府干预成分，竞争政策与产业政策的关系和冲突成为关注的焦点。传统的产业政策以扶持特定部门为目的，而竞争政策是以改善商业环境，使竞争机制得到发挥为宗旨。产业政策和竞争政策呈现融合趋势，逐步演变为“产业竞争政策”（Industrial Competitiveness Policy）。

产业竞争政策的出现，首先使政府避免了充当“圈定赢家”（Picking Winner）的角色。在传统产业政策中，确定被扶持的产业要求政府知之甚多，这是成本巨大的决定过程。经验证明，政府并不能很好地充当这一角色，市场的优胜劣汰机制在这一方面比政府要略胜一筹。政府在新产业政策中的作用是营造产业发展的大环境，而不是面向少数目标产业。其次，产业支持政策逐步规范，强调与贸易政策、竞争政策的协调。最根本的一条是无歧视原则，确保公平竞争、自由贸易。因此，要求减少政府行政干预，主要通过市场机制来实现产业结构调整。补贴仍然存在，但不再是针对个别产业，主要是用于支持研究开发、信息服务、投资或新企业进入。

（4）要求进行竞争政策的国际协调。传统上竞争政策被认为是一国的国内政策，是在一国市场经济体制下规范竞争的行为。随着经济全球化和贸易自由化的推进，竞争政策的国际协调已成为迫切要求。带有国际性质的竞争政策包含的问题十分广泛，不仅涉及国际卡特尔、出口卡特尔和国际并购，还涉及反倾销的法律、施加地域限制的分配协议、具有市场控制力量的企业的各种各样的限制性商业行为（包括搭售和拒绝交易）。近年来，随着经济全球化的逐步深入，各国关注的焦点集中于市场准入这一议题。在市场准入的原则下，国家将会阻止本国的企业通过私人限制来阻碍市场准入。

尽管缺少专门界定，世界贸易组织、区域性自由贸易协定的一些条款中实际上已包含了部分竞争政策的内容。竞争政策成为多边贸易谈判的重要议题和多边贸易政策体系不可分割的一部分。应当说明，竞争政策的覆盖面很广，涉及贸易政策的制度基础，因而在各种经济政策的关系中，竞争政策成为基石。目前，国际上显现的从贸易政策向竞争政策扩展的趋势，是为了充分利用已建立起来并广为接受的、与竞争政策相一致的贸易政策规范的基础。但从长远看，竞争政策将占主导地位，成为贸易政策和产业政策的基本导向。①

自改革开放以来，中国逐渐认识到竞争机制在经济发展中的重要作用，开始制定有关的竞争政策和法律体系。1980 年国务院常务会议通过的《国务院关于开展和保护社会主义竞争的暂行规定》，以行政法规的形式肯定了竞争对于搞活经济、满足人民需要和加快现代化建设的作用。1984 年党的十二届三中全会通过的《中共中央关于经济体制改革的决定》再次强调建立竞争法律制度的重要意义，指出：竞争中可能出现某种消极现象和违法行为，各级有关领导机关对此必须保持清醒头脑，加强教育和管理，认真注意解决好这方面的问题。

自 20 世纪 90 年代以来，中国突出强调了开展市场竞争的重要性和必要性，并且为保护公平竞争于 1993 年颁布了《反不正当竞争法》。中国进一步认识到，良好的市场秩序是发挥市场在资源配置中的基础性作用、促进经济发展的关键，开始改变破坏市场竞争秩序的一些做法。党的十六大提出，要建立统一、开放、竞争、有序的现代市场体系。党的十六届三中全会通过的《中共中央关于完善社会主义市场经济体制若干问题的决定》明确要求，废止妨碍公平竞争、设置行政壁垒、排斥外地产品和服务的各种分割市场的规定，打破行业垄断和地区封锁。

---

① 黄静波：《WTO 贸易政策规范及其扩展与中国贸易政策》，《中山大学学报》（社会科学版）2000 年第 3 期。

党的十七大提出，要深化对社会主义市场经济规律的认识，从制度上更好发挥市场在资源配置中的基础性作用，形成有利于科学发展的宏观调控体系。加快形成统一开放竞争有序的现代市场体系，发展各类生产要素市场，完善反映市场供求关系、资源稀缺程度、环境损害成本的生产要素和资源价格形成机制。党的十八大提出，经济体制改革的核心问题是处理好政府和市场的关系，必须更加尊重市场规律，更好发挥政府作用。要加快完善社会主义市场经济体制，更大程度、更广范围发挥市场在资源配置中的基础性作用，完善宏观调控体系，完善开放型经济体系，推动经济更有效率、更加公平、更可持续发展。《国务院关于促进市场公平竞争维护市场正常秩序的若干意见》（国发〔2014〕20 号）提出，围绕使市场在资源配置中起决定性作用和更好发挥政府作用，着力解决市场体系不完善、政府干预过多和监管不到位问题，坚持放管并重，实行宽进严管，激发市场主体活力，平等保护各类市场主体合法权益，维护公平竞争的市场秩序，促进经济社会持续健康发展。

但是，从总体上看，由于市场经济发展水平的局限，中国竞争政策和竞争法制都处于初创阶段和滞后状态，市场竞争问题还远未作为市场经济最基本的问题来对待，竞争政策及其在市场体制中的基础作用还没有通过法律的形式予以保障和实施。在中国经济体制向市场体制转化的过程中，政府及所属机构滥用权力限制竞争、维护行业或地区垄断，以及垄断企业拥有和滥用市场支配地位、政府过度管制的现象还广泛存在。

确立竞争政策在经济政策中的基础地位，完善中国的竞争政策，应该从以下几方面入手。

第一，转变传统的产业政策观念，弱化对特定产业的扶持，更多地采取有利于促进有效竞争的措施。虽然中国需要运用产业政策对本国产业进行一定的保护，但不可忽视的是产业政策和贸易政策的运用都可能产生负作用，具有偏向性的产业政策和出口刺激有可能在促进出口增长的同时导致贸易政策偏离中立性。中国所面临的问题是，如何正确地把握产业政策运用的度，使之不至于成为贸易保护的滋生地。因此，制定产业政策必须坚持适度保护的原则，而且在保护手段上应避免过度削弱市场的作用。例如，中国各级政府制定了一些产业补贴措施，部分企业在税收减免、成本或费用补贴、折旧或科技费用提取、贷款或购置土地等方面享受优惠。其中的一些措施成为制约和影响竞争机制正常发挥作用的因素，无法达成优化资源配置的目标，对市场竞争产生负面影响，必须加以调整。

第二，制定一个长期的、综合的竞争政策，系统地考虑竞争与反竞争问题。经济全球化和社会主义市场经济体制，要求中国在立足国情的同时，在国际经济大背景之下设计竞争政策和竞争法制，不仅考虑企业的垄断和不正当竞争问题，而且统筹考虑政府可以采取的、旨在促进竞争的所有行动措施，包括政企分离、放松管制、国有企业民营化、政府守法、反倾销、反补贴以及对垄断企业的管制等问题。目前，中国经济中的绝大多数垄断势力是由政府干预和管制引起的，垄断权主要为政府部门和垄断行业的国有大型企业拥有。行政垄断以及政府对垄断制止不力，是当前妨碍中国市场准入和有效竞争形成的主要原因。

第三，降低市场进入障碍，建立可竞争的市场体系。可竞争市场理论是美国著名经济学家鲍莫尔首先提出的，该理论为判定一个产业是否具有可竞争性提供了理论依据。可竞争市场理论把进入和退出视为促进竞争的力量，改变了新古典经济学以市场结构判定企业行为和市场绩效的传统分析框架。可竞争市场理论的本质是通过来自潜在进入者的竞争压力，对当前市场上的供给者的行为施加一定程度的约束。一个市场是可竞争的，就必定不存在显著的进入障碍。这样，为不再使潜在进入者有盈利机会，均衡状态必须具备无显著的超额利润、现有供给者之间的定价以及生产配置是有效率的等特点。无论市场上是仅有一个垄断者还是有若干个竞争性厂商，可竞争市场总是具有这些特点，因为是来自潜在进入者的潜在竞争，而不是当前供给者之间的竞争，对在位者的均衡行为产生有效约束。查尔斯·沃尔夫（1994）强调，潜在的进入者所造成的市场竞争性的影响，能够给垄断者很大的威胁，强迫其保持一个高水平的发展，并且维持快速的革新，从而保护其当前对市场的垄断。这样，潜在的竞争可能与实际的竞争具有同样的作用。例如，根据可竞争市场理论，中国在继续吸引、鼓励跨国公司以独资、合资形式投资中国战略产业的同时，应注意运用多元化的投资策略，防止国内市场为个别国家甚至个别厂商所垄断，争取通过跨国公司之间在国内市场的直接竞争来改进市场绩效。

第二节　最大限度减轻产业政策对竞争的损害

产业政策是国家为实现产业结构和产业组织合理化，促进经济发展所采取的政策和措施，也可以理解为一国为扶植某一特定的产业或行业而实施的倾斜政策。产业政策和竞争政策都是纠正市场失灵的政策，（狭义的）产业政策的中心是纠正市场在配置资源中可能产生的失误，竞争政策是为了保证市场竞争机制的有效运转。在一定条件下，市场本来可以在配置社会资源方面发挥自身的作用，但是在某种状况和局面下，市场又不能对社会资源进行最佳的配置，纠正市场这种现实的、可能的失灵，是产业政策和竞争政策的共同目的。从这个意义上说，产业政策和竞争政策的内容和界限并非那样泾渭分明，两者经常互相交融、互为影响。尽管如此，竞争政策还是有其不同于产业政策的特点的。

改革开放以来，我国制定并实施了一系列产业政策，推动产业结构调整和优化升级，在加快经济发展中发挥了重要作用。但是，由于目前我国实施的产业政策在很大程度上具有政府替代市场机制的特点，政府直接进行资源配置并干预市场运行，不可避免地妨碍市场机制的正常运行，降低经济体系的活力。例如，一些地方政府为招商引资，对部分行业项目提供土地、财税等优惠政策，使其价格不能反映真实的市场供求情况，并吸引市场资源大量投入，成为产能过剩的主要原因之一。

尽管产业政策与竞争政策的终极目的都是有效配置资源，但二者的性质和采用的手段不同，它们之间时常存在各种矛盾。产业政策具有一定的倾向性，而竞争政策是对任何企业都没有偏好的中性政策。产业政策侧重于集中资源维持某些产业和产品的有效生产，通过做什么来实施。而竞争政策侧重于管理特定市场行为以实现效能目标，通过明确不能做什么来实施。在经济发展的不同阶段，产业政策和竞争政策的重要程度不同。一般来说，经济发展的初期和市场体制不健全的经济体系，更倾向于利用产业政策。在成熟的市场经济国家里，竞争政策作为维持竞争秩序的政策优先于其他干预经济过程的政策。比如，欧盟的竞争法和竞争政策优先于欧盟及其成员国的区域政策。

产业政策强调宏观效果，竞争政策强调微观过程和秩序。前者要求满足消费者对产品和服务的需求，后者要求建立为经济运行过程创造和保持长期有效的秩序框架、行为规则和权限的有关经济法律和措施手段。与之相对的概念是所谓的过程政策，是指在既定的或者很少变化的秩序框架和国民经济结构下，所有那些针对经济运行过程本身所采取的，并能影响价格—数量关系变化的各种国家干预调节措施手段的总和，包括货币政策、财政政策、收入政策等。在这两类政策中，秩序政策的地位要高于过程政策（何梦笔，2013）。

从产业政策目标看，主要是促进产业结构调整与优化升级，抑制部分行业过度投资和产能过剩等。从实施手段看，主要是综合运用法律、经济、技术和必要的行政手段，通过目录指导、市场准入、项目审批、强制清理落后产能等方式进行，近年来则加入了强化问责制和组织领导等手段。从政策特征看，则带有刚性与指令性及明显的行政直接干预的强制性特征，以政府判断和选择来确定投资方向，忽视和弱化市场机制对产品、技术和工艺的选择。从实施效果看，对中国经济总量扩大和发展质量提升发挥了重要作用，但并非所有政府支持的竞争性产业都得到了迅速发展，甚至有些受政府重点保护产业的核心竞争力未得到实质性提升，典型的如汽车、电信、银行业等；同时，产业政策在一定程度上以政府控制代替市场协调，易致大量财产集中于少数人手中，造成社会分配不公及寻租行为。

相比之下，竞争政策则在国内未受到足够重视，实践中的运用也显得不足，与建立完善的社会主义市场经济体制的要求相比还存在较大差距。虽然先后出台《价格法》《反不正当竞争法》《反垄断法》等法律法规，旨在保护市场公平竞争、提高经济运行效率和维护消费者私人权益及社会公共利益，但整体比较零散，缺乏系统性，实践中对打破垄断行为、促成良性竞争有一定积极作用，但效果较为有限。一些内外资企业利用自身某些优势长期占据和滥用市场支配地位的经济性垄断，以寻租等行为谋求特权的不正当竞争，一些部门通过设定特定的审批手续等地方保护政策限制竞争的行政垄断，加之一些不作为、慢作为的做法放任行业垄断，导致市场垄断现象比较严重。

近年来存在的一些以政府选择替代市场机制和限制竞争的管制行为，在实践中引致一些部门制定和实施产业政策的权责边界和行为方式发生偏差，政策目标没有达到理想效果且带来了一些问题，如经济总量与行业发展的“大而不强”，创新与技术研发明显不及一些发达国家，曾经的“以市场换技术”的产业政策结果是市场让出了而技术未得到真正提高。保护性的产业政策还容易导致行业或企业形成依赖心理，缺乏创新积极性和斗志，导致越保护越落后，而主要针对具体产品、技术、企业而不是全部产业的保护扶持政策，又破坏了市场竞争秩序规则。旨在淘汰落后产能与单纯以产量来化解产能过剩的产业政策，反而刺激一些企业做大产量规模，导致更大的产能过剩。这些弊端使即使在产业政策较为成功的韩日等国，对政策效果的认识也不一致。相比之下，竞争性市场通过完善的秩序规则和价格杠杆作用，能有效地引导并实现资源配置效率的提升，且市场竞争有更强的创新动力，自由竞争的市场主体是创新主体的关键力量和技术创新的重要源泉，有助于克服产业政策的缺陷。

按照国际经验，这一阶段的经济体为了保持经济发展的持续活力，应适时进入主要依靠自身内在力量而不是主要依靠外部力量谋求更大发展的关键时期。通过完善市场秩序、强化自由竞争、深化体制改革和激发市场活力，不断增强经济发展的内生力量，推动实现更大更好的发展，将成为当前及今后的时代任务和使命，这需要由过去产业政策发挥主要作用逐步实现向主要依靠竞争政策的过渡，更好发挥竞争政策的作用，激发内在的发展动力。在当前我国整体经济出现下行的形势下，以更完善的竞争政策激发市场活力，有更重要的时代价值。①

根据国际经验，市场经济要求实施一种偏向于中性的产业政策。所谓中性产业政策，是指除了法律和政策直接禁止的产业，政策并不事先挑选输家和赢家，而是放手让市场竞争去决定，优胜劣汰。如果处于竞争关系的这个企业可以利用产业政策减少竞争压力，就可能失去技术进步的动力，而倾向于利用这种政策给予的优势地位，排挤其他竞争对手，制定垄断价格，谋求垄断利润。这就需要我们按照党的十八届三中全会的精神，改革政府权力的运作方式和产业政策对市场的管理方式，清理和废除妨碍全国统一市场和公平竞争的各种规定和做法，严禁和惩处各类违法实施优惠政策的行为。从实践来看，中国建立统一市场的一

---

① 张亮、刘义成：《新时期我国产业政策与竞争政策协调运用的思考》，《发展研究》2015 年第 12 期。

个主要障碍，是那些为扶持或限制某些特定产业而制定的财税、信贷、外汇乃至土地、人才等一系列扭曲市场机制的政策。

在我国现行体制中，地方政府具有利益偏向，不具有维持中性产业政策的基础。产业政策去地方政府化是指产业政策不能由地方政府去主导，而应该主要由中央政府来综合行使，以保持产业政策对市场调节的统一性和协调性。地方政府作为竞争主体，出于追求本地区利益的逻辑，会运用行政权力鼓励那些对自己区域有利的企业行为，限制那些对自己区域不利的行为，从而不可能从根本上营造追求公平、公正和公开的市场环境。让产业政策的主体回归中央政府，是解决政策平等性的基本前提。刘志彪（2014）强调竞争政策“主角化”，竞争政策要逐步替代产业政策成为统一市场运行的奠基石，成为规范市场公平竞争的主导规则。在实现强化国际竞争力这一目的时，政府对产业政策的运用应当注意克服计划经济时代管理经济的观念。在运用产业政策的同时不能忽略竞争政策的作用，应当协调好二者的关系。

经济全球化和多边自由贸易协定，要求产业政策和竞争政策的融合。以往一些属于贸易政策与产业政策共用的措施如出口补贴、限制进口、超国民待遇等都被排除出了贸易政策规范，同时促使产业政策日渐演变成维护公平竞争和自由贸易的产业竞争政策。而在全球经济加速一体化之下，产业政策和竞争政策的协调已成为迫切要求。确保产业政策与竞争政策之间的平衡协调关系，防止产业政策对竞争的损害，是中国经济发展的重要课题。

第三节　确保政府处于竞争中立地位

在统一市场建设中，竞争中立原则是一个值得关注的概念。竞争中立最初作为一项国内规则由澳大利亚提出，其宗旨是促进本国国内企业之间的公平竞争。欧盟在欧洲统一大市场建设中，也形成了以促进区内竞争为主要目的的竞争中立框架。2008 年国际金融危机爆发以来，美国在双边、区域和国际组织等多个层面推行竞争中立原则，使该原则逐渐从一项最先起源于澳大利亚的国内政策向国际规则演进。所谓“竞争中立”，旨在重新规划现存国际经济规则或制度，实现不受外来因素干扰的市场竞争，从而保证在国有企业和非国有企业之间实现公平竞争，包括税收中立、债务中立、规则中立。竞争中立要求制定反垄断法律和采取相应的措施，确保在获得信贷以及其他形式的政府资助上不存在不公平竞争。在跨太平洋伙伴关系协定（Trans - Pacific Partnership Agreement，TPP）谈判中，美国强调缔约方须对贸易、投资及竞争做出有约束力的承诺，提出加入 TTP 的条件为“高标准的政策协议”，其中包括取消给予国有企业的大量补贴，严格知识产权保护，严格劳工、环境标准等，这些条款使 TPP 超出了一般贸易协定所涵盖的边境措施，并涉及边境内政策的干预。

竞争中立原则涉及国有企业、竞争政策和投资保护等议题。美国等发达经济体之所以主张竞争中立原则，其出发点是保证本国企业在其他国家市场上享受公平的竞争环境，防止东道国对本地国有企业提供优惠待遇，同时使外国的国有企业在美国市场上不会使美国的企业处于不利的竞争环境。同时，美国也有一些国有企业，因此其方案兼顾了进攻性和防御性。美国希望 TPP 中的国有企业条款是“有意义的、有约束力的以及可实行的”。[①] 该原则已经成为美国等发达经济体维护其在全球竞争地位的新工具，是中国国有企业发展和新一轮经济体制改革面临的一个外部新挑战。

市场经济是由市场在资源配置中起决定性作用的经济，但市场能够有效发挥作用的条件和环境需要政府创造与维护。竞争中立就是使政府从市场主体角色转变成裁判者角色。政府不应该关心哪个市场主体发展壮大、取得优势地位，但需要确保市场主体在公平竞争的环境下通过自身努力实现竞争优势，而非通过不正当手段排挤其他竞争者，或者借用政府偏爱达到优胜的目的。在国有企业改革方面，坚持政企分离的方向，进一步规范政府与国有企业的关系，明确区分和规范政府作为市场监管者和调控者以及作为国有企业出资人的职能，把垄断行业管理机构改造成为独立的监管机构，把垄断行业运营者改造成为独立于监管机构并按商业化原则运营的公司制企业，彻底剥离应该由政府和行业协会承担的职能，使垄断行业运营者成为符合现代企业制度要求的市场主体。

---

① 东艳、张琳：《美国区域贸易投资协定框架下的竞争中立原则分析》，《当代亚太》2014 年第 6 期。

作为市场监管者或调控者，政府集中履行经济调节、市场监管、社会管理和公共服务职能，平等对待各类企业。作为出资人，政府可以行使相应的权能，但应该规范干预国有企业的领域和手段，超越私人投资的局限，兼顾国有企业的经济目标和社会目标，避免过度追求自身经济利益。

从依法行政的角度看，行政机关不能制定排除、限制竞争的政策。我国反垄断法对行政机关和法律、法规授权具有管理公共事务职能的组织滥用行政权力排除、限制竞争的行为做出了专门规定。除在总则中明确行政机关不得滥用行政权力排除、限制竞争以外，还专设一章，明确禁止实践中较为典型的滥用行政权力排除、限制竞争的行为，包括限定或者指定交易、妨碍商品自由流通、排斥或者限制外地经营者参加招投标、排斥或者限制外地经营者在本地投资或者设立分支机构，以及强制经营者从事垄断行为等。这意味着，行政机关制定的相关政策，不能够排除和限制市场竞争。

政府对市场机制的损害，包括市场被分割和被限制，集中表现为以行政权力不当干预市场的行为，即行政垄断（或政府限制竞争行为）。行政垄断是政府通过法律、行政法规或规定的形式对竞争设置政策性壁垒，包括贸易壁垒、针对流入的外国投资的限制、对竞争设立的行政障碍和赋予国有企业垄断地位。其实质是将权力传导到自由市场，使市场主体凭借政府力量实现经济上的垄断，这既是对市场机制的破坏，又使企业将过多的注意力集中于争夺政府资源，忽视创新对企业发展的重要促进意义，降低创新的积极性。目前，中国的行政垄断主要是政府机构为了维护本部门、本地区所属企业的利益，通过行政垄断的方式来阻止市场竞争，有时变成政府官员为了谋求个人私利而滥用公共权力的违法行为。行政垄断使国内投资以及外国投资进入效率较低的活动，从而减缓生产率的提高，妨碍了竞争。

确保政府处于竞争中立地位，要求政府作用向维护公平竞争和公众利益转变。政府直接经济管理逐步收缩，管理重点从市场准入限制、直接定价转向对价格、经营者集中和市场势力等方面的监管，加强安全、环境、职业健康监管和对各利益相关方的协调，更加重视公平竞争制度建设、保护公众利益和用户利益。对竞争环节和垄断环节、主导运营企业和非主导运营企业采取不同的价格形成机制，加强对非竞争领域价格的评估和审查。对于市场机制能够发挥作用的竞争环节，应当以事后监管和竞争效果评估取代事前的市场准入、价格管制。具体做法可以是，在竞争环节，对非主导企业和新进入企业放开价格管制，以市场定价取而代之。对竞争环节的主导运营企业，放开新产品和新服务的价格管制，对垄断性产品和服务实施价格上限管制，尽快取消不合理收费。

实现政府的竞争中立，还要求推进要素市场改革，改变现有土地、金融、生态环境等资源的低效配置，从根源上杜绝地方政府和债权银行对企业退出的干预。加快建立生产要素价格的市场形成机制，放开政府对资源性要素的价格管制，引导市场主体通过竞争取得资源，使资源价格能够真实反映市场供求关系和资源稀缺程度。土地、矿产资源等生产要素的所有权虽归国家所有，但实际控制权却在地方政府手中。在用地市场方面，党的十八届三中全会在重申十七届三中全会“建立城乡统一的建设用地市场”的同时，进一步提出“允许农村集体经营性建设用地出让、租赁、入股，实行与国有土地同等入市、同权同价”。其意义在于，建立兼顾国家、集体、个人的土地增值收益分配机制，让农民分享土地增值收益，促进我国土地要素市场不完善、城乡土地要素市场发展不平衡不统一特别是集体建设用地基本被排斥在土地市场之外等问题的解决。针对产能过剩行业的市场退出障碍，国资委、国家发改委要加强对地方政府低价甚至免费出让生产要素行为的监管，对已存在的生产要素价格扭曲进行更正，如补交土地出让金，补交水、电费差价等。金融市场改革的重点是进一步推进利率和汇率市场化改革，让市场在金融资源配置中发挥决定性作用，实现金融资源的有效配置。同时，加快金融机构改革，硬化银行预算软约束，明确金融业准入、退出的规定和规则，促进金融市场有效竞争，从而增强金融机构抵御政府不当干预的能力。

需要指出的是，确保政府处于竞争中立地位，不是否定和反对政府发挥作用。新自由主义主张建立一个没有约束的市场经济体制，政府在资源配置中充当资本的“守夜人”的作用。政府不要干预资源配置，不要管制微观经济活动，政府只应在宏观经济领域起作用。西方经济学教材中的市场理论从狭义上可分为完全竞争市场理论和不完全竞争市场理论（垄断竞争市场、寡头市场和垄断市场）。西方经济学教材几乎一致认为，完全竞争的市场经济可以实现资源的最优配置。但是，完全竞争的市场经济要求十分苛刻的前提条件，在现实经济体制中这些前提条件难以实现。西方发达国家在历史上的自由竞争阶段也不完全符合上述完全竞争市场的条件。经过数百年的演进，西方发达国家由自由竞争逐步向垄断竞争、寡头和垄断阶段发展，这意味着自由竞争的市场经济是较低级的经济形态。即使在自由竞争领域，资源配置也未能达到最优，其中交易成本、资源浪费、贫富分化、收入差距、失业等都是不可忽视的问题，金融危机和经济危机更是不可避免。这表明，市场经济体制存在内在缺陷，需要积极发挥政府的调节和监管作用。市场在资源配置中发挥决定性作用，并不是全部作用，政府作用同样不可忽视，二者相辅相成、缺一不可。

第四节　建立良性政商关系

经济体制改革是全面深化改革的重点，经济体制改革的核心问题是处理好政府和市场的关系。而政府和市场的关系主要表现为政商关系。在改革发展中，中国地方政府逐渐剥离了企业所有者和经营者的角色，实现了政企分离，职能逐步转变为为企业提供所需的各种服务和便利，并给予企业经营自由权。这种服务和便利所涵盖的范围十分广泛，既包括地方政府的产业规划指导和政策支持，也包括廉价土地供应、矿产资源配置、税收优惠、协助企业融资等。此外，地方政府会协助企业突破或者绕开中央和上级政府的政策限制，为企业发展创造一个比较宽松的政策环境。这种发展方式使企业成为市场竞争主体，地方政府协助企业降低交易成本和风险，有利于企业的发展壮大。这种政企合作发展的模式得到了广泛传播，地方政府为了能够在招商引资的竞争中获得优势，竞相向投资者提供各种优惠，包括市场保护、限制外来竞争。[①]

政商关系出现扭曲和畸变的现象，追本溯源地分析，肯定与对市场作用认识不够准确有直接关系。改革开放以来，我们对市场的认识和认

---

① 郑敬高、冯森：《“中国模式”下的地方政府行为——地方保护的产生和应对》，《学术界》2015 年第 6 期。

同不断进步。但政府的惯性要大于市场的惯性。市场在资源配置中能够发挥的积极作用已经超出了政府的作用，而政府却没能跟上市场化的脚步，一些人员习惯于手中掌握各种各样、或大或小的权力，他们紧抓不放，唯恐被市场夺了权，这制约了市场作用的发挥。这里面固然有官员的个人素养、道德品质等因素，但这不是主要的。主要原因在于：许多官员对于社会主义市场经济体制下资源配置方式的快速变化，还没能做出及时准确的现实反应。他们还停留在以政府为主导的资源配置时代。而商人又都是趋利的，在约束机制不健全的状况下，他们不会因为勾结官员谋求竞争优势是不道德的，就放弃获利的机会。只要政府手中还握有影响市场竞争的垄断性资源，商人便会想尽办法与之接近，这便产生了官商勾结、权钱交易、权力贴现等丑恶现象。①

这种发展方式，可以降低本地企业的发展成本，但对于域外企业而言，则相对提高了进入门槛，抬高了要素价格。在一定意义上，这种以扶持本地企业发展为名的政府行为有利于形成并保护属地企业在本地区内的市场垄断。我国当前的新能源汽车领域就存在这样的问题。地方政府对不同种类、品牌的新能源汽车实行有区别、有选择的补贴，普遍对本地新能源汽车的发展给予特殊照顾。拥有较大自主权的地方政府在协助属地企业，特别是影响力较大的企业发展时，会利用行政权力来回应企业的需要。②

根据古典公共服务准则，政府官员与私人企业之间必须保持一定的距离。这样做的部分目的是保护市场，以免政治家或行政人员通过帮助“友好”企业对市场造成扭曲，其最终目的是防止腐败。政府官员和个别企业之间的关系太密切，可能形成政府与私人的混合限制竞争行为，导致具有特权的企业建立起进入壁垒，将不属于这个圈子的企业排除在外。

政府与私人的混合限制竞争行为，是指由政府行为鼓励或支持的阻碍市场准入的私人行为。实质上，这是一种隐蔽的行政性限制竞争行

---

① 李铁楠、房广顺：《社会主义市场经济体制下新型政商关系的构建》，《人民论坛》2015 年第 2 期。

② 郑敬高、冯森：《“中国模式”下的地方政府行为——地方保护的产生和应对》，《学术界》2015 年第 6 期。

为。这种行政性限制竞争行为已引起 WTO 咨询委员会的重视，因为这种行为会带来下列严重后果：①政府通过暗示国内公司封锁市场来规避开放市场的义务，并且可以不承担任何责任；②政府会借助商谈限制性措施（如降低关税）来吸引其他成员方的注意力，从而使别国误认为其致力于市场开放；③因为一部分限制措施是国家施加的，另外一部分是企业私人行为的后果，所以申诉方要选择以反垄断法还是以贸易法追究责任，这将会耗费大量的时间和精力。

西方资本主义国家关于政府与市场的关系大体经历了四个主要阶段。第一阶段为重商主义阶段（15 世纪后期至 18 世纪中期），重商主义主张国家积极干预经济生活，从而促进对外贸易的发展，使货币尽量多地流入国内而尽量少地流向国外。重商主义政策的推行，促进了资本主义生产方式发展所需的必要前提的迅速完成，推动了资本主义工场手工业的成长。第二阶段为古典和新古典主义阶段（18 世纪后期至 20 世纪 20 年代），古典和新古典主义都提倡经济自由主义，国家不干预或少干预。伴随着经济自由主义的盛行，产业资本家的利益得到满足，资本主义经济得到迅速发展，但是在 20 世纪 30 年代，资本主义经济危机爆发，经济自由主义终结。第三阶段为凯恩斯主义阶段（20 世纪 30—70 年代），凯恩斯主义的国家干预学说适应了当时资本主义国家形势的发展。凯恩斯认为，实行国家调节既是使现代经济避免全盘毁灭的唯一切实可行的办法，也是使个人才能得以成功发挥作用的必要条件。但是 20 世纪 70 年代以来，资本主义国家普遍出现了“滞胀”的经济现象，凯恩斯主义对此无能为力，西方学者又倾向于实行自由放任的市场制度。第四阶段为 20 世纪 70 年代以来，在此阶段，各种学派的新自由主义思潮开始活跃，认为只有发挥市场机制才能实现经济的稳定发展。新自由主义学派虽然并不绝对排斥国家干预，但认为国家干预是经济不稳定的根源，并且更加相信市场机制的作用。从资本主义经济发展的四个阶段来看，西方资本主义国家重视市场的作用，也注意到一系列阻碍资本主义的发展因素，在必要的时候也不会排斥国家的计划作用，同样会强调国家的调节作用。

改革开放后中国的经济、政治、社会均取得了令人瞩目的发展成就，创造了增长奇迹。然而，在这个转变过程中，地方政府经济决策权明显加强，并且拥有更多权力进行投资项目的核准、营业执照的发放，以及土地资源的控制，这使地方政府对当地经济的干预能力大大增强。财政分权体制很大程度上强化了地方政府的经济利益，地方政府对发展地方经济的积极性很高。在财政分权、地方政府税收与地方经济发展紧密相连的情况下，为了扩大税基、征收更多的税，地方政府将自己的力量广泛而深刻地介入经济发展过程，以行政权力影响经济社会资源的配置，这是地方政府积极发展当地经济的原因。

市场经济中商品、资源的自由流动使拥有比较优势的产品逐渐占据市场，不适应竞争的企业被淘汰。从国家或者整个市场的角度来看，这种竞争有利于资源的合理配置以及产业的健康发展。但对于地方来说，企业倒闭导致地方生产总值和财政收入下降以及大量工人失业。以地方经济增长为导向的地方政府为避免这种状况，有动力利用行政权力干预市场，以各种方式限制外来竞争，保护本地产业和市场。出于这种原因，一些地方政府过度干预产业运行，导致发展政策出现了不同程度的异化。如地方政府不同程度地选择性执行中央政府的政策，区别不同厂家的新能源汽车实施有差别的财政补贴或者限制外地新能源汽车在本地上牌照，以保护本地生产商利益。

当前，这方面比较突出的问题是地方保护主义。突出表现在区别性执法。一些地方政府常常对本地企业在环境、质量、安全、税收等方面的违法违规行为网开一面，对非本地企业则执法较严，从而形成事实上的不公平竞争。地方政府通过优惠政策或补贴吸引投资，或对面临困境的本地企业实施救助，造成不公平竞争。地方政府的优惠补贴政策等，是导致一些产业产能过剩的重要原因。光伏、风电产业等就是典型。为了做大地方生产总值，不少地方都出台很多优惠补贴政策，一些企业既没有核心技术或市场优势，也缺乏对市场前景的必要了解，盲目上马，套取补贴，形成过剩产能。在招投标领域，普遍存在干预正常招投标活动的地方红头文件，它们违反上位法设置行政许可、备案事项，剥夺招投标当事人的合法权益，增加市场主体的负担。有的地方、部门选择性检查处罚市场主体，对市场公平竞争设置种种障碍，严重扰乱了招投标领域的正常市场秩序。在公车采购领域，一些地方大规模高调采购本地企业生产的车辆，公务车采购的标准不再是价格从优、质量从优、研发投入从优，本地生产似乎成为更重要的先决条件。

在新能源汽车领域，尽管相关扶持政策明确，各地应执行国家统一的新能源汽车推广目录，不得设定制定地方推广目录、对新能源汽车进行重复检测检验、要求汽车生产企业在本地设厂、要求整车企业采购本地生产的电池和电机零部件等人为障碍，但是国内电动车市场仍然存在不同形式的地方保护政策。在一些省市，新能源汽车想进入某地销售，生产车企必须到本地投资设厂。很多城市在地方补贴试点实施方案中设定隐形条款，补贴政策向当地车企倾斜。北京市政府规定，只有纳入《北京市示范应用新能源小客车生产企业和产品目录》的新能源汽车，并进入《节能与新能源汽车示范推广应用工程推荐车型目录》的车型，才能享受北京市的地方补贴。上海市也出台了类似的规定，只有进入上海市经信委发布的《上海私人购买新能源汽车试点车型信息表》的车型才能享受上海市政府提供的补贴。对比北京和上海的汽车目录，可以发现两地政府主要倾向于补贴本地区新能源汽车生产商，外地新能源汽车所占比例较小。如北京本地汽车生产的新能源汽车被纳入北京推荐目录，上海生产商上海通用和上汽的产品也最先在上海获批。比亚迪新能源汽车由于产地在深圳，因而在北京、上海两地都未能进入地方财政补贴的产品目录。同时，北京、上海各自的汽车品牌也未进入对方的目录。与中央政府的新能源汽车补贴政策相比，地方政府的执行细则显然曲解了中央政策。地方政府财政补贴的目的不仅仅在于推广新能源汽车，对本地新能源汽车的发展给予特殊照顾的意图也十分明显。①

由于各个地方对新能源汽车的补贴范围仅限于当地企业，很多国内车企的新能源汽车在发展过程中，基本成了在当地“自产自销”。由于各地政府对新能源汽车的财政补贴不对外地车企开放，让不少品牌难以享受到地方补贴，造成新能源汽车市场发展停滞的尴尬。由于新能源汽车补贴是拿地方财政给生产车企补贴，而地方财政收入多来自本地企业税收，这就导致地方政府采取“肥水不流外人田”的做法。类似在准入上设置门槛的做法，在各地并不鲜见。这不仅严重阻碍新能源汽车市场的发展，也迫使很多车企不得不加大投入，由此背上了沉重的负担。

---

① 郑敬高、冯森：《“中国模式”下的地方政府行为——地方保护的产生和应对》，《学术界》2015 年第 6 期。

第五节　解决市场条块分割问题，在更大范围配置资源

我国市场条块分割十分明显，具体表现为行业垄断、地区封锁和资源要素价格扭曲。从行业垄断来看，行业垄断已经成为经济发展方式转变的体制性障碍，市场也因为业已形成的垄断难以实现真正的开放和竞争。从地区封锁来看，各地区出于自身利益的考虑，设置地区封锁，全国整体利益受损，市场难以有效发挥作用。从资源要素价格扭曲来看，资源要素价格不能充分反映资源的稀缺程度，商品市场与要素市场存在严重的脱节，作为配置资源主要杠杆的价格扭曲严重。由于这几方面条块分割的存在，我国市场表现出缺乏统一开放、缺乏竞争有序的问题，并且这些问题导致我国市场缺乏效率，交易成本提高。

新古典经济学认为，市场有效配置资源需要以完全竞争市场作为基础，这里完全竞争市场包含统一市场的要求。根据阿罗—德布鲁模型假设，在完全竞争市场中，任何商品，在任何时间、任何地点、任何自然状态（任何风险状态）下都处于完全竞争的市场中，大量的追逐利润（或价值）最大化的厂商与理性的追逐效用最大化的消费者之间相互影响、相互作用。完全竞争市场的标准即阿罗—德布鲁模型的假设前提，包括三方面的内容：第一，各种商品都能进入市场；第二，各个市场都是完全竞争的；第三，市场主体都是理性地追求利益最大化。满足以上条件的市场，通过市场机制即利益机制、价格机制和竞争机制的共同作用而实现资源有效配置。利益机制是承认和允许各个微观主体追求自身经济利益最大化，根据市场中的价格信号做出相应决策，继而通过这种分散决策，实现资源在不同行业和产品间的配置。价格机制是允许供求关系决定价格水平，而价格水平的波动反过来又会引起供求关系的变化，通过供求关系和价格水平之间的相互作用彼此联动，推动资源在不同行业和产品间的合理流动与均衡配置。竞争机制是允许通过市场竞争、优胜劣汰，强化对市场主体的激励和约束，使市场主体的决策行为自觉服从价格信号，适应市场需求，从而为市场配置资源提供强大的驱动力。市场配置资源作用的大小及其作用效果的优劣与市场范围、制度

体系统一与否直接关联。现代市场体系是在社会化大生产充分发展的基础上，由相互联系、相互制约的各类市场组成的有机整体。要使市场在资源配置中真正起到决定性作用，必须构建统一的现代市场体系。

为什么统一市场配置资源的效率比较高？这主要源于统一市场能够更好发挥选择功能和激励功能。选择范围越大，越能强化利益机制、价格机制和竞争机制的作用，不断改进资源的配置方向，使供给与需求在数量与结构上逐步趋于一致，最终使稀缺资源配置到能够最有效发挥其作用的领域，进而最大限度地满足人们的物质需要。市场参与者越多，市场越能通过优胜劣汰的竞争机制淘汰那些资源利用率比较低、成本比较高、竞争力比较差的企业，越能促使企业不断进行技术创新和管理创新、提高资源配置效率，进而实现资源向同一行业中利用率更高的企业集中，由此实现资源配置效率的不断提升。

市场配置资源是一个反复试错动态调整的过程。在这个过程中，生产要素在利益机制、价格机制和竞争机制的共同作用下，不断地在不同的行业和产品间流动，最终逐步达到均衡状态，实现资源的有效配置。市场主体按照自身经济利益最大化的原则和市场价格信号，自主做出生产决策和消费决策是市场配置资源的基础和前提。价格是市场配置资源的指示器，市场主体根据价格信号做出决策，选择资源配置的方向。唯有通过竞争性市场形成的价格，才能准确反映供求关系，有效发挥市场机制的作用，实现资源的合理配置。因此，使市场在资源配置中起决定性作用，必须赋予包括生产者和消费者在内的市场主体充分的决策自由，必须保证生产要素自由流动，政府不得随意分割产品和要素市场，不能任意设置市场进入障碍和提高市场准入条件。

作为一种资源配置方式，市场经济在最大范围和最大程度上利用利益机制、价格机制和竞争机制的综合作用，实现资源的最佳配置。经济学分析表明，相较于统一市场，被分割和被限制的市场有浪费经济资源的弊端。与统一市场相比，在被分割和被限制的市场上，厂商不能把生产扩大到成本最低之点。在完全竞争条件下，厂商将生产扩张到长期平均成本最低时才达到长期均衡，也就是生产效率可发挥到最大限度。但是，这个成本最低点低到什么程度，取决于厂商配置资源的选择空间，在被分割和被限制的市场上，厂商选择空间受到限制，厂商的长期平均成本最低点高于统一市场可能达到的水平。结果，生产效率没有得到最大限度的发挥，资源没有得到最优利用，产量少了，价格提高了，这无异于社会受到损失。此外，在被分割和被限制的市场，厂商的产品定价高于统一市场中厂商的产品定价，因而消费者获得的剩余减少了。这是社会福利的一种损失。可见，经济学所认定的市场配置资源最为有效是以这种完全竞争市场为标准的。但是，在现实经济体制中，由于竞争不完全、市场体系不完全、信息不完全，上述完全竞争市场的条件难以满足。在非完全竞争市场，整个经济难以实现最高效率。

劳动、资本、技术、管理和自然资源等各种生产要素都有供求关系和相应的价格，相互之间既可能替代又可能补充。市场资源配置方式取决于各种生产要素的供求关系，要素使用者依据由市场决定的生产要素价格对投入要素进行成本和收益的比较，以最低的成本使用生产要素，要素供给者则依据要素市场价格来调整自己的供给。资源的有效配置要求最稀缺的资源得到最节约的使用并且能增加有效供给，要求最丰裕的资源得到最充分的使用。与此相应的体制安排是各种要素都能进入市场，各种要素的价格都在市场上形成，并能准确地反映各种生产要素的稀缺性，同时调节要素的供求。其中，土地和矿产资源价格、资金价格（利率）、劳动力价格（工资）、管理者价格（企业家报酬）和技术报酬都在市场上形成，反映各种要素的市场供求关系。只有在竞争性市场中形成的价格，才能形成准确反映市场供求的价格体系，才能反映价值规律的要求。因此，市场决定资源配置，要求资本、土地、劳动力、技术等生产要素都进入市场，只有各种要素都进入市场系统并在市场上自由流动，才能有现实的市场决定资源配置。根据生产要素在市场上的供求关系，调节各种要素的价格，从而调节各种生产要素所有者得到的报酬，才可能有效配置各种资源。

判断某个市场是否统一开放，主要看是否有一些企业可以运用其市场优势地位或享受国家给予的政策限制竞争，从而控制社会生产、操纵或独占市场。目前，在我国中央和地方两个层面都存在保护具有垄断地位的行业寡头的现象，以及为保护本辖区经济发展而实施的区域性贸易壁垒或准入歧视的问题。解决这个问题，要求政府转变原来的角色，让市场在经济中发挥主导作用，这意味着政府原来掌管经济的一些权力（尤其是经济权力）必须放弃，审批必须减少，让市场和社会发挥活力。做法是缩减核准制、扩大备案制①，以此增强企业的投资主体地位。

科尔内当年所指出的软性预算约束的根源是国家与国有企业的父子关系基本上在改革中被割断，但在改革以后国有企业仍然存在双重依赖，国家的政策和体制对企业还起着强大的作用，因此企业一只眼睛盯着市场，另一只眼睛盯着国家，市场的作用因此而弱化。现实中，地方政府对本地企业的各种方式的保护和优惠所起的作用不仅影响国有企业也影响非国有企业。产能过剩及污染的企业得不到市场淘汰，原因就在于此。因此，改革必须从打破地方政府对企业的保护和优惠入手，真正硬化企业的预算约束，使企业两只眼睛都盯着市场。②

洪银兴提出统一市场可以从多角度作出规定。③ 一是从产品和要素的流动性规定，统一市场意味着在市场上要素自由流动、企业自由流动、产品和服务自由流动。二是从各类市场主体的市场地位规定，统一市场是指各类市场主体平等地进入各类市场并平等地获取生产要素。三是从市场规则规定，各个地区的市场规则统一，各个地区市场按照统一的规则运作。我国从自然经济直接进入计划经济，又从计划经济向市场经济转型。我国的统一市场一直没有形成。在改革进程中已有的财政税收制度的改革和地区发展政策又强化了地方利益，由此产生的地方保护主义的市场壁垒，阻碍要素在自由流动中实现有效配置。现阶段建设统一开放的全国市场突出表现在三个方面：一是打破地方保护。二是要打破市场的行政垄断和地区封锁，实现商品和各种生产要素在全国范围的自由流动。三是打破城乡市场分割，建设统一的城乡市场。

市场体系是资源有效配置的载体。对转向市场决定资源配置来说，具有特征性意义的是，资本、土地、劳动力、技术等生产要素都要进入市场，只有在各种要素进入市场系统并在市场上自由流动的情况下，才可能有现实的市场决定资源配置。各个要素市场上的供求调节各种要素

---

① 核准制指对列入《政府核准的投资项目目录》的投资项目实行核准管理，目录以外的实行备案管理。

② 洪银兴：《论市场对资源配置起决定性作用后的政府作用》，载《深化经济体制改革推动市场配置资源作用》，《经济研究》2014 年第 1 期。

③ 洪银兴：《关于市场决定资源配置和更好发挥政府作用的理论说明》，《经济理论与经济管理》2014 年第 10 期。

的价格，从而调节各种生产要素所有者得到的报酬，才可能有效配置各种资源，使相对宽裕的资源得到充分利用，使相对稀缺的资源得到节省使用。①

一是解决垄断行业国有企业经营活动和招投标系统内封闭运行、向社会开放不够的问题。推动电信、电力、油气、公用事业等领域招投标向社会开放，鼓励民营企业申请勘察设计、施工、监理、咨询、信息网络系统集成、网络建设、项目招标代理机构等企业资质。凡具有相应资质的民营企业，平等参与建设项目招标，不再设立其他附加条件。鼓励民间资本参与基础设施投资、建设和运营维护。引导大型国有企业积极顺应专业化分工日趋深化的趋势，将基础设施投资、建设和运营维护外包给第三方民营企业，加强基础设施的共建共享。

二是加强和改善网络设施监管，防止主导企业凭借网络设施排挤竞争者。在改革后的一个时期内，一些行业往往同时存在一体化企业和独立企业，前者拥有网络设施，后者不拥有网络设施。这两类企业之间的竞争极易出现一体化企业凭借网络设施排挤独立企业的问题。这就要求着眼于整个国民经济而不仅仅是某个行业或经济主体自身，谋划和评估网络设施开放使用，通过网络设施平等开放推动可竞争性市场结构构建和公平竞争制度建设。当前要重点推动国有企业的网络设施向各类企业平等开放，积极研究将电信基础设施和长距离输油、输气管网从企业剥离出来组建独立网络运营企业的方式。对于在技术经济上要求保持物理和经营管理整体性的垄断性业务，可以授权一家或少数几家国有企业垄断经营，非国有资本可以以股权投资形式进入，但要防止主导企业凭借网络设施排挤竞争者，滥用市场优势地位。随着社会主义市场经济体制的成熟定型和民营经济的成长，应逐步降低上述领域对国有经济的依赖，实现从一股独大向股权分散的社会化企业的转变。对于资源类产品和服务的进出口，应放宽市场准入，允许更多的经营者经营，以便对国内垄断企业形成一定的竞争压力。

三是构建可竞争性市场结构，扩大用户选择权和自主权。油气产业上游领域重点解决石油、天然气探矿权和采矿权过度集中与“一家独

---

① 洪银兴：《论市场对资源配置起决定性作用后的政府作用》，载《深化经济体制改革推动市场配置资源作用》，《经济研究》2014 年第 1 期。

大”的问题，引进一批具有资质和能力的企业从事页岩气、页岩油、煤层气、致密气等非常规油气资源的开发。下游领域重点加强符合条件企业的炼油业务，改变原油和成品油进口管制，增加从事原油和成品油进口业务的主体，取消非国营贸易进口的原油必须交给两大石油公司加工的“隐性政策”，放宽进口原油在国内自由贸易的限制，允许非国有企业根据市场需求组织进口。电信、电力等领域通过扩大用户选择权和自主决策权，引导资源流动和改善资源配置。电信应完善关于码号资源、市场竞争行为管理的相关规定，维护好消费者权益，对企业退出机制、个人隐私保护、服务质量保证等方面做出更为细致的规定。解决中国移动“一家独大”掌握绝对市场控制力，中国电信和中国联通难以对中国移动构成实质性竞争的问题。电力领域重点解决发电领域缺乏竞争、电网垄断、监管不到位以及购电和售电过度垄断问题，赋予电厂卖电、用户买电的选择权和议价权。放宽发电企业向用户直接售电的限制，允许全部分布式发电自用或直接向终端用户售电，允许全部规模以上工业企业和其他行业大中型电力用户直接、自主选择供电单位，大幅度增加直购电用户的数量，改变电网企业独家购买电力的格局。解决调度与交易、发电厂与用户接入电网审批等权力不透明、电费结算不公平和电网接入审批困难等问题。

四是改革妨碍垄断行业有效竞争的政策，清理要素配置、市场准入、进口管制中片面保护在位垄断企业的政策。石油天然气、电力、民航等领域通过改革形成了可竞争性市场结构，但由于在不少环节限制竞争、保护垄断的政策没有改变，有效竞争的格局没有形成。为实现改革的预期目标，迫切需要配套调整相关政策和管理措施，清理和改革生产要素配置、市场准入、进口管制中片面保护在位企业的政策。对于资源类产品和服务的进出口，应放宽市场准入，允许更多的经营者经营，以便对国内垄断企业形成一定的竞争压力。重新研究各类专卖、专营制度的合理性和必要性。对于降低资源配置效率和损害社会福利的专营，坚决取消。需要继续保留专卖的产品，要避免从原材料供应、生产、运输到销售全过程的各个环节都实行垄断经营，运输、产品销售和专营产品生产需要的原材料可以允许私人或其他社会团体经营。

第六节　严格环境监管，限制地方政府之间的“逐底竞争”

地方政府竞争是指某个区域内部不同经济体的政府利用包括土地、矿产等不可移动要素和财政、税收、融资、环保等政策手段，吸引资本、劳动力和其他可流动性要素以促进经济增长、提高就业、增强本区域竞争优势的行为。一些地方政府通过环境、质量、安全等技术标准实施社会性规制，保护公众利益，既是政府职责所在，也是促进产业升级的重要动力。但也有些地方为了保护本地企业利益，在立法环节制定有利于本地企业的技术、卫生、检验检疫标准，或滥用行政权力对外地企业和产品进行多重检验、设置进入壁垒。当前在地方政府竞争的背景下，各地区环境监管相互竞争的问题尤其突出。环境监管是政府实施环境管理的重要手段，旨在通过相应的政策或措施对辖区内环境违法行为进行控制，从而达到污染治理、保护环境的目的，最终实现环境与经济的协调可持续发展。地区间环境竞争的形成主要源于跨行政区的资本竞争和污染问题。地方政府环境监管强弱影响本地吸纳资本与技术等流动性生产要素的能力，进而决定地区经济增长速度与财政收入规模。与国家间环境规制“逐底竞争”的逻辑相类似，经济发达地区环境规制相对严格，企业特别是高污染企业的环境规制成本较高。低收入地区为了吸引可移动要素，倾向于维持较低的环境规制水平。高收入地区较高的环境规制成本，促使企业到低收入地区投资以规避环境规制。高收入地区为了留住投资，不可避免地竞相降低环境规制水平，各地区环境规制普遍降低，导致生态环境的普遍恶化。

美国也存在环境管制的州际竞争。州际环境管制竞争的原因是各州为留住并吸引更多的产业进入本州，采取各种措施降低本州的经营成本。相比于其他政策和管制，环境管制更容易引发“逐底竞争”行为。原因在于，环境污染的外部性能够在地区之间传递（跨境污染问题），即使本州实行严格的环境管制也不一定会减少环境污染带来的损失。因此，地方政府倾向通过大力推动产业发展获取经济收益而与其他地区共同承担环境污染的成本。在环境管制的约束下，企业需要为消耗自然资源和排放污染物支付一定的额外费用，进而导致生产成本增加，这一部分成本被称为“合规成本”。在技术和需求条件不变的情况下，合规成本导致生产率降低和利润率下降。为遵循环境规制而进行的污染治理投资可能挤占企业的其他生产性、营利性投资，提高企业生产的机会成本，导致潜在的产出和利润损失。

地方政府的环境管制行为存在明显的相互模仿特征。这意味着，在以经济增长为核心竞争目标的政绩考核机制激励下，地方政府容易基于自身的行政目标、经济发展目标与社会发展目标，以生态环境为代价换取短期经济利益，竞相弱化环境管制，导致区域经济与环境的协调性较低，在环境管制方面出现地方保护主义倾向。因此，应该构建严格的环境管制体系，执行严格统一的环境管制法规制度，抵制可能存在的地方保护主义。

在监管方式上，重视采用激励性强的手段。早期各国环境管制多采取命令控制型手段，但随着人们对环境问题认识的不断深入，发达国家更多倾向于市场化的环境管制途径，更加注重激发企业保护环境的自觉作用。例如，为实现移动空气污染物质排放源的管理，1965 年美国联邦政府专门发布了《机动车空气污染管理法》，该法对新生产的汽车设置了一定标准，并规定了认证制度、检测制度和减排配件应用制度等，并专门有机动车使用燃油的管理内容等，这些都是命令控制型管制政策的具体体现。① 从经济效果看，命令控制型手段采用的是基于技术和绩效的标准，管制手段不够灵活，缺乏对超额完成减排降污任务企业的奖励，限制了污染控制技术的创新发展。命令控制型手段的弊端在实践中逐渐被暴露，美国环境管制政策手段改为更多运用可交易的许可证制度、排污收费制度、削减市场壁垒和降低政府补贴等市场化手段激励企业改善环境管理。经济激励型政策的特点在于无须政府掌握每个企业的污染削减成本信息，即可高效率地将污染指标分配到各个企业。同时，企业还可从使用更为先进的污染控制技术中得到收益。因此，经济激励型政策能持续激发企业的技术研发投入，促进先进技术的传播和采纳，执行成本相对较低。

---

① 李创、宋文婷：《美日欧环境管制政策的特点分析》，《资源开发与市场》2015 年第 6 期。

第一章 调整产业政策取向，促进统一市场建设

统一开放、竞争有序的市场体系是市场优胜劣汰机制、协调供需平衡及化解过剩产能机制、激励企业创新与提升效率机制、促进产业转型升级机制充分发挥作用的基础。党的十八届三中全会将建立统一开放、竞争有序的现代市场体系作为全面深化改革的一项重要的任务，并进一步指出：建立统一开放、竞争有序的现代市场体系，“必须加快形成企业自主经营、公平竞争，消费者自由选择、自主消费，商品和要素自由流动、平等交换的现代市场体系，着力清除市场壁垒，提高资源配置效率和公平性”。

然而，现阶段我国的产业政策仍保留了投资项目审批或核准、准入、项目用地审批等许多直接干预市场与管制微观经济的措施作为主要政策手段，并挑选特定的产业、特定的园区、特定的企业、特定技术路线与特定的产品给予种种优惠政策进行扶持，在钢铁、汽车、石化等资本密集型行业还具有很强的“扶大限小”（扶持特定的大企业，限制中小企业发展）的特征。不难看出，我国现阶段产业政策模式是典型的选择性产业政策模式，并且具有更为突出的“以政府选择代替市场机制、直接干预微观经济以及限制市场竞争”的特征，这种产业政策模式显然与建设统一开放、竞争有序的现代市场体系格格不入。加快建设统一开放、竞争有序的市场体系，迫切需要对当前产业政策的取向做出调整。

第一节 中国产业政策的任务与措施

2000 年以来，中国政府强化了产业政策的运用，颁布了一系列产

业政策，政策调整的对象几乎涵盖了国民经济中全部大类行业，政策的内容也更为细化，针对单个行业制定的产业政策数量显著增加，政策措施也更为具体，对市场的直接干预明显加强。

一　产业政策的主要任务

2000 年以来，中国产业政策的任务主要集中在促进产业结构调整和抑制部分行业过度投资、产能过剩两个方面。一直以来，促进产业结构的调整都是中国产业政策的重要任务之一，进入 21 世纪以后，政策部门更加重视产业结构调整，许多政策都是围绕促进产业结构调整而制定的。例如，《当前国家重点鼓励发展的产业、产品和技术目录（2000 年修订）》《促进产业结构调整暂行规定》《汽车产业发展政策》《钢铁产业发展政策》《水泥工业产业发展政策》等产业政策都是把产业结构调整放在极为重要的位置上。不同于 20 世纪八九十年代产业政策在国民经济中挑选重点发展产业或支柱产业的做法，2000 年以来的产业政策在促进产业结构调整中，更为关注的是产业内结构调整。《当前国家重点鼓励发展的产业、产品和技术目录（2000 年修订）》涉及 28 个领域，几乎涵盖了国民经济中所有大类行业，并在这些大类行业中详细列出了 526 种鼓励发展的产品、技术及部分基础设施和服务项目；《产业结构调整指导目录（2005 年本）》鼓励类中共涉及 26 个领域，同样几乎涵盖了国民经济中所有大类行业，并分类列出了 539 种鼓励发展的产品和项目。因此，这两个目录主要是指导各行业内部的产品升级和技术发展，更多的是为了促进各产业内部的结构调整。随后，国家发改委发布一些行业结构调整指导意见，进一步加强了对于问题行业产业结构调整的指导。从陆续颁布的产业政策文件来看，产业结构调整主要集中在行业内产品结构调整、产业组织结构调整、产业布局调整以及产业技术升级四个方面，产业组织结构调整又以扩大优势企业规模、提高集中度为核心。我们不难看出，近年来产业政策中“产业结构调整”被赋予了广泛的含义，几乎涵盖了产业政策各方面的内容。

2003 年以来，部分行业的盲目投资与产能过剩问题引起政策部门的高度关注，政府相继出台了一系列产业政策以抑制这些行业的盲目投资和产能过剩。例如，2003 年 11 月，国家发改委等部门共同制定了《关于制止钢铁行业盲目投资的若干意见》《关于制止电解铝行业违规建设盲目投资的若干意见》《关于防止水泥行业盲目投资加快结构调整的若干意见》；2006 年，国务院发布《国务院关于加快推进产能过剩行业结构调整的通知》，随后，国家发改委出台了《国家发展改革委关于汽车工业结构调整意见的通知》《关于钢铁行业控制总量淘汰落后加快结构调整的通知》等文件；2009 年 9 月，国家发改委出台《关于抑制部分行业产能过剩和重复建设引导产业健康发展的若干意见》，以治理钢铁、水泥、平板玻璃等行业的产能过剩问题。

二　产业政策的主要措施

2000 年以来的产业政策，一方面强调要发挥市场在资源配置中的基础性作用，另一方面又强调要加强国家产业政策的引导，目录指导、市场准入、项目审批与核准、供地审批、贷款的行政核准、强制性清理（淘汰落后产能）等行政性直接干预措施进一步被强化，而深化市场体制改革、促进市场机制、更好地发挥资源配置功能的具体政策措施相对较少。

在 21 世纪以来的产业政策中，目录指导是一项重要的政策措施。2000 年颁布了《当前国家重点鼓励发展的产业、产品和技术目录（2000 年修订）》，1999—2007 年相继发布了四个版本《当前优先发展的高技术产业化重点领域指南》，这是鼓励类的指导目录；1999—2002 年相继发布的三批《淘汰落后生产能力、工艺和产品的目录》则是淘汰类目录。2005 年颁布《产业结构调整指导目录（2005 年本）》进一步详细分列了鼓励类、限制类和淘汰类的目录，根据《促进产业结构调整暂行规定》，对于鼓励的产品和项目，相关部门在项目审批与核准、信贷、税收上予以一定的支持；对于限制类的新建项目则禁止投资，投资管理部门不予审批，金融机构不得提供贷款，土地部门不得供地等；对于淘汰项目，不但要禁止投资，而且各部门、各地区和有关企业要采取有力措施，按照规定限期淘汰。与《产业结构调整指导目录（2005 年本）》相配套，国土资源部和国家发改委颁布了配套的《限制用地项目目录（2006 年本）》与《禁止用地项目目录（2006 年本）》。在 2009 年以来推行的重点产业调整与振兴规划中，《船舶工业科研开发重点项目目录》《船舶工业技术改造项目及产品目录》《装备制造业技术进步和技术改造项目及产品目录》《石化产业技术进步与技术改造项目及产品目录》《汽车产业技术进步和技术改造项目及产品目录》等是其中的重要内容，将调整《产业结构调整指导目录》和《外商产业投资产业指导目录》作为两项重要的实施细则。

以上指导目录均以结构调整为核心，1999 年 8 月颁布、在 21 世纪初实施的《工商投资领域制止重复建设目录（第一批）》则是以制止重复建设为主要目的，《产业结构调整指导目录（2005 年本）》将低水平重复建设和明显产能过剩的行业、产品、项目列入限制类目录，试图以此抑制部分行业产能过剩和重复建设。从以上分析来看，在中国目录指导远远不只是“指导”那么简单，而是直接与项目审批和核准、信贷的获取、税收优惠与土地优惠政策的获取等紧密相关，同时限制类目录和淘汰类目录具有强制性实施的特性。因而，在中国的产业政策中，目录指导是具有强烈直接干预市场性质的政策措施。

投资审批与核准和市场准入是中国推行产业政策的具有较强约束力的重要手段。2004 年《国务院关于投资体制改革的决定》与《政府核准的投资项目目录》则为政策部门审核和管理各产业内的企业投资提供了依据，这种投资核准也成为推行产业政策的重要措施。在《钢铁产业发展政策》和《汽车产业发展政策》中，投资核准和行业准入具有重要作用：（1）《钢铁产业发展政策》第四章第十二条中的钢铁工业装备水平和技术经济指标准入条件，就是促进设备大型化、产业技术升级的重要措施；新增炼铁、炼钢、轧钢生产能力项目由国务院投资主管部门核准，是政策部门促使企业按照政策意图选择相应的技术、规模进行投资的重要手段，也是政府部门实施扶植大企业、提高市场集中度等调整产业组织政策的少数具有一定效力的手段；这种核准也为非钢企业进入钢铁行业设立了实质性的进入壁垒。（2）《汽车产业发展政策》对市场准入和投资核准的规定更为严格，这是政策部门促进大规模生产和调整产业组织形态最为有效的工具，在准入管理、投资管理的条款下，进入汽车行业以及汽车行业中跨类别进入均非常困难。在产业发展政策中，是否获得投资核准是严控土地和贷款的唯一标准。需要进一步指出的是，符合核准条件和准入条件并不必然被政策部门准入或者核准，政策部门在采取这两个手段时具有比较大的自由裁量空间，更接近于审批的性质。

2009 年以来，作为重点产业调整与振兴规划实施细则的重要措施，政策部门拟出台一系列行业准入政策。在这些政策中，政府对行业准入的行政管理显著加强，制定了严格的管理程序，政府在行业准入上除环境、安全方面的规定之外，还对设备规模与工艺、企业规模、技术经济指标方面设定了一系列详细的准入条件。例如，《现有钢铁企业生产经营准入条件及管理办法》规定，对钢铁行业现有企业生产经营实行准入管理，并且作为有关部门核准或备案建设和改造项目、配置资源、核发建筑钢材生产许可证、规范铁矿石经营秩序及推进淘汰落后钢铁产能等事项的依据。工业和信息化部作为审核准入的主管部门，每年对准入公告企业进行抽查。各省、自治区、直辖市工业部门每年要对公告企业保持准入条件的情况进行一次监督检查，并将监督意见报告工业和信息化部。

近年来强制淘汰落后产能成为推行产业政策极为重要的措施。虽然淘汰落后产能包含在此前的产业发展政策和抑制部分行业产能过剩的政策中，但这种措施只有通过行政体制的强力推动，才会具有一定的效力。2009 年以来，政策部门越来越重视淘汰落后产能工具的使用，并强调通过行政问责制保障淘汰落后产能工作的实施。[①] 在 2010 年 2 月颁布的《国务院关于进一步加强淘汰落后产能工作的通知》中，淘汰落后工作被赋予了极为重要的意义，“加快淘汰落后产能是转变经济发展方式、调整经济结构、提高经济增长质量和效益的重大举措，是加快节能减排、积极应对全球气候变化的迫切需要，是走中国特色新型工业化道路、实现工业由大变强的必然要求”。为保证这一措施行之有效，《国务院关于进一步加强淘汰落后产能工作的通知》强调“采取更加有力的措施，综合运用法律、经济、技术及必要的行政手段”，规定“工业和信息化部、能源局提出分行业的淘汰落后产能年度目标任务和实施方案，并将年度目标任务分解落实到各省、自治区、直辖市……各省、自治区、直辖市人民政府要根据工业和信息化部、能源局下达的淘汰落后产能目标任务，认真制定实施方案，将目标任务分解到市、县，落实到具体企业”，并进一步强化问责制的实行和行政上的组织领导，就淘汰落后产能重点工作在各部、委以及各级地方政府进行详细的分工。

---

① 参见《钢铁产业调整与振兴规划》《有色金属产业调整与振兴规划》等重点产业调整与振兴规划文本，以及《关于抑制部分行业产能过剩和重复建设引导产业健康发展的若干意见》。

在抑制部分行业产能过剩和重复建设产业政策中更为依靠直接干预的政策措施。2006 年《国务院关于加快推进产能过剩行业结构调整的通知》（以下简称《结构调整通知》）中的重点措施是：严把土地、信贷两个阀门，严格控制固定资产投资；在环境、安全、技术、规模方面制定更加严格的标准，提高准入门槛，严格控制新上项目；淘汰落后生产能力，促进兼并重组；加强信贷、土地、建设、环保等政策与产业政策的协调配合；健全行业信息发布制度；深化行政管理体制和投资体制、价格形成和市场退出机制等方面的改革。其中，深化行政管理体制、投资体制和价格形成机制等方面的改革虽然被列为一项重要措施，但缺乏推进体制改革的具体措施，深化体制改革涉及各方面利益，国家必须从更高层面大力推进才能完成。以《结构调整通知》为基础，国家发改委联合财政部、中国人民银行等部门，相继发布了汽车、钢铁、电石、水泥、煤炭、铝、铁合金、纺织、铅锌等行业加快结构调整、应对产能过剩的相应政策。国家发改委又相继颁布了电石、铁合金、焦化、玻璃纤维、铝、铅锌、锑、钨、锡、铜冶炼这 10 个行业的准入条件，从技术标准、生产规模、能耗、环保等方面制定具体的准入条件。这些文件的相继出台，将《结构调整通知》里的政策和措施具体落实到各行业。

2009 年 9 月颁布的《关于抑制部分行业产能过剩和重复建设引导产业健康发展的若干意见》（以下简称《若干意见》）中的对策措施有九点：严格市场准入，强化环境监管，依法依规供地，实行有保有控的金融政策（信贷审批），严格项目审批管理，做好企业兼并重组，建立信息发布制度，实行问责制，深化体制改革。这些措施在很大程度上是原有产能过剩治理措施的延续，《若干意见》与《结构调整通知》相比，细化了土地控制和信贷控制措施，新增了问责制的内容，试图通过行政问责制来保障政策的实施。《若干意见》中关于社会体制改革的内容，依旧缺乏具体措施，难以具体实行。从以上两个重要政策文件来看，投资的审批与核准和行业准入实际上是最为核心的政策措施，供地审批和信贷审批措施都是以行业准入与投资项目的审批、核准为依据的，政策措施依然以直接干预为主。

第二节　中国产业政策的管制性特征

21 世纪中国的产业政策在很大程度上延续了过往产业政策中计划经济色彩浓厚的传统，在制定和实施过程中表现出强烈的直接干预市场、以政府选择替代市场机制与限制竞争的管制性特征。中国的产业政策以日本的产业政策为借鉴，20 世纪五六十年代的日本产业政策主要采取间接干预的方式①，而试图直接干预市场或试图强化政府干预的政策绝大多数因为企业界的强烈抵制或难以在国会通过，或难以得到实施（小宫隆太郎、奥野正宽等，1988）；60 年代为适应国外开放市场的要求，曾试行过以企业集中为目标的产业政策，但是在发展过程中，企业数量基本没有发生变化，其政策意图与产业发展的结果出现背离，由此，通产省的企业集中政策基本上是不成功的（武藤博道，1985；小宫隆太郎，1989）②；70 年代，日本逐渐达成了"利用市场机制的资源分配能使经济得到充分发展"的共识基础，产业政策的指导方针有了很大转变，即"应该严格抑制过分政策干预与产业的过度保护"，产业政策的运用限定在市场失败的领域③，此后，日本的产业政策转为功能型产业政策。与日本的产业政策显著不同，在中国的政治经济体制下，政策部门由于具有绝对的权威性和几乎不受（行政体制以外）外部约束的管制权限，产业政策由上而下强制实施，在政策手段上倾向于采用直接干预的方式，对于微观经济干预的强度、广泛程度和细致程度，都远胜于 20 世纪 50 年代以来日本实施的产业政策。

---

① 这一时期主要政策手段是对特定产业实行优惠的、有选择的财政、税收以及金融政策，同时出于保护该产业免受外国企业竞争威胁的目的，设置关税和非关税壁垒，并限制进口和外商直接投资（小宫隆太郎、奥野正宽等，1988）。

② 详见武藤博道（1985）和小宫隆太郎（1989，第 174 页）。在我国汽车产业发展过程中类似情况发生在 1970 年的"下放地方经营"和 20 世纪 80 年代中期市场急剧扩大，引致新企业进入，促进了价格和质量竞争、企业规模扩大及兼并重组。但是，针对市场这一情况采取的强制性措施是对对象企业的设备、技术等方面的审批。

③ 主要指公害（环境污染）和有风险的技术开发与资源开发，提供社会基础设施和公共服务，扶植新型产业及促进衰退产业的转向。

一　直接干预市场

中国的产业政策一直以来就具有强烈的干预市场特征，对于微观市场的直接干预措施是产业政策最为重要的手段。2003 年以来，政府对企业微观经济活动的行政干预，在“宏观调控”的名义下明显加强，“宏观调控要以行政调控为主”成为正式的指导方针（吴敬琏，2009）。抑制部分行业的盲目投资、产能过剩是产业政策的重要内容，同时也是“宏观调控”政策的重要组成部分，在抑制产能过剩的产业政策中行政直接干预市场的措施被显著强化，这种趋势也体现在随后制定的产业发展政策、产业结构调整政策中。2003 年，政府发布《关于制止钢铁行业盲目投资的若干意见》《关于制止电解铝行业违规建设盲目投资的若干意见》和《关于防止水泥行业盲目投资加快结构调整的若干意见》，这三个意见显著强化了这三个行业的项目审批和行业准入制度，并要求国土部门、银行严格按照产业政策、行业准入和项目审批加强供地和信贷管理，对违规审批的项目进行强制性清理；《关于制止钢铁行业盲目投资的若干意见》甚至直接规定“国家和各地原则上不再批准新建钢铁联合企业和独立炼铁厂、炼钢厂项目”。在随后颁布的《钢铁产业发展政策》和《汽车产业发展政策》中，行业准入和投资核准、审批的规定更为严格，也更为细化，直接干预市场的措施显著加强。2006 年以来，在抑制部分行业产能过剩、促进产能过剩行业产业结构调整的一系列政策中，行业准入和投资核准、审批进一步加强，“行政调控”被进一步强化。21 世纪中国的产业政策具有强烈政府干预市场的特征，也更倾向于通过行政手段直接干预市场。

重点产业调整振兴规划延续了强烈干预市场的特征。《船舶产业调整和振兴规划》《钢铁产业调整和振兴规划》《有色金属产业调整和振兴规划》都规定不再核准或支持单纯新建、扩建项目，《钢铁产业调整和振兴规划》和《有色金属产业调整和振兴规划》还规定所有项目必须以淘汰落后产能为前提。淘汰所谓落后产能也主要靠行政手段推行，《钢铁产业调整和振兴规划》和《有色金属产业调整和振兴规划》都强调的“严格实行节能减排、淘汰落后问责制”就是行政问责制，“继续实施有保有压的融资政策”实际上是强调以是否获取行政审批作为金融企业发放贷款的标准。在《抑制部分行业产能过剩和重复建设引导产业健康发展若干意见》中明文提出要采取必要的行政手段，实际上这一政策的实施主要依赖行政手段。

二 以政府判断、选择来代替市场机制

中国产业政策的第二个特征是试图以政府的判断、选择来代替市场机制。中国产业政策中的这种选择性并不显著表现为对具体产业的选择和扶持，而是更多地表现为对各产业内特定技术、产品和工艺的选择和扶持。《当前国家重点鼓励发展的产业、产品和技术目录（2000 年修订）》和《产业结构调整指导目录（2005 年本）》的鼓励类目录几乎涵盖了所有的大类产业，分别详细列出了 526 种和 539 种鼓励发展的产品、技术和工艺。1999 年、2001 年、2004 年和 2007 年四个版本的《当前优先发展的高技术产业化重点领域指南》中，包括 10 个方面 130 项高技术产业化重点领域，其中的每一个领域又列出十余项具体产品或者技术，涵盖面也非常宽泛，几乎涉及国民经济所有两位数产业，对产品和技术的选择性扶持也非常具体。《产业结构调整指导目录（2005 年本）》中限制类、淘汰类的目录对于具体产品和技术的规定也非常具体，都是直接提及具体工艺、技术、产品与规模。以上指导目录和指南并不是只具有指导意义，而是与财政补贴、税收减免、土地优惠、金融信贷支持紧密联系的。《国家高技术产业发展项目暂行规定》第八条就规定，“国家发展改革委根据《国家高技术产业发展规划》、《当前优先发展的高技术产业化重点领域指南》、《产业结构调整指导目录》、《国家产业技术政策》及其他相关专项规划和相关产业政策，发布国家高技术项目公告或通知，明确国家支持的重点领域、重点任务、实施时间，以及安排国家补贴资金的方式和标准”。《促进产业调整暂行规定》第十二条规定，“《产业结构调整指导目录》是引导投资方向，政府管理投资项目，制定和实施财税、信贷、土地、进出口等政策的重要依据”。这类指导目录、指南或者规划，成为政府制定投资审批与管理、财税、信贷、土地等政策的依据后，与其说是引导投资方向，不如说是在很大程度上选择了投资的方向，实际上是以政府对于产品、技术和工艺的选择，来替代市场竞争过程中对于产品、技术和工艺的选择。

这种以政府对于产品、技术和工艺的选择来代替市场选择的特征还体现在行业准入政策中。国家发改委已颁布了十余个行业的准入条件文件，这些准入条件文件不仅规定了能耗、资源综合利用和排放的准入标

准，还对工艺、装备及规模等都有严格的规定。例如，《铝行业准入条件》中规定："申请核准的矿山投资项目，总生产建设规模不得低于30万吨/年，服务年限为15年以上"，"利用国内铝土矿资源的氧化铝项目起步规模必须是年生产能力在80万吨及以上"，"利用进口铝土矿的氧化铝项目起步规模必须是年生产能力在60万吨及以上"，"新建再生铝项目，规模必须在5万吨/年以上"，"报请核准的电解铝淘汰落后生产能力置换项目及环保改造项目，必须采用200KA及以上大型预焙槽工艺，且新建生产线阳极效应系数要小于0.08个/槽日"，等等。这些准入政策已经不仅仅是消除资源和环境外部性，而是直接以政府对规模、技术和工艺的偏好和选择直接代替市场机制的选择作用。产业发展政策中也有此类内容，例如《钢铁产业发展政策》第十二条规定，"建设烧结机使用面积180平方米以上；焦炉碳化室高度6米以上；高炉有效容积1000立方米以上；转炉公称容量120吨以上；电炉公称容量70吨以上。沿海深水港地区建设钢铁项目，高炉有效容积要大于3000立方；转炉公称容量大于200吨，钢生产规模800万吨以上"；第十七条则规定了需要加快淘汰的设备规模、生产工艺和装备。

在我国的产业政策中，以政府选择代替市场机制的特征，不只表现在对装备规模、技术、生产工艺的选择上，还表现在对产业组织结构、生产企业及企业规模的选择上。《钢铁产业发展政策》的第三条明确指出，"到2010年，钢铁冶炼企业数量较大幅度减少，国内排名前十位的钢铁企业集团产量占全国产量的50%以上，2020年达到70%以上"；第二十条则指出，"支持和鼓励有条件的大型企业集团，进行跨地区的联合重组，到2010年，形成两个3000万吨级，若干个千万吨级的具有国际竞争力的特大型企业集团"。这不只是对产业组织结构和企业规模的选择，实际上"两个3000万吨级、若干个千万吨级的特大型企业集团"都是有所指的特定企业。在2009年出台的《钢铁产业调整与振兴规划》中则更为明确地指出，"力争到2011年，全国形成宝钢集团、鞍本集团、武钢集团等几个产能在5000万吨以上、具有较强国际竞争力的特大型钢铁企业，形成若干个产能在1000万—3000万吨的大型钢铁企业"。在《汽车产业调整与振兴规划》中则明确提出，鼓励一汽、东风、上汽、长安等大型汽车企业在全国内实施兼并重组，支持北汽、广汽、奇瑞、重汽等汽车企业实施区域性兼并重组，形成2—3家产销规模超过200万辆的大型企业集团，4—5家产销规模超过100万辆的汽车企业集团。在对产业组织结构、生产企业及企业规模的选择上，我国的产业政策具有强烈的“扶大限小”的特色，试图通过扶持在位大企业的扩张与限制中小规模企业的发展来实现市场集中，形成大企业集团，这实质上是试图代替市场竞争性集中过程与市场的优胜劣汰机制。

制止盲目投资、抑制产能过剩的产业政策，则是以政府对市场供需状况的判断以及对未来供需形势变化的预测来判断某个行业是否存在盲目投资或者产能过剩，并以政府的判断和预测为依据制定相应的行业产能及产能投资控制措施、控制目标，这实际上是以政府的判断和控制来代替市场的协调机制，具有强烈的计划色彩。例如，《关于制止钢铁行业盲目投资的若干意见》中认为，“到2003年底，我国钢铁生产能力将达到2.5亿吨，目前在建能力约0.8亿吨，预计到2005年底将形成3.3亿吨钢铁生产能力，已大大超过2005年市场预期需求”。在《关于钢铁工业控制总量淘汰落后加快结构调整的通知》中则指出，“2005年底已形成炼钢能力4.7亿吨，还有在建能力0.7亿吨、拟建能力0.8亿吨，如果任其全部建成，届时，我国炼钢产能将突破6亿吨。而2005年钢表观消费量在3.5亿吨左右，即使考虑到未来钢材需求的增长，供求也是严重失衡的”。在《关于抑制部分行业产能过剩和重复建设引导产业健康发展若干意见》中分别就钢铁、水泥、平板玻璃等六个行业的供需进行预测和判断，认为钢铁、水泥、煤化工、平板玻璃等行业存在严重产能过剩。《钢铁产业调整与振兴规划》认为，钢铁产业“盲目投资严重，产能总量过剩”，需要“严格控制新增产能，不再核准和支持单纯新建、扩建产能的钢铁项目，所有项目必须以淘汰落后为前提”，类似的判断和措施还出现在《船舶产业调整与振兴规划》《有色金属产业调整与振兴规划》等产业文件中。

三　限制竞争、保护主要在位大企业的倾向

中国产业政策的另一个特征是：保护和扶持在位的大型企业（尤其是中央企业），限制中小企业对在位大企业市场地位的挑战和竞争。实施这类政策往往以“充分利用规模经济，打造具有国际竞争力的大型企业集团；提高市场集中度，避免过度竞争”为理由。这类政策的做法有：制定有利于在位大型企业的行业发展规划；制定有利于大型企业发展和限制中小企业发展的项目审批或核准条件；制定有利于在位大型

企业的准入条件或严格限制新企业进入；在项目审批和核准过程中照顾大企业的利益、优先核准大型企业集团的投资项目，对中小企业的项目进行限制。在钢铁产业和汽车工业的产业政策中，限制竞争的特征尤为突出。《钢铁产业发展政策》的第二十二条规定，钢铁投资项目需按规定报国家发改委审批和核准，第八条同时规定，“2003 年钢产量超过500 万吨的企业集团可以根据国家钢铁产业中长期发展规划和所在城市的总体规划，制定本集团规划，经国务院或国家发展和改革委员会进行必要衔接平衡后批准执行。规划内的具体建设项目国家发展和改革委员会不再审批或核准，由企业办理土地、环保、安全、信贷等审批手续后自行组织实施，并按规定报国家发展和改革委员会备案”，这实际上是给予 2003 年钢产量超过 500 万吨的企业在项目审批和核准上简化程序，国家发改委在实际的审批和核准过程中优先大企业限制小企业的倾向也非常明显，中小企业投资项目审批的时间长，获得批准的难度大。又如，第十二条中沿海深水港地区建设钢铁项目钢生产规模必须在 800 万吨及以上的规定，几乎就是为宝钢、武钢、鞍钢、首钢等几家规模前几位的大企业量身定制的，在这一规定下，其他企业则难以建立沿海港口钢铁基地；第二十三条“钢铁企业跨地区投资建设钢铁联合企业项目，普钢企业上年钢产量必须达到 500 万吨及以上”的规定，就限制了 500 万吨以下规模企业的跨地区发展。

在汽车产业中，产业政策为在位大型企业提供了更为严格的保护，竞争进一步受到限制。在《汽车产业发展政策》中第五章准入管理规定，建立统一的道路机动车辆生产企业和产品的准入管理制度，国家发改委联合国家质检总局对道路机动性车辆进行强制性认证，并发布《道路机动车辆生产企业及产品公告》，不在名录中的企业不得生产、销售机动车辆，不在名录中的产品也不得在市场销售；并要求生产企业具有产品设计开发能力、产品生产设施能力、产品生产一致性和质量控制能力、产品销售和售后服务能力。这种名录管理制度赋予国家发改委对汽车行业准入的绝对的决定权，并不是符合准入规定的企业和产品就能进入公告目录，而是必须得到国家发改委的批准和支持。《汽车产业发展政策》第十章第四十五条的规定使大型汽车企业集团在获得项目审批上具有很强的特权，第四十六条的规定为潜在进入者进入汽车行业设定了非常高的进入壁垒，也为非轿车类汽车企业进入轿车行业设立了非常高的进入壁垒。在汽车工业相关产业政策体系下，新的企业进入几乎不可能，不同产品类型汽车生产企业进入其他产品领域开展竞争的行为也几乎被禁止。在汽车产业政策体系中，合资企业成立的审批也是一项重要内容，特别是在乘用车领域。由于国内在技术和车型开发上与发达国家存在巨大差异，与国外先进企业合资权以及合资车型的多寡、合作的广度和深度，在很大程度上决定了国内汽车企业的市场份额和发展空间。国家在合资审批过程中，几乎是一面倒地倾向于其重点扶持的大型企业集团，规模略小的汽车企业无论获得合资审批的机会还是合资的范围都受到极大的限制。

第三节　当前我国产业政策阻碍统一市场建设的具体表现

现阶段，我国干预产业政策的模式在很大程度上阻碍了统一开放、竞争有序的市场建设，具体表现如下。

（1）产业政策中仍保留了大量投资审批与核准、市场准入等管制手段。虽然党的十八届三中全会以来，深化行政审批体制改革已取得很大进展，国务院先后取消和下放六百余项行政审批事项；但是，一些政策部门存在着放小不放大、放虚不放实的现象，一些审批项目虽名义上改为核准或备案却仍行审批之实，整个产业政策体系中仍保留大量行政审批事项，行政审批仍然在要素配置中占据主导地位。近年来，准入管制政策大量增加，很多行业都制定了准入条件、经营规范条件等准入政策，这些政策除环保、能耗、安全三个领域外，还对企业规模、设备规模、技术条件等方面设置了诸多条件。这些审批、核准和准入管制，影响企业的自主经营、阻碍市场公平竞争与要素自由流动，不利于统一市场体系的建设。

（2）目录指导名为指导，实为主导资源配置。我国的目录指导政策不仅仅是“指导”，也是各级政府进行项目审批和核准、信贷审批、税收优惠、财政补贴与土地优惠政策的依据，同时限制类目录和淘汰类目录具有强制性实施的特征。我国的目录指导政策，与其说是引导投资方向，不如说是在很大程度上选择了投资的方向，主导要素资源的配置，这实际上是以政府对产品、技术和工艺的选择，来替代市场竞争过程对产品、技术和工艺的选择。我国的目录指导政策既影响企业自主选择、阻碍要素的自由流动，又不利于不同技术路线、差异产品之间的企业进行公平竞争，同时也会影响到消费者的自主选择。

（3）产业补贴政策具有很强的选择性特征。2000 年以来，随着政府财政收入的快速增长，中央政府与地方政府对于产业补贴的广度和强度都有极大的提高。国际金融危机以来，产业补贴的规模急剧增长，每年用于产业补贴的中央财政资金就可达数千亿元，还不包括地方财政提供的产业补贴，以及地方政府以低价甚至零价供地形式提供的大量隐性补贴。我国的产业补贴具有很强的选择性，这种选择性不仅仅表现在特定产业的选择上，更多体现为挑选特定的企业、特定产品的生产、特定的工艺和技术路线来进行补贴。而在地方政府层面，地方政府具有追求地区生产总值增长的强烈动机，产业补贴成为地方政府招商引资、上项目、发展产业的重要手段。这种选择性的产业补贴政策模式影响市场的公平竞争秩序。

（4）一些地方政府的公共采购政策具有很强的地方保护主义色彩。从发达国家的经验来看，政府采购已逐渐成为推行产业政策的一项重要政策工具。近年来，我国各级政府都开始加强了这一政策工具的运用，也起到了一定的效果。但是，在这一政策工具的运用中，也存在较多的问题。其中，最为突出的一个问题是，部分地方政府采购（含地方国有企业的采购）过程中存在严重的地方保护主义，即只采购本地厂家的产品，而将外地厂家的同类产品阻隔在政府采购市场之外。此外，地方政府利用其影响力强制当地出租车公司购买本地生产的汽车作为出租车的现象也极为普遍。地方政府实施的这些具有很强地方保护主义色彩的公共采购政策，分割市场并导致不公平的市场竞争，不利于统一市场建设。

还需要进一步指出的是，我国产业政策的实施效果大多不理想。例如，在汽车、钢铁、石化等重要行业，实施的“扶大限小”、限制竞争的产业政策，导致这些行业中优胜劣汰机制严重受阻，对行业效率的提升产生了显著的负面影响；目录指导政策制定和实施中往往脱离我国经济发展阶段与忽视现实市场需求，片面追求发展高新技术产品和工艺，同时把本来具有市场需求的产品、工艺看作落后产品、落后产能并加以淘汰；片面强调市场集中度、企业规模的产业组织政策，导致大量低效率重组行为；发展战略性新兴产业政策在实施中过于注重补贴生产环节，导致部分新兴产业严重产能过剩，并频繁遭遇国外反补贴调查和制裁。许多行业高速发展的过程，往往是不断突破政府部门有关预测、脱离其规划、摆脱其产业政策干预的过程，如果政府部门对这些行业的政策干预完全得以实现，那么这些行业的发展将被严重阻碍。更为重要的是，我国这种直接干预市场、限制竞争的产业政策模式，带来严重的设租、寻租问题，极不利于激励创新，并降低了整个经济体系的微观活力。

第四节 实施功能型产业政策，推进统一市场体系建设

需要进一步指出的是，产业政策并非只有一种模式，产业政策还有功能型产业政策模式（或增进市场型产业政策模式）。在选择性产业政策及其实施效果受到日趋广泛、严重质疑的同时，国内外越来越多的产业政策研究者以及世界银行等重要国际机构开始倡导功能型产业政策。现阶段美国、欧盟、日本、韩国等发达国家或地区实施的产业政策主要属于这种类型。在这种产业政策模式的倡导者和践行者看来，市场机制是配置资源、激励创新、推动效率提升与产业转型升级最为有效的机制，但是市场机制能否充分发挥作用取决于市场制度（或市场体系）的完善程度，并且市场机制在教育、基础科学与技术研究、环境保护等公共领域存在不足。因而，产业政策的重点应该放在为市场机制充分发挥其决定性作用提供完善的制度基础，强化保持市场良好运转的各项制度，建立开放、公平竞争的市场体系，培养人力资本以适应产业结构演进与经济发展对高技能劳动力的需求，支持科学研究与技术创新等方面。在功能型产业政策中，政府的作用是增进市场机能、扩展市场作用范围并在公共领域补充市场的不足。实施功能性产业政策（或增进与扩张市场型产业政策）与建设统一开放、竞争有序的市场体系具有高度的一致性。

因此，无论从反思和重构产业政策的角度来看，还是从加快建立统

一开放、竞争有序的市场体系的角度来看，中国都亟须对当前产业政策取向做重大调整，放弃直接干预市场、限制竞争、选择性的产业政策模式，转向“放松管制与维护公平竞争”，实施功能型产业政策（增进与扩展市场型产业政策）。具体而言，可以从以下几个方面着手。

第一，取消所有不必要的审批、核准与准入管理。坚持“非禁即准、平等待遇”的原则，除生态与环境保护、生产与产品安全、国家安全方面可适当保留外，取消所有不必要的审批、核准和准入管理。让不同所有制、不同规模、不同技术路线选择、不同技术装备选择的企业均具有公平进入市场的权利。此外，还需消除一些行业和领域存在的隐性市场进入壁垒，例如政策影响力、指定采购、资源和要素的原始占有、在位企业战略性阻止行为等。在企业登记、申请立项、税收收费标准、政府采购、财政补贴、土地使用等方面，不同所有制企业、不同规模企业应享有同等的政策待遇。

第二，制定全面、完善的公平竞争法。切实保障各种所有制企业依法平等使用生产要素、公平参与市场竞争、同等受到法律保护，严格约束地方保护主义行为以及为本地企业提供损害公平竞争的各类补贴与优惠政策。同时，还要修订《劳动法》《产品质量法》《消费者权益保护法》《反不正当竞争法》《环境保护法》等法律法规，加强保护劳动者权益、消费者权益与公众利益，加大对违法行为的惩处力度，禁止企业采用损害消费者权益、损害劳动者权益、破坏环境、虚假广告等不正当方式进行市场竞争。公平税负与社会责任，让不同所有制的企业在税负、社会责任要求方面能得到同等对待。此外，还需完善《政府采购法》，严格约束各级地方政府在公共采购中的地方保护主义。

第三，调整产业补贴和税收优惠政策。将选择性补贴政策转为普遍性补贴，普遍性补贴不是针对特定的企业或者个人，而是面向某产业的所有企业或所有消费某商品的经济主体的补贴或优惠措施。将产业补贴的重点由生产环节转为研发与创新、消费环节。同时，控制补贴的范围和规模，规范补贴制度，提高补贴的透明度。应尽量淡化税收优惠政策的所有制取向；逐步取消以区域（园区）为主的税收优惠，代之以鼓励企业创新与研发、技术改造、节能与环境保护投资以及促进新兴产业发展为主的税收优惠政策。这种优惠政策应该是一种普惠型的优惠政策，对于所有符合要求的企业，应进一步简化优惠的审批手续，促进税收优惠政策的落实。

第四，取消目录指导，代之以“负面清单”。取消《产业结构调整指导目录》等指导目录，实施“负面清单”管理。负面清单制定应主要以环境与生态保护、能源资源利用效率、产品与生产安全、劳动者权益保护这四个方面为考量，不宜将负面清单管理的范围拓得太宽。否则，负面清单极易在实施中演变为变相的指导目录。

第五，加快要素市场改革。扭曲要素价格、以低价提供要素资源，是许多地方政府不当实施产业政策、保护本地企业产业发展的重要手段，它严重阻碍统一市场体系的形成。应该改变土地等重要资源配置由政府主导的局面，让市场在要素资源的配置中发挥决定性作用，对地方政府最为重要的地方保护主义做法来个釜底抽薪。一方面，要重点推进土地制度改革，明晰土地产权，确保公民在土地方面的合法权益不受侵犯，打破地方政府垄断土地市场并以之牟利的体制，改进国家对土地的公共管理职能，建设土地产权的市场化条件；另一方面，应加快推进水资源、矿产资源、能源价格形成机制的市场化改革，使价格能充分反应稀缺程度与社会成本，从而从根本上杜绝地方政府通过低价提供土地、能源、资源的方式为保护本地企业产业或促进其发展提供隐性补贴。

第二章　改革环境监管制度，促进统一市场建设

第一节　环境政策工具箱与国际环境监管发展趋势

首先，借用“工具箱”这个概念将环境政策有哪些类型和种类进行简单的梳理。实际上，工具箱中的环境政策工具主要是根据世界各国尤其是发达国家的环境管制实践总结出来的，因此，为了解当今国际环境管制发展趋势，这里还简要介绍主要发达国家环境管制的一些主要做法。

一　环境政策工具箱构成

（一）环境政策工具箱的纵向描述

根据环境政策工具的特征和演变历程，环境政策类型的划分有两分法和三分法。两分法将环境政策工具划分为传统的或“命令—控制”型环境管制工具和市场化环境管制工具（或基于市场的环境管制）。三分法将环境政策工具划分为三种类型：第一代工具是传统的“命令—控制”型管制；第二代工具是市场化工具或基于市场的政策工具（Market - Based Instrument，MBI）；第三代工具是自愿环境管制。这两种分法没有本质的区别，前者是将自愿环境管制纳入市场化工具，而后者则是将自愿环境管制从市场化工具中分离出来。为介绍得更具体一些，本书按照三分法对环境政策管制工具的演变历史进行描述。

传统的环境管制政策通常被称为“命令—控制”型管制，是因为其为实现目标而规定的手段比较直接和笨拙。典型的“命令—控制”型管制对厂商制定统一的标准，通常采取的是基于技术和绩效的标准。

技术标准给企业指定特别的方法有时甚至是特定的设备来配合管制。例如，要求所有的发电厂采用特定种类的清洁剂来除尘。绩效标准对企业制定统一的控制目标，但在实现目标的问题上给企业一些自由度。例如，要求在一定时间段内限制某种污染物的排放量，但并不要求用何种方法来达到此目的。可见，技术标准管制比绩效标准管制更呆板。

一般地，"命令—控制"型管制倾向于使每个厂商承担同样份额的污染控制负担，而不考虑相应的成本差异问题。这是"命令—控制"型环境管制的主要缺陷，许多国外的研究都证实"命令—控制"型环境管制成本的确高昂，例如，对八项关于大气污染控制的实证研究观察发现，对于洛杉矶地区的硫排放而言，传统的"命令—控制"型管制的总成本是采用最低成本方法总成本的1.07倍，而对于杜邦公司的国内所有工厂的碳氢化合物排放来说，两种方法所费成本会有22倍的差距。[①] "命令—控制"型管制还有一个重大缺陷就是趋于阻碍污染控制技术的发展。此类政策几乎不存在促使企业超越其控制目标的经济激励，并且技术标准和绩效标准都妨碍企业采用新技术。一个采用新技术的企业得到的回报是更严格的控制标准和控制绩效，而无法从投资中取得经济利益——除非它的竞争者为达到新的标准面临更大的困难。

但是，"命令—控制"型环境管制也并不是一无是处，它在应对复杂的生态和技术风险上具有一定的优势（比如，有毒废弃物管理，因为有毒废弃物一旦泄漏，危害巨大；又如，保护生物多样性，因为物种一旦灭绝，就不可逆转。在这些情况下，采用经济手段调节不是一个很好的选择）。由于路径依赖，传统的环境管制工具在世界各国仍然是最主要的手段。

基于市场的政策工具是这样的一些管制手段，它们鼓励通过市场信号作出行为决策，而不是制定明确的污染控制水平或方法来规范人们的行动。这些政策工具包括排污收费和可交易的许可证交易制度等，通常被描述成借助市场的力量，因为如果它们能够被很好地设计并加以实施的话，将在促进厂商或个人在追求自身利益的同时客观上导致污染控制目标的实现。

---

① ［美］保罗·R. 伯特尼、罗伯特·N. 史蒂文斯主编：《环境保护的公共政策》，穆贤清、方志伟译，上海三联书店、上海人民出版社2004年版，第43页。

基于市场的政策工具超越传统的“命令—控制”型方法的两个最为显著的特征是它具有低成本高效率的特点和技术革新及扩散的持续激励。

从理论上说，设计得当并得以实施的基于市场的政策工具能以最低的可能社会成本实现任一期望水平上的污染削减。此时，污染削减成本最低的厂商被激励去进行最大数量的污染削减。并不像统一排放标准那样使厂商的污染水平相等，市场导向型的政策工具力求使各个厂商削减污染的边际成本相等。

需要指出的是，“命令—控制”型的方法在理论上也可以实现成本最小化，但这需要对每个污染源制定不同的标准，因此，政策制定者必须掌握每个厂商所面临的执行成本的详细信息。显然，对于这样的信息，政府是无法获取的。而如果采用市场导向的政策工具，则无须政府去了解这些信息也能高效率地将污染负担分配于各厂商。

不过，基于市场的政策工具也并不是十全十美的，它的效果也不乏理想色彩，实际运行效果还需要通过更多的实践验证。它在实施过程中遇到一系列障碍，比如，利益集团的抵制、公众的抵制，以及复杂的设计和执行程序等，因此，即使像美国、欧洲这样发达的国家和地区，基于市场的政策工具与传统的“命令—控制”型政策相比，仍然处于配角的地位。但不管怎样，基于市场的政策工具越来越受到重视，在许多国家正以不同的形式逐步得到实施，这是当今世界环境管制的一个潮流。

自愿环境管制往往被称为环境管制政策制定的“第三波”。它的流行可以通过提供、处理和传播相关信息的成本变化来解释（Tietenberg，1998）。自愿环境管制常常可以被分为三种类型：（1）单边协议。单边协议在没有任何直接的政府干预下发生，企业（或行业）单方面采取自主行动，是一个环境的自我管制过程，企业自身设立环境改善计划，传达给其利益相关者，并设置目标、责任、执行和监督程序。它们可能同意利益相关者参与环境目标的定义，也可以委派一个第三方。（2）公共自愿计划。在公共自愿计划中，政府当局决定污染目标和达到这些目标的模式，建立要求企业自愿满足的特定标准或清洁技术，留给企业是否参与协议的选择。在这个计划中，设定个体参与的条件、企业服从的规定、监督标准和结果的评价，还有以 R&D 补贴、技术支持和因使用生态标签而提高的声誉等形式的经济利益。（3）谈判协议。谈判协议是存在于公共机构和行业之间的一个契约，意味着政府和企业在一个消除标准和一个执行进程上积极谈判，两者之间存在一个讨价还价过程。由此可见，单边协议实际上是一种自我管制（Self－regulation），属于环境保护的私人供给，而后两者则是合作管制（Co－regulation），属于环境保护的联合供给，但无论如何，它们都具有自愿的性质。

以自愿方式执行的管制，建立在企业与政府相互信任的基础上，可以避免严厉执行的缺点，同时为企业和政府带来许多利益。管制者可以减缓资金预算下降的困扰，以更低的成本执行他们的要求。在这种方式下，管制者并不严格解释法律并惩罚企业的每一次违规。相反，他们给予企业一些管制豁免，激发企业服从管制的动力，使这些企业做出保证会努力通过自我控制环境行为和迅速报告及纠正违规来服从管制。因此，这一工具既降低了政府的监管成本，同时也使企业具有更大的灵活性以采取更加合适自身情况的技术，因而产生更强的技术创新激励。所以，有人认为，与其他非自愿环境管制相比，自愿环境管制具有非常显著的优势（见表2－1）。

表2－1　　　　环境政策工具比较

环境政策工具＼评估标准		环境改善的效果	执行效果（监督、执行成本）	环境技术创新和改进的激励程度
非自愿方法	强制性命令—控制	显著	成本较高	很小
	经济激励	总量不确定（可交易污染许可证除外）	成本较高	较高
自愿环境协议		总量不确定	成本较低	高

资料来源：彭海珍：《中国环境政策体系改革的思路探讨》，载《可持续发展：经济与环境》（下册），同济大学出版社2005年版。

但是，对于自愿环境管制也有很大争议。批评者认为，一些宣称“自愿途径”成功的例子似乎都言过其实。如果没有政府的强制作为后盾，自愿环境管制很可能流于形式或成为欺骗消费者的广告宣传。一些人甚至认为，这些所谓“自愿环境管制”的成功例子是“漂绿”（Greenwash）的形式，而没有得到真正的证实。

（二）环境政策工具箱的横向描述

从横截面来看，环境政策工具可以有三种基本的分类，即俗称“胡萝卜、大棒、说教”的经济激励、法律工具和信息工具。但这些可以进一步被划分为物质的、组织的、法律的、经济的、信息的五类工具。任何单一的分类法都不是完美的，但在不同的条件下都是有用的。

世界银行将环境政策工具分为利用市场、创建市场、环境法规和公众参与四类，每种类型工具包括若干种具体的政策工具（见表 2－2）。托马斯·思德纳（2005）认为，环境政策工具除了以上四种类型，还有另外四种：环境服务设施的直接供应（如市政废弃物处理）；国际协议（它是应用于多国层面的一种政策）；环境听政，是企业层面的一种主要政策工具（经常与加贴标签以及信息供应结合在一起使用）；宏观政策（所有应用于整个经济从而对环境产生影响的财政、金融和贸易政策）。

表 2－2　　政策矩阵中的工具分类

利用市场	创建市场	环境法规	公众参与
削减补贴； 环境税费； 使用者收费； 押金—退款制度； 有指标的补贴	产权与地方分权； 可交易许可证和权利； 国际补偿机制	标准； 禁令； 许可证与限制； 分区； 责任	公众参与； 信息公开

资料来源：世界银行 1997 年度报告。

二　环境政策工具评价标准与选择分析

（一）环境政策工具评价标准

评价一项环境政策工具是否合理、有效，可以有若干个标准，其中最常见的标准有效率标准、技术进步标准、公平标准、激励相容标准、管理的灵活性标准，以及能否应付紧急、复杂的生态和技术风险情况标准。

1. 环境政策工具的效率标准

环境问题之所以难以解决，是因为解决环境问题需要支付高昂的代价。因此，迫切需要通过成本与收益的理性权衡来选择一些目标，以求用最低的成本实现相应的目标，这就要求在解决环境问题时，选择最有效率的环境政策工具。

2. 环境政策工具的技术进步标准

判断一个环境政策工具是不是科学，除了要求其具有静态效率（较低的成本），还要求其具有较好的动态效率，即能够促进技术进步。一般地，实施严格的环境管制措施，意味着企业生产成本的增加。但是，严格的环境管制也会产生一个"补偿"，即企业为了规避环境管制，进行科技创新和采用新技术，从而提高了企业的生产效率：一方面，降低了治理污染的费用以及避免或减轻因污染所招致的收费、罚款和不良声誉等损失；另一方面，随着技术创新和新技术的采用所带来的生产效率的提高，生产的总成本得以降低，在一定程度上也弥补了环境成本增加的损失。事实上，哈佛商学院的波特教授正是依据上述推理，提出了波特假说：环境管制对技术革新的间接影响，会促进生产力的提高，从而获得环境效益和经济效益的"双重红利"，即"环境管制有利于提升企业竞争力"。波特假说的基本观点和逻辑是：（1）更清洁的技术尚未开发，所以总会使效率更高，进而使费用更省；（2）为了适应更严格的规制，企业不得不努力提高生产效率，从而为企业面对强大的竞争对手打下坚实的基础。[①] 当然，波特假说能不能成立，目前存在争论，有的证实，有的证伪。但是，波特假说成立的一个必要条件是，所采用的环境管制工具具有灵活性，能够刺激企业技术创新和采用新技术。

3. 环境政策工具的公平标准

环境保护涉及环境污染成本、减污成本和与工具选择有关的费用（如转移支付费用、信息费和管理费）三种成本，每种成本都会影响分配。其中，环境政策工具会造成两种类型的成本分配问题：一是排污者、受害者和社会之间的成本分配，二是排污者之间的成本分配。因此，一个好的环境政策工具能够公平地对待这两种类型的成本分配问题。

4. 环境政策工具的其他标准

除了效率性、技术进步、公平性，选用何种环境政策工具，还要考虑该政策工具的激励相容性、管理的灵活性，以及应付复杂的生态和技

---

① ［瑞典］托马斯·思德纳：《环境与自然资源管理的政策工具》，张蔚文、黄祖辉译，上海三联书店、上海人民出版社2005年版。

术风险的可行性等。

所谓激励相容性，是指管制当局设计某个环境政策，有关经济主体愿意按照该政策自愿履行减污行动，而不会出现“道德风险”和“逆向选择”等机会主义行为。信息经济学告诉我们，在信息不对称的情形下，在委托—代理模型中，委托人选择既定的激励安排，代理人将选择对自己最佳的行为，委托人不能直接选择代理人的行为，他只能通过对激励性报酬的选择来影响代理人的行为。环境政策工具要能够合理实施而不会产生扭曲，就要使该政策工具能够与执行该政策工具的经济主体的理性预期相一致。

管理的灵活性是指政策工具是可行的，政策工具的实施并不会引起过量的货币或信息成本。

应付复杂情况的可行性，是指由于生态和技术上的复杂性会导致不确定性，从而简单的效率标准难以应用。为处理复杂问题所特别选择的政策工具必须考虑信息、风险和不确定性问题。

（二）环境政策工具的选择与匹配

环境政策的制定并不是在“命令—控制”型工具和市场化工具（MBI）之间进行简单的选择，也不是简单地以市场化工具替代“命令—控制”型工具，而是需要考虑多方面的情况，比如，需要考虑成本有效性、能否促进技术进步、分配的公平性、市场成熟度、市场结构类型、信息不对称情况下的激励相容性，以及生态和技术的复杂性、管理上的灵活性、政治上的可行性等。幸运的是，各国已经根据实际情况开发出多种多样可行的环境政策工具，可以满足不同情形下对这些政策工具的需求。

表 2 –3 反映的是环境政策工具的种类及其特征情况。从表中可以看出，各种政策工具具有不同的特征和优点，有的主要表现在效率方面，如可交易的配额或权利、税收或收费、补贴或补贴削减、押金—退款制度、退还的排污费、创建产权等；有的主要表现在能够应付复杂的生态与技术情形，如直接供给、技术规制、执行规制；大多数市场化工具和自愿环境管制都具有激励相容特征，如可交易的配额或权利、税收或收费、补贴或补贴削减、押金—退款制度、退还的排污费、创建产权、自愿协议、信息公布、标签等；从公平性角度看，可交易的配额或权利、税收或收费、退还的排污费、责任与其他法律机制是较好的政策

工具；就促进技术进步或动态效率而言，可交易的配额或权利、税收或收费、补贴或补贴削减、退还的排污费、创建产权等政策工具具有优势；在管理的灵活性方面，执行规制、税收或收费、押金—退款制度、创建产权、自愿协议、信息公布、标签等都是不错的政策工具。

表 2－3　　　　环境政策工具种类及其特征

政策工具	简要说明	主要特征（效率/公平/技术进步/激励相容/管理灵活性/应付复杂情况）	例子
直接供给	环境保护机构直接利用自身的人员、技术诀窍和资源去解决特定的问题，即提供公共产品	应付复杂情况	废弃物管理
技术规制	规定企业所必须使用的技术或条件，企业没有选择余地	应付复杂情况	化学物品禁令、催化式排气净化器
执行规制	为企业规定一个强制性的排污执行标准。在执行标准下，企业有一定的灵活性选择合理排污手段达到标准即可	应付复杂情况、管理灵活性	废水、废气排放达标
可交易的配额或权利	这个工具的理论创立者是 Coase（1960）；通过排污权的交易，排污边际成本高的企业从排污边际成本低的企业购买排污权，污染削减成本最低的厂商被激励去进行最大数量的污染削减；实现各个厂商污染削减的边际成本相等，实现整个社会为达到既定目标的成本最小化	效率、公平、技术进步、激励相容	SO_2 排放权交易、碳排放权交易
税收或收费	这个工具的理论创立者是 Pigou；如果设计排污税（费）率等于污染造成的边际损害，则这个税收（收费）被称为庇古税；庇古税有效地将环境污染外部性内部化。除了对污染物征税，还可以对投入物或产出物征税	效率、公平、技术进步、激励相容、管理灵活性	工业污染税、废弃物费、汽油税

续表

政策工具	简要说明	主要特征（效率/公平/技术进步/激励相容/管理灵活性/应付复杂情况）	例子
补贴或补贴削减	与税收类似，补贴是一种负税收，但补贴没有产出替代效应；补贴对于某些“服务”，可以采取直接财政支付手段，对于某些投入或技术、贷款、信用市场，则适合采取优惠价格手段。补贴与税收最主要的差别是，在税收情况下要退出市场（利润为0或破产）的边际企业，在补贴情形下可能生存下来，由此，整个行业趋向拥有太多的企业以及生产过多的产品。在现实中，与环境最相关的问题不是对污染控制的补贴，而是对污染不合理补贴（如化肥、农药的生产）的盛行，以至于削减这些“补贴”也被称为一种环境政策工具	效率、技术进步、激励相容	能源税，减少的能源税，减少的化肥、农药补贴
押金—退款制度	对特殊项目的收费和对退还补贴政策的组合，是一种双重政策工具。近年来，押金—退款制度的实行表明，押金和退款不一定是相同的数量	效率、激励相容、管理灵活性	饮料罐、瓶子、二手汽车等回收，废弃物管理
退还的排污费	排污者对污染支付费用，但这些费用将被退还到同一个污染者群体，退款额不与排污费成比例，但与另一种测量值如产出成比例。就其净效应而言，是由超过平均排污水平的企业向低于平均排污水平的企业付费	效率、公平、技术进步、激励相容	瑞典氮氧化合物的清除
创建产权	由界定权利的机制组成。比如，创建土地和其他自然资源的私有产权；创建排污许可证与开采许可证等。在国际框架内被称为“国际补偿机制”	效率、技术进步、激励相容、管理灵活性	污染者付费原则的确立、生产者责任制

续表

政策工具	简要说明	主要特征（效率/公平/技术进步/激励相容/管理灵活性/应付复杂情况）	例子
责任与其他法律机制	法律机制与其他政策工具的最大区别就是对他人造成伤害或经济损害的个人需要承担责任的程度：惩罚、罚款、责任以及履约担保等	公平、激励相容	采矿或危险废弃物的责任限制
自愿协议	从本质上说，污染者同意采用更清洁的技术以换取更宽松的管制	效率、技术进步、激励相容、管理灵活性	ISO 14000 认证体系
信息公布、标签	帮助消费者和社会公众了解相关信息。信息提供被称为环境政策制定的“第三波”（在法律规制和基于市场的工具之后），在发达国家中使用得越来越多。标签计划分为1型、2型和3型：1型是企业申请的自愿证明，由独立的机构设立标准并评价产品；2型在企业内部进行，没有固定的标准或独立的外部检查；3型只是提供原始数据，不进行解释或评判	效率、技术进步、激励相容、管理灵活性	产品绿色标签、节能标签；等级证书

资料来源：笔者整理。

由于没有一个政策工具是十全十美的，并且鉴于现实情形的复杂性，以及同时满足多个目标（如效率、可持续性和公平分配等）的需要，管理当局就需要根据具体情况，相机选择一些政策工具和政策工具的适当组合。不同政策工具的相互作用有可能起叠加的效果，也可能起相互削弱的效果，因此，需要管制当局在实践中予以关注。环境的变化，要求所使用的政策工具也要相应改变。在变化的环境下，制定切合实际的政策是一门科学，也是一门艺术，需要适当排列和组合有关工具，以实现多重目标。

三 当今国际环境监管发展趋势

在美国，从20世纪70年代开始，基于市场的环境政策工具不断得到应用，现在，美国基于市场的环境监管已经有了相当的分量。根据罗伯特·N. 史蒂文斯（2004）的划分，美国基于市场的政策工具可划分为排污收费制度、可交易许可证制度、削减市场壁垒和改革政府补贴这四个主要类型，每种政策类型包括若干种具体政策工具（见表2-4）。

表2-4 美国基于市场的环境政策工具

政策类型	主要政策工具
可交易许可证制度	环保局的排污交易计划；铅排放计划；水质许可证交易；含氯氟烃排放交易；SO_2 排放许可证交易；区域空气净化市场激励项目；可交易的开发权（主要集中在湿地保护方面）
排污收费制度	废弃物收费；押金返还制度；使用者付费（联邦娱乐和交通税收）；保险费税（向工业或利益集团征税以设立应对潜在环境风险的保险基金）；销售税；行政性收费；税收差异化（指信贷、减税和补贴等措施对有损环境的行为所形成的暗税）
削减市场壁垒	市场创建（城市与农业之间的水权交易；电力生产和输送重组政策）；责任制度（责任追溯条款）；信息披露
改革政府补贴	取消对林木生产商的补贴；降低对生产和使用传统化石能源的补贴；对可再生能源的生产部门给予税收减免和提供研发资助

资料来源：根据［美］保罗·R. 伯特尼、罗伯特·N. 史蒂文斯主编的《环境保护的公共政策》一书整理。

可交易许可证制度是美国最常用的基于市场的政策工具，是美国环境管制最具有特色的地方。从1974年第一个排污交易计划开始至今，美国已经成功实施了许多可交易许可证项目，大多数项目具有良好的环境效益和经济效益，彰显市场化环境管制工具的强大生命力。美国环境管制的信息披露制度在很早的时候就开始了，目前，信息披露项目涉及能源、危险化学物、有毒物质等诸多领域。

除了美国在市场化环境管制政策方面取得的不小成绩，欧洲许多国家也在这方面迈出了实质性步伐，对世界各国环境管制政策的设计和实施起到良好的示范效应。目前，欧盟使用的市场化环境管制工具主要有：（1）可交易许可证（Tradable Permits）。用于污染削减（例如 CO_2 减排）和资源管理（例如捕捞量定额）。（2）环境税（Environmental Taxes）。通过改变价格引导生产者和消费者行为，同时增加财政收入。（3）环境收费（Environmental Charges）。涵盖全部或部分环境服务的成本，以减少污染（如用于污水处理）。（4）环境补贴与激励措施（Environmental Subsidies and Incentives）。对采用新技术实行激励性政策，培育环保产品和服务市场，对绿色购买行为进行鼓励，对从事环境保护的公司进行临时性的资助等。（5）责任与补偿计划（Liability and Compensation Schemes）。对因环境破坏而造成的损害进行补偿，以及为预防环境破坏和恢复原状提供资助。①

欧盟在一份环境政策评估报告中认为②，近年来，欧盟环境管制最显著的变化就是在可交易许可证方面从追随者角色向领导者角色的转变，它们的许多做法领导着世界的潮流；环境税的实施已经导致欧盟许多国家的税基有从对劳动和资本征税向对破坏环境的行为和产品征税逐步转移的趋势，环境税税基不断扩大，尽管目前环境税在整个欧盟还只占较小的份额，但环境税的实施已使欧盟国家获得了"双重红利"——向破坏环境的行为和产品征税而不是向劳动征税（减少了市场扭曲，提高了人们工作的积极性），不但有助于环境改善，而且提高了本地区的产业竞争力。

在欧洲，某些国家的自愿环境管制发挥着较重要的角色，比如，北欧的标签计划可能是最成功的标签计划之一。举例来说，瑞典两种最常见的标签（Environmental Choice 和 Nordic Swan）在 1996 年大约占有如下市场份额：擦面纸和卫生纸 100%；衣物清洗剂 65%；其他清洁剂和清洗产品 50%—70%；肥皂和洗发水 1%—10%。③

总之，从主要发达国家的情况看，基于市场的环境管制是当今环境管制发展的一个基本方向。

---

① European Environment Agency, *Market - Based Instruments for Environmental Policy in Europe*, EEA Technical Report No. 8/2005.

② European Environment Agency, *Market - Based Instruments for Environmental Policy in Europe*, EEA Technical Report No. 8/2005.

③ ［瑞典］托马斯·思德纳：《环境与自然资源管理的政策工具》，张蔚文、黄祖辉译，上海三联书店、上海人民出版社 2005 年版，第 193 页。

第二节　环境监管资源配置与机制分析

为提高污染治理效果和改善环境质量，各国都根据本国的实际情况采用不同的监管资源配置方式和不同的环境监管模式。本节首先介绍美国、日本以及德国三个国家的环境监管机构的设置及管理方式，从中寻找我国可以借鉴的经验和教训；其次，分析中国环境监管资源配置和监管模式的基本情况，指出存在的问题，提出改进中国环境监管的对策措施。

一　美国

美国是一个联邦制的国家，在环境管理上采用的是联邦政府制定基本政策、法规和排放标准，州政府负责监督和实施环保执法的管理体制。美国联邦政府设有环境质量委员会和国家环保局两个专门的环境保护机构来分管环境保护工作。环境质量委员会的职责主要是为总统提供环境政策方面的咨询和监督、协调各行政部门的环境保护工作。环境环保局则主要负责制定和监督实施环境保护标准及相关的监督、环保执法等活动（见图 2－1）。

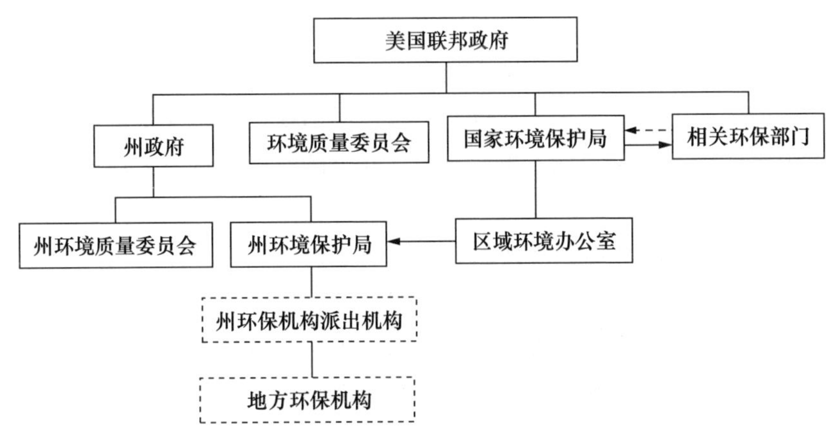

图 2－1　美国环境监管机构示意

资料来源：根据相关资料自绘。

美国环保局将全美划分成 10 个区域来进行管理，每个区域都设有区域环境办公室，来执行联邦的环境法律，并监控区域内各州的环境。区域环境办公室的设立可以使环境保护局的指令更好地传达到各个州，并监督环保项目实施。美国各州的环保局不隶属联邦环保局，而是依照州法律独立履行职责，除非联邦法律有明文规定，州环保局才与联邦环保局合作。各个州的环境管理机构向州政府负责，但是接受美国环保局区域环境办公室的监督检查。各州都设有独立的环保局和环境质量委员会，负责本州的环境监督和治理工作。但是，如果州不遵守美国环保局的管理，那么区域环境办公室将代替州实施计划，由联邦政府直接在此州实施环保项目。美国有相对完备的法律体系，所以在环境管理方面，美国环保局与州环境监管机构职权划分得很明确，州环保机构有其相对独立性。州环保局只接受美国联邦环保局的监督和检查。州与地方（县市）环保机构的关系分为两类：一类适用于比较小的州，就是由州环保机构在全州范围内直接进行环境管理，各个县市根本不设立任何环境机构；另一类则是州环保机构也派出分支机构对地方环保机构进行监督管理。

此外，美国在社会参与度的制度设计上也以法律的形式给予保障。美国早在 1970 年的《清洁空气法》中就规定，任何人都可以以自己的名义对任何违反此规定的行为提起诉讼。被起诉的人不只是个人或企业，州、市等政府机构或者机构中的部门都可以成为被起诉的对象。①这样的法律可以有效地激发社会公众参与环境保护的行动，不会出现因为污染方的势力或权利较大而放弃主张自己的权利，即使是政府在环境保护中有做得不到位的地方也会成为被起诉的对象，这极大地保障了公民自身的利益。

相较于中国的环境管理体制，美国的这种环境管理体制更大程度上赋予地方环保机构的执法权，可以更快地开展环境执法工作。环保机构层级结构设置的简单化，提高了环境执法中向上级请求批示的效率。而且，在美国的环境管理体制中，其他相关部门设立环保机构是在各级环保局的监督下进行的。相关环保部门每年为国家环保局提供数据报表，同时要接受国家环保局的审查和监督。所以，美国的环境监管部门的职

---

① 周适：《环境监管的他国镜鉴与对策选择》，《改革》2015 年第 4 期。

权划分得很明确，避免了不同部门之间对资源的争夺或相互推诿现象的发生。这样一来，国家环境监管的权利主要集中在各州环保局层面，从而可以有效对国家的环境情况进行监督和控制。同时，对社会公众维护自身权益权利的保障，可以提高社会公众参与环保监督的积极性。在环保部门和社会公众的监督下，企业主动进行环境保护的意识就更强。

二　日本

日本的环境管理机制相对来说更为简单。日本中央政府设立环境省来监督国家的环境保护工作。其主要职能是制定空气、水和土壤的污染预防条例；保护自然环境的相关政策，并对固体废弃物实行统一管制。此外，环境省与其他省一起共同管理某些领域的事务，如促进废物循环利用、二氧化碳排放、保护臭氧层、防止海洋污染、化学品生产和检验、环境辐射的监测、通过污水处理系统处理废水、河流和湖泊的保护、森林和绿地的保护等。

地方的环保部门则基本都设立了四种相关环境管理部门，主要是环境主管部门、环境审议和咨询部门、环境科学研究机构和派出行政机构。日本地方政府下设的环保部门的名称并不统一，有生活环境部、环境部等。环保部门之下，根据地方需要设置若干课室，如大气保全课等（机构设置参考图 2－2）。地方环保部门的主要职责是环境质量检测、制定地方环境工作的目标和对策、指导污染源污染控制工作等。环境审议和咨询部门则主要负责环境保护问题的科学决策和咨询服务，同时，在政府与居民之间搭建的桥梁和纽带，为政策制定和实施发挥了重要的沟通和协调作用。环境科学研究机构从事的是相应的环境问题的科研工作，为地方环保工作提供科学依据与解决办法。派出行政机构，是日本地方政府在所辖市建立的环保派出机构，负责执行政府的一些环保政策。

日本通过立法的形式保障各方表达意见的权利。在日本，设立的环境审议咨询部门就是各方表达意见的渠道。审议部门可以组织各种形式的环境审议会来传递专家或各相关利益主体的意见，供政府部门制定政策需要。同时，日本政府意识到了社会公众在环境保护中所起的关键作用。作为消费者的社会公众可以通过对企业产品的需求来约束企业的行为。倘若企业存在较为严重的环境污染问题，那么它所生产的产品就会受到消费者的排斥，需求的降低会直接导致企业利润的减少，最终迫使企业自觉遵守环境保护法规，加入改善环境的行列。所以，预防企业环境污染的一个重要方面就是发挥作为消费者的社会公众的作用，通过提高社会公众的环保意识来倒逼企业进行生产工艺的调整和产品的创新，同时减少生产所带来的环境污染问题。

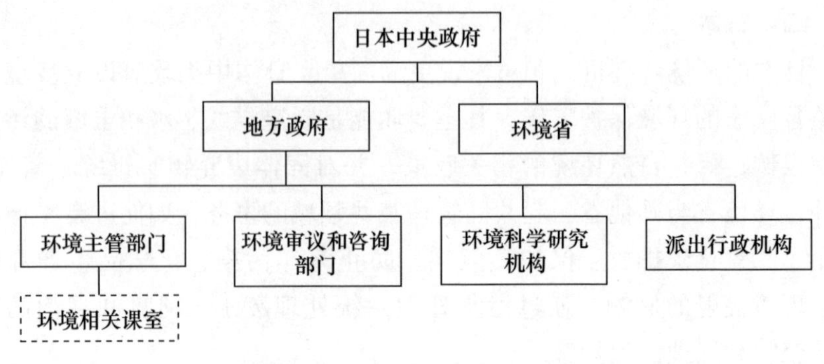

图 2－2 日本环境监管机构示意

资料来源：笔者自绘。

日本的环境管理体制也有其独特之处。其各级环境保护部门同样受政府的领导，但是与中国环保部门还受上级环保部门指导、监督不同，日本的环保部门上下级间的联系均要通过政府，各级环保部门互不影响各自的环境保护执法工作。虽然主要的执法权也没有在环保机构手中，但是这样的一种管理方式，极大地避免了环保部门之间的交叉办公，权责更加明晰，也不会因为环保部门的双重领导而出现决策不同的情况。

三 德国

德国是世界上关注环境治理较早的国家，也是经过很多的惨痛教训才形成现在相对比较完善的环境保护体制。在第二次世界大战结束后，德国百废待兴，促进工业的发展成为国家的主要目标。但工业快速发展带来的不仅仅是经济的高速增长，还有严重的环境问题。1974 年 7 月，联邦德国成立了联邦环境局，作为环境和资源保护的最高主管机关，开始大力整治经济快速发展带来的环境问题。1986 年 6 月，联邦德国成立联邦环境保护部来制定和协调环保政策。但实际的环保工作仍然由联邦环保局负责。经过不断的摸索，德国逐渐将环境保护战略的重点从后处理型战略向污染预防型战略转移。

德国在环保机构设置上主要是依据不同的权责，在联邦、州和地方三个不同层次设定了相应的组织机构，同时有相应的运行机制予以保障。德国负责环保事务的是联邦环境保护部。其下设有在柏林的联邦环境局、在波恩的联邦自然保护局以及在萨茨基特的联邦放射防护局。各州也设立了专门负责环境保护的州环境保护部。地方环保主要由城市和乡镇负责。同时，德国还存在许多其他相关联邦部进行环境保护的监督和执法（见图2－3）。此外，德国还存在很多工商联合会和非政府组织来辅助环境保护工作。其中，工商联合会是半官方的组织，由政府任命的主席主持联合会的工作，为成员企业提供有关环保问题的咨询和培训。工商联合会可以很好地为政府和企业搭建沟通的桥梁，为德国的环保工作做出贡献。

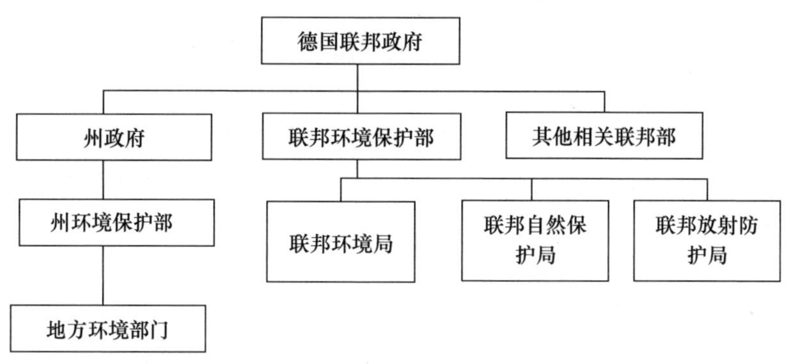

图2－3　德国环境监管机构示意

资料来源：笔者自绘。

德国作为联邦制国家遵循的是"辅助性原则"，其在国家环境问题治理上也是如此。下级环保部门能够解决的问题，上级部门不予干涉。下级部门不能够解决的问题，上级部门进行辅助。所以，德国的环保工作主要是由地方环保部门，即市和乡来承担，只有地方不能承担的环保任务，尤其是一些跨地域任务，上级环保机构才考虑提供"辅助"，不自行承担这类任务。同时，地方可以在州立法的框架内实行自治管理，并有独立的征税权，以保障环境执法工作的资金需求，也直接或间接地达到环境保护的目的。德国企业在遵循严格的环保标准的同时，也可以享受到一系列的政策支持。如国家会对企业放弃环境破坏行为提供补贴支持，也会向企业提供环境保护补贴，以促进企业进行环保设备的更新换代。德国环境保护的行为主体除了上述的政府、社会团体等，还有广大居民，可以说，德国的环保是全民环保。

德国的全民环保遵从合作原则，也就是政府、企业和公民共同参与和共同负责原则。对于环境来说，每一个行为主体都是排污者，故其应当承担起环境保护的责任。在环境保护行动中，政府、企业和公民要相互合作，发挥自己的影响力，有权利也有义务参与环保措施的计划和实施。德国认定环境污染的来源不只是企业，也有家庭。每个家庭每天都会产生大量的垃圾，而这些垃圾往往就是污染的来源。德国的每一个家庭都必须遵从排污者付费原则，这是德国环境保护的首要原则，每个家庭都要为其倾倒的垃圾付费。这促使德国的家庭提高了环境意识和觉悟，在使其规范自身行为的同时，也监督了他人或企业的行为。德国认为循环经济就是垃圾经济，其严格规定所有企事业单位必须有分离垃圾的装置，以保证垃圾的循环利用。生产企业只有达到足够的回收废旧产品的能力才允许进行生产。德国的家庭也会将日常的生活垃圾进行分类放置以方便后续的垃圾处理和回收。德国较为注重全体企业和居民的环保教育工作，其通过多种形式来进行环保宣传，以提高企业和居民的环保意识和觉悟，自动承担环境保护责任。所以，德国在垃圾处理和回收利用方面进行得很好，促进了循环经济的进行。

总之，通过长期的探索和实践，德国的环境保护工作取得了显著的成效。在改善本国环境的同时，也给其他的国家提供了很好的经验。尤其是其环境污染的责任不仅仅由企业来承担，每一个家庭也都应为其污染付费的理念，可供很多国家学习借鉴。提高全民环保意识，通过所有环境保护行为主体的共同合作才能更加有效地进行环境保护。

四　中国

（一）中国环保监管机构设置特点

我国环境监管机构设置也具有特殊性。我国环境管理体系的划分并不是依据“大环境管理体制”的国际惯例，而是将环境划分为环保、国土、矿产、水资源等。环境管理体系共分为两个系统，具体如图 2－4 所示。①

① 周适：《环境监管的他国镜鉴与对策选择》，《改革》2015 年第 4 期。

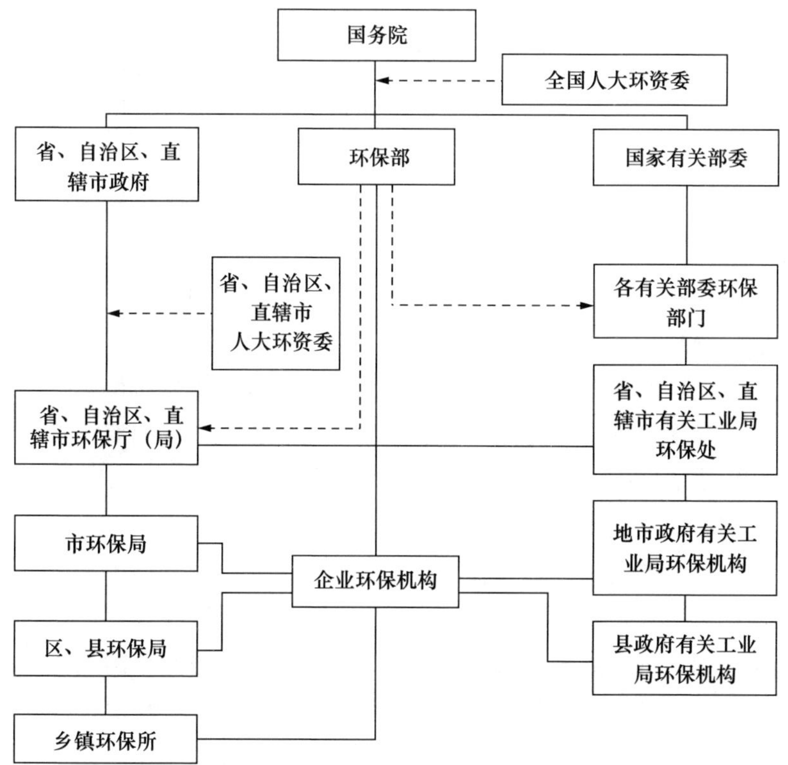

图 2-4　中国环保监管机构示意

注：（1）中间连线表明有相关关系，需要特别说明的地方用箭头表示，实线表示领导，虚线箭头表示监督、指导。

（2）所绘图形均为简略示意图，中间可能会省略某些机构，如图中省略了市政府、县政府等。

资料来源：根据相关资料自绘。

一个系统是环保部及各级政府设立的环保部门和各相关部委环保部门。环保部是中国政府管理环境的最高行政机关，主要负责拟订并实施环境保护规划、政策和标准，组织编制环境功能区划，监督管理环境污染防治，协调解决重大环境保护问题，以及跨行政地区环境事务协调的任务。根据职能的不同，下设机构分为环境规划、科研、自然保护、大气污染治理、水污染治理等。另外，还设有直属单位，如环境科学研究院、环境保护检测总站等机构。各省、直辖市和自治区均建有环保厅（局）；各市、地区及县、县级市基本已建立环保局或专职机构，具体监督各地区的环保执法工作。此外，经过各地区环保重心下移、权力下放的推进，我国的一部分乡镇陆续设立乡环保所，主要负责监督和执行本乡镇的环境保护工作，将环境保护的触角向薄弱地带延伸。需要指出的是，在该系统中，各地方环保机构一般受地方政府和上一级环境保护部门的双重领导，但通常地方环保部门的财权和人事任免权主要取决于地方政府，所以其工作更多地受制于地方政府。例如，石家庄市环保局需要受石家庄市政府的管理和河北省环保厅的监督和指导，但以石家庄市政府的领导为主。

另一个系统是相关部委环境管理体系，即国家相关部委或政府相关部门依据其承担环境监管工作而设立的相应环保机构。例如，国土资源部设立的耕地保护司、土质环境司，水利部的水资源司等。环保部与这些相关部门主要是指导、协调工作的关系。

此外，全国人民代表大会环境与资源保护委员会（简称全国人大环资委），是全国人民代表大会的专门委员会之一，于1993年3月召开的第八届全国人民代表大会第一次会议设立，当时名称为全国人民代表大会环境保护委员会，1994年第八届全国人民代表大会第二次会议更名为全国人民代表大会环境与资源保护委员会，并保留至今。其主要职能是研究、审议和拟定与环境相关的议案；协助全国人大常委会行使监督权，对法律和有关法律问题的决议、决定贯彻实施的情况，开展执法检查，进行监督。在各省份人民代表大会也都设有环境与资源保护委员会。至此，我国环境管理基本形成了横向上实行各有关部门分工负责、环保部门统一监管，纵向上实行分级管理的体系化管理格局。

（二）中国环境监管机构资源配置存在的问题

1. 行政手段占据主导地位，其他手段运用有限

我国环境政策在制定和实施过程中存在以下几方面的特点和问题：（1）政府主导型，政府行为贯穿于环境保护的各个领域和环节。相比较而言，企业是环境政策的被动接受者，公众参与环境保护的方式、渠道较少。（2）我国环境政策属于环境与经济发展兼顾型而非环境优先型，这一特点与我国目前所处的经济发展阶段直接相关。（3）环境政策的实施机制比较健全，但实施效果欠佳，这与地方保护主义有很大关系，某些环保机构缺乏决策与管理能力，执法监督不力不严的情况普遍存在。（4）环境政策中强制性政策占据了主要地位，而具有激励作用

的环境经济政策的应用则很有限，这与世界环保发展趋势的要求有较大差距。

2. 环保执法效率低，执法力量不足

从执法现状来看，我国环境保护执法工作存在执法效率低的现象。这一方面是由环境监管体系的设置特点造成的。我国的环境监管部门设置繁多，部门职责交叉的情况较为严重。各级环保部门受本级政府及上级环保部门的领导，并且以当地政府为主。地方环保部门在执法过程中，不仅执法任务繁重，而且一旦发现问题还需层层上报，请求批示，这严重影响了执法的效率。而其他相关部门环保机构的存在，使得在一些环境问题的治理时，存在责任划分不清晰的情况。例如，我国各类自然保护区按生态要素分属环保、林业、农业、国土等部门：风景名胜区属于住建部门；森林公园属于林业部门；地质公园属于国土部门；自然保护区属于环保部综合管理；国家公园属于环保、旅游和林业部门共同管理。若其中某公园出现水资源污染问题而当地没有明确划分责任归属的情况，就可能因为职责划分不清楚而出现相互推卸、延误污染治理的情况。

另一方面，地方环保部门资源配备不足也会造成我国环保执法工作效率较低。我国在地方设置的环保部门，通常需要监督较大区域，而在人员配备上严重不足。一个乡环保所往往需要负责监督管理乡里所有的区域，这其中可能涉及十几个甚至更多的村庄、企业，监管任务繁重。同时，检测设备往往配备不足，造成地方环保部门在执法过程中，在发现污染情况后需要在调查取证后将样品送往上级环保部门进行检验，这就额外花费了大量的时间。倘若在检测区间里，企业采取措施改善了污染情况，即使检测结果显示存在污染，企业也可能否认。待执法人员离开后又开始进行正常生产，污染问题并没有真正解决。所以，地方环保部门资源配备不足的问题，给环保执法工作带来了很大的阻碍。

3. 环境保护主体单一，企业及公众参与度低

从图 2－4 可以看出，环境监管的主体包括环保行政机构、政府和企业。除此之外，社会公众也应是环境监管的重要主体。环保行政机构是国家设立的专门从事环境监督和管理的部门，是全社会环境公共利益的守护者。但是，在实际的运行之中，我国的环保行政机构并没有被赋予相应的权力，其职权的实施要受政府尤其是地方政府的制约。而某些

地方政府会在权衡经济发展和环境保护时，做出偏向某一方向的决定。环境没有明确的考察指标，经济则可以用 GDP 来进行具体的测算。环境保护往往需要在一定程度上牺牲经济增长的基础上进行，所以政府会为了经济效益的增长而放松对环境的监管。同时，政府部门与环保机构相比，不具备专业的环保知识，对环境保护的法律法规也相对不熟悉，在处理污染问题时可能会出现不能采取有效治理措施的情况。

此外，我国社会公众参与环保监督的积极性相对较低，在污染问题对个人利益损害不大的情况下，大多不会理会。即便面临严重损害个人利益的情况，也会因为各种原因而放弃主张自己的权利，或者选择私下解决，而不是从根本上解决污染问题。在我国环境保护体制中，政府承担着主要的管理任务，作为污染主要来源的企业却严重缺乏主动预防和控制环境污染的意识，仅仅是被动的管理对象，很少成为主动的管理主体。企业设立之初，为通过环保部门的验收，往往设有污染治理设施，但在实际生产中，却会为了节省成本，设备时开时不开。当环保部门来检查时就控制污染，检查人员一离开就又恢复了“正常”生产。即使被发现污染后也会因为排污罚款较低而不采取改进环境管理的措施。“守法成本高、违法成本低”的现象，造成企业污染治理收效甚微。

（三）中国改进环境监管的努力

1. 生态文明制度的提出

环境保护是我国的基本国策。21 世纪以来，党中央、国务院把保护环境摆在更加重要的位置，积极探索改进环境保护的方式方法，大力推进生态文明建设，环境治理收效显著。但是，我国环境形势依然严峻，老的环境问题尚未全部得到解决，新的环境问题又不断出现，国家需要不断采取措施，加强环境监管，健全环境制度。党的十八大报告提出，要加强环境监管，健全生态环境保护责任追究制度和环境损害赔偿制度。生态环境保护责任追究制度及环境损害赔偿制度，是应对我国所面临的环境污染现状提出的环境治理措施。通过健全环境损害赔偿制度和责任追究制度，可以真正地落实“谁污染谁埋单”的举措，通过合理、合法地追究环境损害者的刑事或民事责任，来更加公平公正地落实环境责任，在污染问题得到处理的同时提高企业环境保护意识。随后，党的十八届三中全会《中共中央关于全面深化改革若干重大问题的决定》对改革生态环境保护管理体制做出了更加细致的部署。该文件提出，改革生态环境保护管理体制的主要任务有：建立统一监管所有污染物排放的环境保护管理制度，独立进行环境监管和行政执法；建立陆海统筹的生态系统保护修复和污染防治区域联动机制；健全国有林区经营管理体制，推进集体林权制度改革；完善环境信息公布制度，健全举报制度；完善污染物排放许可制，实行企事业单位污染物排放总量控制制度；实行生态环境损害赔偿和责任追究制度。①

在党的十八大和十八届三中全会精神的指引下，我国环境保护法律法规制度不断得到修改完善。2015 年 1 月 1 日正式实施的新《环境保护法》更是将“生态文明”的理念明确纳入总则纲领性条款中，进一步强化了我国环境保护的重要战略地位，为新时期内我国环保工作指明了新方向。新《环境保护法》明确地将“生态文明建设”法律化，有助于利用法律强制性更好地建设生态文明。环境规划在理念上应充分体现、全面响应生态文明建设要求，要建立健全一系列新的环境管理制度。新《环境保护法》提出要建立健全资源环境承载能力检测预警制度，环保目标责任制和考核评价制度，划定生态保护红线制度，生态保护补偿制度，环境与健康监测、调查与风险评估制度，污染物排放总量控制制度，排污许可管理制度，信息公开和公众参与制度等。此法的出台对环保问题的预防、治理及监督进行了全方面的规定，也对所有的环保行为主体的权利和义务有了明确的阐述。所有的生产行为必须在所划定的生态可承受能力内进行，通过签定责任书的形式来督促政府和有污染的企业履行自己的环保目标。新《环境保护法》的出台体现了我国保护环境的决心，并以更加明确和严格的方式督促我国各行为主体将环境保护工作落实到实处。

党的十八大以来，我国的环保工作取得了一定的成效。但是，在有些地方仍然存在环境监管执法不到位的情况，环境违法案件频繁发生。因此，国务院办公厅在 2014 年 11 月 27 日印发《关于加强环境监管执法的通知》（国办发〔2014〕56 号），进一步强调要加强环境监管执法工作，促进生态文明建设。《关于加强环境监管执法的通知》提出，一是要严格依法保护环境，推动监管执法全覆盖。有效解决环境法律法规

① 周生贤：《改革生态环境保护管理体制（学习贯彻十八届三中全会精神）》，人民网，2015 年 2 月 7 日。

不健全、监管执法缺位问题；完善环境监管法律法规，落实属地责任，全面排查整改各类污染环境、破坏生态和环境隐患问题，不留监管死角、不存执法盲区，向污染宣战。在加快完善环境法律法规标准的同时，全面实施行政执法与刑事司法联动，着力强化环境监管，通过环境保护大检查对不符合影响评价制度的项目不予批准，对不能严格执行“三同时”制度的项目及时叫停，加强督促、检查和指导工作。通过严格的监管执法工作及时制止不符合环保标准的企业或项目，预防污染的产生。同时，行政执法和刑事司法联动可以弥补行政执法力度不够、有污染企业或项目对行政处罚不给予重视的现象，尤其是环境保护重点区域和流域地方政府要协同监管，开展联合执法、区域执法和交叉执法。二是要对各类环境违法行为“零容忍”，加大惩治力度。坚决纠正执法不到位、整改不到位问题。坚持重典治乱，铁拳铁规治污，采取综合手段，始终保持严厉打击环境违法的高压态势；通过严厉的制度规定打击环境违法企业和行为，坚决落实整改措施。对依法做出的行政处罚、行政命令等具体行政行为的执行情况，实施执法后督察。对未完成停产整治任务擅自生产的，依法责令停业关闭，拆除主体设备，使其不能恢复生产；对拒不改正的，要依法采取强制执行措施。对非诉执行案件，环境保护、工商、供水、供电等部门和单位要配合人民法院落实强制措施。三是要积极推行“阳光执法”，严格规范和约束执法行为。推进执法信息公开化，使社会公众监督政府部门的执法工作。开展环境执法检察和监管责任追究制度，规范环保部门的执法行为，明确监管责任，防止工作人员徇私舞弊行为的产生。四是要明确各方职责任务，营造良好执法环境。通过明确各方职责任务，有效解决职责不清、责任不明和地方保护问题。切实落实政府、部门、企业和个人等各方面的责任，充分发挥社会监督作用。环境保护人人有责，每一个行为主体环保责任都要落实才能最终改善我国的环境问题。五是要增强基层监管力量，提升环境监管执法能力。我国基础环保力量严重不足、执法能力弱、地方执法工作效率低的现状严重影响了环境问题改善的进度，所以，加强基层监管执法队伍、提升执法能力保障是我国健全环境监管制度的重中之重。

总之，建设生态文明，是关系人民福祉、关乎民族未来的长远大计。面对资源约束趋紧、环境污染严重、生态系统退化的严峻形势，国家一直在探索中寻找合适的环境保护制度。党的十八大以来，我国的环境监管制度不断完善，环境防治和污染也取得了一定的成效，始终在践行坚持节约资源和保护环境的基本国策，坚持节约优先、保护优先、自然恢复为主的方针，从源头上扭转生态环境恶化趋势，最终达到资源环境的永续发展。

2. 地方环境监管网格化管理实践

中国的环境管理模式经过多年的探索，在环境治理上取得了一定的成效。但是，环境监管体系仍然存在职权划分不清、缺乏部门合作、公众参与度低、先污染后治理等情况。面对这样的局势，中国的环境管理模式亟须创新，要提高监管的针对性和及时性。2011 年全国环境执法工作会议要求在“十二五”期间逐步实现污染源网格化管理。2012 年全国环境执法工作会议明确要求创新网格化、诊断式、分类别和痕迹化监管等环境执法机制，建立“全面覆盖、层层履职、网格到底、责任到人”的环境监管模式，将单元格内所有环境监管任务分解落实到岗位、到人员，从根本上解决环境监管和督察责任不清和不落实的问题。① 随后，我国大部分地区以政策为支撑，先后开展了环境监察网格化管理的试点和探索，并取得了显著的成效。

（1）河北省“横向到边、纵向到底”的环境监管体系。河北省在 2013 年开始践行网格化环境监管模式。为落实环境监管模式，河北省环境治理工作领导小组办公室印发了《关于强化政府主体责任建立网格化环境监管体系的实施意见》（冀环治领办〔2013〕11 号）。从 2014 年 1 月 1 日起，河北省按照“属地管理、分级负责、无缝对接、全面覆盖、责任到人”的原则，实施省、市、县、乡、村五级管理，建立县、乡、村三级网格的环境监管体系。省内的 172 个县（市、区）、30 个开发区、2385 个乡（镇、街道办事处）和 51437 个行政村（居委会）开始逐步建立“横向到边、纵向到底”的网格化环境监管体系，实现环境监管的全方位、全覆盖、无缝隙管理。②

以石家庄市为例，截至 2015 年 6 月 9 日，石家庄环保网格化监管

---

① 陈群伟：《我国环境检查网格化管理的实践和思考》，《环境保护》2014 年第 24 期。

② 张洁：《河北 2014 年起全面实施网格化环境监管》，《燕赵都市报》2013 年 11 月 21 日。

工作体系已基本建立，其中289个乡镇（街道）、园区均成立了环保所。石家庄的网格化分为四级：一级网格为各县（市）区行政区域，二级网格为各乡镇、街道行政区域，三级网格为各村和社区所辖区域，四级网格为各重点污染源。截至目前，石家庄全市已建成一级网格24个，二级网格289个，三级网格4273个，289个乡镇（街道）、园区（二级网格）均成立了环保所，落实了办公地点，基本做到了定区域、定人员、定职责、定任务。[①] 乡环保所的设立，可以将环保执法力量放置在基层，实现更好的环境执法效果。现在众多地方设立乡环保所的原因是，在环境治理方面，我国仍然存在管理体制不顺、执法力量不足、基层执法难等难题。设立乡环保所可以在一定程度上加大违法行为的查处力度，推动落实大气污染防治重点工作，形成县乡互动、联防联控的局面，更好地落实网格化环境监管。

（2）甘肃省“6+1”模式强化环境监管。在环境网格化监管模式的实践中，甘肃省也是较为典型的案例。为贯彻落实国务院关于加强环境保护的精神，促进生态文明建设，进一步创新执法思路，规范执法行为，甘肃省于2013年出台了《关于加强环境执法工作的意见》（甘环发〔2013〕80号），确定了环境执法“创新执法思路，规范执法行为，推进执法重心下移，提升执法效能”的工作思路。甘肃省各级环境检查机构在执法实践中，结合工作实际，建立了环境执法监管网格化、痕迹化、模板化、流程化、职能化、分类化和执法计划编制管理的“6+1”执法监管新模式，健全了甘肃省环境执法工作体系。

划定环境监管网格，有利于固定监管对象，确保责任到人，防止出现监管死角。甘肃省、市两级环保部门负责强化对本级辖区内的日常工作督察、指导和交流。在此基础上，以市（州）划分的网格为基础，按照行政区划，将河东、河西两个片区和14个市（州）确定为一级网格；各市（州）环保部门在辖区范围内，以县（区）行政区划为主，以市属直管企业、重点监管片区等分布为辅，划分了48个二级网格；各县（区）环保部门以当地行政区划、有关重点片区及上报的重点监

---

① 靳晓磊：《289个乡镇和园区成立环保所》，《石家庄日报》2015年6月11日第1版。

管企业为依据，划分了104个三级网格。①

甘肃省根据自身特点创新网格化监管模式，严格责任落实，在省、市（州）、县（区）环境执法机构分别划定重点和一般监管区域、行业、企业，确定监控名单和监管内容，有重点地进行环境监管。对每个单元网格都落实到责任人，督促甘肃省区域内环境的无死角监管。"6+1"监管模式的实践对甘肃省环境保护工作起到了很大的帮助，对污染治理也起到了一定的成效。

（3）山西省环境监察执法网格化管理。山西省也是较早进行网格化管理实践并取得一定效果的省份之一。2013年山西省开始试点环境网格化监管实践，取得一定经验后，省环保厅于2014年印发《关于印发〈环境监察执法网格化管理实施方案〉的通知》（晋环办发〔2013〕48号），决定按照此方案在全省全面推行环境监察执法网格化管理工作，进一步规范环境监管工作，强化环境监管主体责任，从而实现全省环境监管无缝隙、无遗漏管理，全面提高环境监管工作效率。

《环境监察执法网格化管理实施方案》要求建立"横向到边、纵向到底"全面覆盖的网格化监管体系，不仅要做到对辖区内各类污染源基数摸清楚，而且要明确任务内容，确保责任落实。各级网格负责人必须要对辖区情况了解，要做到监管到位、尽职尽责。环保部门要积极通过信息系统、移动执法等科技手段进行科学化、规范化、集约化的管理，在对网格内企业进行严格监管的同时，更要加强对环境监管人员的有效管控。

同时，山西省环保厅详细规定了环境监察网格化管理考核计分细则，通过对各级部门管理工作的正式考核、公平监察，推进逐级问责制度，保障环境监管工作落到实处，督促各级负责人主动履职，从而促进污染问题的有效预防和化解，确保环境监管机制规范有效运行。

（四）未来中国改进环境监管的发展方向

经过不断的实践和改善，我国的环境保护已经取得了显著的效果，在一定程度上控制了环境恶化的速度，进一步改善环境还需要更多的努力。根据我国环境监管制度的现状，以及国际上一些国家的经验教训，

---

① 张兴林、吴玉萍：《甘肃"6+1"模式强化环境监管》，《中国环境报》2014年7月7日。

我国环境监管制度可以从以下几个方面进一步调整和完善。

1. 环境监管实行“垂直化管理”

我国环境监管体制仍是环保部与地方政府双重领导，地方环保局仍旧由地方政府任命，因此难以真正实现环境监管职能。鉴于此，很有必要统一环境监管治理职能，并改革地方政府机构，实现从中央到地方的垂直环境监管治理体系。环保部门实行垂直化管理，就意味着脱离地方政府的管理，不受地方政府监督机制约束，而是直接受上级环保部门或者国家环保部统筹管理。这样的垂直化管理模式可以极大地缩减层层上报的时间，使处理问题更加地直接和明确，可以很快从上级部门得到有效的批复，从而促进环境执法的效率。而且，环保部门的职能就是负责环境问题的处理和环境的改善，不会出现以损害环境为代价来保证经济增长的情况发生。

2. 明确环保部门职权

当前，我国两个系统并存的环境监管模式造成了很多环保部门与其他部门职能相互交叉的情况。并且，地方政府的环境保护职能一般分散在环保、林业、水利、交通、国土等多个部门，分管部门之间关系不明确。这种不明确的职能关系，就容易造成各部门间相互推诿。而美国和日本的管理模式则相对避免了这一情况的发生。美国除环保部门外也存在相关部门设环保机构的情况，但是这些环保机构受国家环保局或者州环保局的指导，其向环保部门递交的检测数据和报告要受国家环保局的审查和监督，实质上国家环境治理的工作还是由专门环保部门来负责，其他相关部门里的环保机构只是协助环保部门的工作。虽然日本环保部门同我国一样是受政府的领导，但是日本明确了环保部门的沟通完全需要通过政府来进行，而环境省只是起到指导作用，并不对其他的环保部门直接领导。所以，日本的环保部门在政府的控制和协调下，可以有效避免部门间相互推诿责任的情况出现。所以，我国应该考虑采取措施明确我国环保部门和各相关部委环境机构之间的职权，只有明确职权、责任才能更好地分配环境治理和监督任务，才能避免部门间职能交叉的情况。从而在出现环境污染问题时，可以很快明确负责部门，及时将环境污染的影响减到最小。

3. 强化地方环保部门执法能力

当前，我国像乡环保所这样的地方环保部门的工作任务繁重、负责区域广，但是执法权力并不大。在检测到环境污染问题时往往需要经过层层批示才能进行处理，这无疑延长了环境污染的影响时间。所以，我国可以借鉴美国的监管经验，对环保部门尤其是地方环保部门赋予较大的权利，在发现问题时可以及时地进行决策，阻止环境污染的蔓延。同样，德国以更加明确的“辅助性”原则来保证下级环保部门的执法权力。也就是说，下级环保部门能够解决的问题，上级部门不予干涉；下级部门不能够解决的问题，上级部门进行辅助。这样的原则保证了地方环保部门的执法权力，也迫使其承担其所管辖区域的环境监管工作。之前，我国环保部门一般只能对违法企业责令改正和处以罚款，手段太软弱，缺乏强制手段，一些违法企业漠视环保部门的警告和罚款，依然继续排污，环保部门只能按程序申请法院强制执行，法律程序历时长。在这期间，企业仍继续非法排污，而环境执法者却无可奈何。新《环境保护法》的出台一定程度上改善了这一情况，因其赋予了环保部门很多新的权力，可以采取查封、扣押等强制措施。但由于地方环保部门的地位相对较低，权力相对较弱，而且人员配备上往往较少，执法能力薄弱的情况较为严重。即使有更为严格的环保法出台，地方环保问题的监管和治理仍然存在诸多难题。只有提高地方环保部门的执法能力，才能在地方大范围的监管区域内更有效地开展环保执法工作。尤其是我国这样地域辽阔的国家，环保监督和执法工作的开展需要地方环保部门的保障。所以，地方环保部门的执法能力是迫切需要解决的问题。

4. 加强企业和社会公众的参与

在我国环境保护体制中，政府承担着主要的管理任务，作为污染主要来源的企业却严重缺乏主动预防和控制环境污染的意识。如何更好地发挥企业和社会公众作为环保主体的作用，成为我国环境保护部门制定政策时需要考虑的问题。我国社会公众参与环保监督的积极性较低，在对个人利益损害不大的情况下，大多数人不会理会。有严重损害个人利益的情况，也会因为各种原因而选择放弃主张自己的权利，或者选择私下解决，并不能从根本上解决问题。

德国则恰恰相反，社会公众和企业大多会主动地参与环境保护的行列。一方面是由于德国有较为严格的生产标准；另一方面是因为德国通过多种方式来宣传环保知识，提高了企业和社会公众的环保意识和觉悟。在排污方面，德国明确规定每个家庭、每个人都是污染的制造者，要与企业一样缴纳排污费。并且在严格的制度要求下，德国企业和家庭的垃圾分类回收和废物利用做得很好，极大地促进了德国循环经济的发展。而我国环保部门在这方面的宣传以及相关配套措施的设置严重不足，这使社会公众和企业的垃圾分类回收和废物利用做得很不好，甚至是多数社会成员还很缺乏垃圾分类回收的意识。为此，借鉴德国对每个家庭进行排污收费的制度，以制度规定企业和家庭进行垃圾回收来“倒逼”参与环境保护的方式，可以起到环境保护的作用。然后，在强制的手段下，不断地提高每个人的环保意识，最终将被动环保行为转变为主动的环保行动。

5. 进一步推行网格化环境监管

网格化环境管理模式是我国正在探索中的创新性管理模式，随着其在部分地区的建设实践，环保工作取得了不小的成绩。同时，部分地区网格化环境管理模式的实践也为其进一步在全国推广和推动环境监管模式的改革创新提供了很多启示。（1）提供制度保障，依法监管。通过比较可以发现，各地在建立本地环境网格化监管模式之前，都会在国家政策制度的基础上，以省、市的名义制定并印发符合本地实际情况的综合性文件来指导本地的具体实践。文件中均明确规定了建立网格化环境监管模式的管理职责和实施细则，同时要求责任到人、责任到点，确保网格化管理的全覆盖，保障环保执法工作的顺利进行。在实际的执法过程中也要严格按照规定进行，承担起环境监管责任人应当担负的责任。只有每个区域的环境监督责任落实到人，才能够确保环保工作落到实处，确保环境保护无死角。（2）因地制宜创新监管模式。我国幅员辽阔，省份众多，但每个省份的地理情况、经济发展水平不尽相同，具体到各个市、县，差异就更加明显。所以，网格化管理模式并不是一成不变的，而是各省或市根据当地的实际情况有所创新。河北、山西和甘肃三个省份在制定网格化环境监管模式时，都考虑本省的实际情况而进行了一定程度的变动。例如，甘肃省的“6+1”模式，就是在国家政策的基础下，根据本省的实际情况进行的创新。同样地，具体到省内各市的实践中，也会根据情况而有所变动。例如，在基层执法人员的配备上，不能是统一定数，而是要根据实际管理地区的面积、企业数等进行人员的灵活配备。这样既避免了监管不到位，也不会发生人员冗余情况。（3）发挥地方环境监管的主观能动性。环境监管网格化管理模式将环境监管的责任落实到人，并通过科技手段进行动态监管。单元格内的每一个区域、每一个企业都有具体的人来负责监督，一旦出现污染问题就需要相应的负责人来承担责任。这样一来就极大地促进了负责人的监督主动性，对所负责区域进行及时的监督和反馈。发现污染问题也可以得到及时的处理，提高了执法工作的效率。同时，社会公众也多了一种表达诉求或参与环境监督的方式。通过负责人的传递，环保部门可以及时地了解地方的环境情况以及社会公众的真实意愿。

第三节 改革环境监管制度，促进统一市场建设

当前，一些地方政府存在片面追求经济发展的倾向，无视国家环境政策，放松环境监管，在招商引资时对污染严重的企业“来者不拒”，对本地长期存在的企业排污问题“视而不见”、默许或纵容，成为“污染者乐园”，试图以低环境成本来增强本地企业市场竞争力，搞不正当竞争，破坏全国统一市场建设。要改变这种状况，需要落实《中共中央关于全面深化改革若干重大问题的决定》精神，改革当前环境监管制度，强化环境监管，坚决制止地方政府在招商引资和发展生产时打“环境牌”的行为，克服地方保护主义，推进全国统一市场建设。改革我国环境监管制度，切实加强环境监管，与简政放权执政理念不是矛盾的，而是相辅相成的，目的都是使市场在资源配置中起决定性作用和更好发挥政府作用，有利于加强环境保护和推进统一市场建设。

一 当前环境监管制度的缺陷与执行不力不利于全国统一市场建设

当前环境监管制度设计中的一些缺陷，既不利于对破坏环境的行为进行必要约束，也不利于全国统一市场建设。这些环境监管制度缺陷主要有以下几方面。

（一）“属地监管”体制使地方政府对辖区污染企业大开方便之门

我国现行环境保护实行“双重领导、地方为主”的体制。在这种体制下，地方环保部门不可能实行独立监管，因为环保部门是地方政府的一个部门，上级环保部门只负责管理业务“事权”，而地方政府负责管理其“人、财、物”，且被纳入同级纪检部门和人大的监督。在现行

的政绩考核和税收制度下，很多地方政府不但不会制止企业破坏环境的行为，反而有可能充当其“保护伞”，地方政府对破坏环境企业的限制增多，就意味着自身利益减少，而地方环保部门对此却无能为力。尽管新《环境保护法》严格制定了对地方政府和环境监管部门及人员违法问责机制，但对“不作为”却没有规定严格的问责机制，而“不作为”却可以给当地带来巨大的利益，地方保护主义会驱使地方政府和环保部门对本地企业尤其是当地所谓纳税大户的环境违法行为采取“不作为”态度而“网开一面”。

更有甚者，一些地方政府在环保执法上“以邻为壑”，为了自身利益，对于位于本行政区域但污染主要殃及其他行政区域的污染企业，采取放任甚至保护的措施，甚至瞒报、漏报跨区污染事故。当地法院在处理跨行政区域污染纠纷时，也往往难以公正执法。尽管环保部在全国范围内成立了六大区域环境督察中心，地方上有些省份也成立了地方环境督察中心，但在“属地监管”体制下，这些区域环境监管部门对地方污染企业在很多情况下是无能为力的。区域环境监管部门存在的主要问题，一是职能不全、职责有限，多数只是事故发生后协调各地的功能；二是建制不足、能力有限，对于跨区域环境污染问题在多数情况下束手无策。

新颁布的《环境保护法》赋予环保部门更大的权力，如拥有监督管理、项目审批、行政处罚等权力，但并没有赋予环境保护部门限期治理、责令停业、责令关闭等权力，这些权力由相应级别的人民政府决定。这种情况将无法避免地方政府包庇当地污染企业的现象继续发生。

（二）环评制度缺陷，未能有效制止污染项目的落地问题

环评工作既是第一道环保“关口”，也是不欠新账的重要关口，其重要性不言而喻。目前我国已形成以环境影响评价法为核心的环评制度，全国建设项目环评通过率常年在95%以上，但这与同期水、空气以及土壤环境问题集中显现形成强烈反差。我国环评制度在实践中存在“执行率高但法律实效差”的问题，环评的公信力及其发挥的作用与预期目标存在较大差距。

近年来，一些地方环评制度执行很不到位，擅自降低环评门槛，在承接产业转移中承接了一些重污染项目。一些地方环评市场封闭，环评机构独立性差，一味迎合地方政府和投资者的需求，“拿人钱财，替人

消灾”，只重利益不重质量，丧失客观、公正、科学立场，环评报告质量不高。更有甚者，对于没有取得任何审批手续的违规项目，即使环保部门明令禁止开工或新建，地方政府也往往采取“未评先批”“未批先建”手段予以放任和包庇，造成“既成事实”，事后逐步将违法项目通过“补办”环评手续而合法化。“补办”环评手续从根本上丧失了环评“事先预防”的功能。对于未经环评审批已经开工建设的项目，若环保部门在审批补办的环评时不予通过、要求恢复原状、变更设计或者建议另行选择兴建，则会面临来自企业和地方政府的压力，甚至可能被称为“浪费”社会资源。在这种情况下，环保部门通常的做法是批准，最多在批准项目时建议对建设项目做一些修改或提出某些无关痛痒的环保要求。

当前政府简政放权的一个重要方面是减少和下放项目行政审批，一些原本需要国家层面审批的项目，在省一级即可获得批准（或核准），地方政府和企业的投资会变得相对容易，各地的项目投资特别是政府支持的项目，有可能产生“井喷”。根据《建设项目环境影响评价文件分级审批规定》，取消和下放的行政审评项目的环境影响评价审批主要在省级（及以下）环境保护部门。在这种情况下，“未评先批”“未批先建”问题将更加严峻，引发新的环境污染、生态破坏问题。

（三）社会监督机制缺失，公众参与环境监管效果大打折扣

长期以来，我国保障公众参与环境保护的信息公开、环境公益诉讼等社会监督机制严重缺失。为改变这种状况，新《环境保护法》设立“信息公开和公众参与”专章。新《环境保护法》的实施，将使公众参与大为改观，但目前仍存在一些重大制度缺陷。

尽管新《环境保护法》确定了环境公益诉讼制度，但仅限于符合条件的相关组织才能提起公益诉讼。我国公众对于环境保护与监督的参与多属于末端参与，即环境污染事件发生后的参与。这种参与只能起到亡羊补牢的作用，无法对环境污染事件防患于未然。此外，我国公众参与环境保护与监督多数在政府的组织和倡导下进行，在这种情况下的公众参与，往往是与政府的政策相结合的，一旦失去政府政策的支持，这种公众参与也失去了意义。比如，在允许“补办”环评的情况下，公众参与的效果会大打折扣：一方面“补办”环评使公众失去在事前参与环评的权利；另一方面，对未批先建的项目公众仅能对其提出意见，

对已经发生的环境损害却无能为力。

二　改革环境监管体制，推进统一市场建设

（一）改革环保“属地监管”体制，实行环保垂直监管体制

在安全生产、环境保护和食品安全这三个社会性监管最重要的领域，可以发现近年来我国安全生产状况好转是最明显的，而环境保护和食品安全状况依然非常严峻，其中的一个重要原因就是国家安监总局下面的国家煤监局实行垂直管理（安监局仍然属于属地管理）。要使我国环境状况有根本的改观，避免地方政府用“污染者乐园”的方式来发展地方经济和吸引外来资金，促进全国统一市场建设，实行环保垂直监管十分必要。

垂直监管是强化环保监管最重要的措施。比如，在法国和意大利，环境部通过设立区域派出机构监督地方政府环保工作。美国虽然是一个联邦制国家，但其环保监管却是以垂直管理为主的体制，联邦政府设有环境保护局，并在全美设了10个直属分局，负责区域内各州环保问题的协调，审批和监督联邦政府所管辖的项目。尽管大多数联邦法规都授权联邦环保局把实施和执行法律的权力委托给经审查合格的州环保机构，但联邦环保局仍有权力对环境保护执行不力或对环保计划不配合的州实施处罚。联邦环保局的环保执法权可以超越地方政府的干扰，并且可以地方执行不力为由收归联邦执行。由联邦执行地方环境管理权的后果是，州将失去获得高速公路基金或建设新排放源的权利。这种处罚机制对州经济的潜在影响非常大。通过这些方式，联邦政府对地方政府形成了强有力的约束，保证了全国环境政策的一致性。

借鉴发达国家的环保垂直监管做法和我国一些部门垂直监管成功经验，我国环保部门应改变属地监管体制，实行垂直监管体制，至少应在省级以下实行垂直管理体制，摆脱地方政府对环保监管的制约。在环保部门从属地管理转向垂直管理的过程中，环保部要对区域环境督察中心充分授权，提高其行政级别和执法的权威性，强化其制度建设、能力建设，通过巡视、检查来督察国家环保政策在地方切实执行，确保国家环境政策政令畅通。

（二）改革完善环评制度，切实杜绝“未评先建”问题发生

进一步推进环评审批中的科学决策、民主决策，实行环评的受理、审查、审批“三分离”和审批的条件、过程、结果“三公开”。改革环

评程序，使环评审批独立于项目的其他审批程序，提升环评的独立性和效力。整合环评行政许可职能，建立由环保部门会同有关部门会审制度。加强对评审过程的监管，建立“可追溯”的环境影响评价评审责任的问责机制。打破地方保护主义，开放环评市场，严禁地方各级环境保护行政主管部门以备案等方式设置准入条件、限制外埠环评机构在本地承接环评业务，鼓励项目通过公开招投标选择环评机构，建设健康有序的环评市场。实行环评机构对环评结论的负责制，建立诚信制度，推行“黑名单”制，坚决淘汰弄虚作假、环评质量差的环评机构。完善污染追责制度，建立环评制度对污染追责制度的依赖关系。加大对环评违法行为的制裁力度，废止补办环评程序，依法追究建设项目“未评先批”“未批先建”有关单位和个人的责任，对违法行为人加大处罚力度以及对连续违法单位采取按日计罚措施。

（三）畅通公众参与环境监管渠道，发挥社会监督作用

借鉴发达国家的经验和教训，允许和鼓励社会大众、媒体和环保公益组织参与环境治理监督。建立公众参与环境监管的事前预防机制，提高公众参与环境保护的主动意识，形成政府、企业、公众三方共同监管的机制，实现从环境监管到环境治理的转变。进一步明确规定社会公众在环境影响评价、环境监测评估中的参与程序，充分彰显社会公众在其中的影响力。扩大公众参与环评的范围、时间和力度，使公众在项目立项时就能介入而不仅仅是在项目报批审批环节才能介入。搭建政府（及其环境监管机构）、公众、企业间环境信息沟通平台，提高公众环境参与的效率。鼓励公众加入环保公益组织，通过环保公益组织有序参与环境维权监管。改变公众单向参与模式，建立公众意见的反馈回应机制。设置“公告—评论”程序，项目建设单位应对公众的意见进行必要回应。

（四）改革完善环境诉讼制度，设立跨区域的环保法庭

尽管新《环境保护法》确立了环境公益诉讼制度，但主体仅限于“在设区市以上的民政部门登记、专门从事环保公益活动连续五年以上且无违法记录的社会组织”，这一规定是一进步，但相对于发达国家在大气污染等方面任何人都可以提起诉讼的做法仍有差距。应进一步改革完善环境诉讼制度，建立集体诉讼制度，使在污染事件中受害的当事人都能够通过有效的法律途径维护自身的权益，切实监督环境违法行为。

党的十八届四中全会《中共中央关于全面推进依法治国若干重大问题的决定》指出，“最高人民法院设立巡回法庭，审理跨行政区域重大行政和民商事案件。探索设立跨行政区划的人民法院和人民检察院，办理跨地区案件”。结合法院体制改革，建议在跨区人民法院设立环保法庭或在巡回法庭内设环保法庭，受理和审理跨区域环境纠纷案件，避免地方政府对环境案件的不当干预，确保环境纠纷案件公正司法，推进统一市场建设。

第三章　促进工业用地统一市场建设

土地不仅是经济学中与劳动、资本并列的三大基本经济资源之一，而且是与劳动资源并列的两大原始资源之一。在工业化和城市化快速推进的当今中国，土地资源的稀缺性和重要性更是日益凸显。工业用地出让和利用制度不科学是我国多年没有解决好的一个问题，其对工业转型升级和经济发展方式转变的制约越来越严峻。我国正处于工业化、城镇化集中快速发展时期，经济社会发展对土地的现实需求和潜在需求较大，节约集约利用土地是今后相当长一个时期缓解土地供需矛盾的根本措施。改革工业用地出让和利用制度、促进土地节约集约利用刻不容缓。《中共中央关于全面深化改革若干重大问题的决定》指出，要大幅度减少政府对资源的直接配置，推动资源配置依据市场规则、市场价格、市场竞争实现效益最大化和效率最优化。这一论述为深化工业用地出让和利用制度改革，促进工业用地市场化配置，构建节约集约用地的体制机制提供了正确方向。工业用地虽然不能像商住用地那样普遍采取充分市场化方式竞价出让，但存在更大程度发挥市场竞争作用和改进政府监管的空间。

第一节　工业用地出让制度改革进展与问题

经过多年改革，我国形成了以国有土地所有权与使用权相分离为核心的土地产权制度，土地使用权有偿使用制度、公开土地市场交易制度和土地用途管制制度不断完善，划拨用地总量缩小，有偿用地总量处于主导地位，以招标拍卖挂牌方式出让土地的比例呈现逐年提高的态势，土地要素配置市场化程度得到提升。然而，我国工业用地招标拍卖挂牌多停留在程序化层面，准入条件及价格形成过程受到过多行政限制，工业用地市场化配置严重滞后于商服用地和住宅用地。

第一，工业地价偏低，土地增值收益分配失衡。尽管有关法规要求工业用地必须采用招标拍卖挂牌方式出让，但在实际运作中，工业用地出让实行“预申请”制度，出让条件“量身定做”比较普遍，招标拍卖挂牌结果多因竞争不足以底价成交，成交价格明显偏低。正常的工业用地出让价格至少应该包括土地补偿费、安置补助费、开发成本以及各种税费等。为了招商引资和发展经济，地方政府普遍采取竞相压价的策略，工业用地出让价格虽然高于最低限价，但远远低于二级市场的转让交易价格，甚至低于工业用地开发成本。一些开发区、工业园区为了招商引资，不惜降低工业项目准入门槛，对投资者的用地需求倾向于尽量满足，以工业用地的“零地价”“低地价”甚至“负地价”“多给地”等各种优惠条件吸引企业入驻。相对偏低的用地价格，削弱了企业提高工业用地投入产出效率的激励，诱发企业在生产要素组合中使用数量尽可能多的土地，结果是容积率、投资强度和产出强度普遍较低，工业建筑以1—2层为主（楼立明、张安强，2013）。一些地方出现以工业企业科技研发、新建总部及物流仓储等名义供应工业、仓储用地的现象，一些企业名义上为发展工业，以低价获得工业用地，实则在项目分期建设中兴建研发办公楼用于商务办公经营出租，建设企业职工住房、人才公寓等，这些改变土地使用用途的“擦边球”行为还在继续（许超诣、刘云中，2014）。政府土地出让价格与土地市场公允价格的巨大落差，以及税费制度缺陷导致的土地增值收益分配失衡，诱发一些企业用地投机，圈大用小，甚至占而不用，大量圈占非农建设用地和粗放低效利用工业用地，人为加剧土地供求矛盾。

第二，一次性出让和征收出让金的弊端日益凸显。现行土地出让方式为根据出让时的评估进行定价，一次性将若干年限的土地使用权出租给使用者，并向使用者一次性收取出让金。出于扶持企业发展等考虑，工业用地出让价格普遍较低。由于无法预期中长期地价变化，不符合市场定价的原则，政府对这些由企业长期占有而又处于停产、半停产状态或低效利用的土地，缺乏有效的处置手段，造成土地资源浪费。从政府角度看，一次性收取出让金，寅吃卯粮，造成了土地财政这一怪胎，助长地方政府的短期行为，使财政收入变得不可持续，阻碍经济和社会的可持续发展。从企业角度讲，由于一次性支付出让金，开办企业初始投资压力大，加重了企业负担。当前，企业更新换代步伐加快，新型产业层出不穷，中小企业用地需求日益旺盛。高额的土地出让金让中小企业望而却步，中小企业用地难进而影响企业发展的问题十分突出。从审批权行使角度看，出让制体现的行政审批权限过大、行政权力干预过多，审批流程、开发建设承包中存在的"暗箱操作"空间，给土地出让中的权钱交易提供了可能。许多企业利用土地保有环节税费低的弊端（王燕东、吕宾、秦静，2014），借助政府急于招商引资的心理，把取得土地的多少及其土地价格问题作为投资谈判的重要条件之一，想方设法圈占更多土地，造成土地供不应求的表象，而一旦成功受让土地，其承诺的投资强度往往达不到原有的约定。由于缺乏刚性约束及处罚机制，企业私自转让土地、改变用途等现象时有发生。

第三，出让时间过长。现行法律规定工业用地出让最高年限不超过50年。在执行中，地方为追求短期效益，普遍以最高年限出让土地，与产业生命周期和企业生命周期规律不符。由于工业产品市场竞争激烈，产品和产业结构不断变动，工业企业的寿命相对较短。除基础性的工业企业外，大部分企业存续周期为10—15年，一些地区的工业企业存续周期仅有3—5年（范华，2014）。工业企业寿命普遍少于工业用地出让的最高年限（王俊杰，2014）。中小企业存续周期更短，50年的出让年限不利于工业用地退出机制的建立。一些工业用地出让后，企业投资兴建部分区域，其余部分则闲置或搭盖简易建筑物，造成了部分厂区的土地闲置。有的投资者，看到紧缺的土地增值获利明显高于生产利润，虚拟建设项目取得建设用地，在厂房造好后，以市场形势变化等为理由，私下出租或转让厂房牟利。这些用地由于出让合同缺乏约定，只能由企业自行改变用途开发、转让或被政府收购。早期工业集聚区纷纷实施改造，工业用地变更用途作为办公、酒店、商业等经营使用，因改变用途，收益、转让价格、政府收购价格往往高于出让价格，且很多地方差异很大，使以工业用地名义"圈地"获利有可乘之机。

第四，交易平台过多过滥。由于缺乏统一指导，各类交易市场和平台建设模式多样、性质各异，建设和运行中暴露出一系列问题。不同地区甚至同一辖区内各土地交易市场规则不统一，交易流程也不统一，有的相互冲突。一些地方、行业违规设置审批或备案，阻碍或者排斥其他市场主体进入市场交易，地方保护和行业分割屡禁不止。一些土地交易市场定位不清晰、管办不分，违规干预市场主体行为和乱收费问题突出，有的甚至直接从事招标代理等中介业务。交易过程不够公开透明，行政监管与市场操作边界不清晰，监管缺位、越位和错位问题不同程度存在，滥用权力、以权谋私和权钱交易等腐败现象易发多发等。这些问题严重制约土地市场配置机制的有效运行，影响统一开放的土地交易市场形成。

第二节　工业用地市场化配置改革的难点

从经济学角度看，工业用地市场化配置需要构建竞争性交易场所和交易制度，通过潜在受让者之间的公平竞争发现地块的公允市场价格，在各种竞争性用途之间有效配置土地资源。投资者根据工业用地的前置条件、税费和价格，选择合适的土地和资本等要素组合方式，在工业用地资源紧缺和价格较高的地区实行节约集约利用土地。改革的难点在于如何将竞争机制引入招标交易过程，发现理想的受让方和形成合理的价格，显化资产价值、遏制权力寻租。但是，市场的有效运转要求有足够多的潜在受让方，工业用地市场化配置受土地异质性和工业用地个性条件匹配等因素的制约，经常出现受让方竞争不足的情况。

与一般性资源相比，工业用地是一种特殊资源，具有异质性，不可再生并且利用往往不可逆。异质性源于工业用地多属于非标准化产品，不同地块的区位、面积、形状、交通和周边条件差异较大，企业对工业用地也有个性要求，受不同产业技术、工艺和协作配套条件等因素制约，潜在受让方数量往往受准入条件、产业政策、环保消防等条件限制，不容易达到开展招标拍卖挂牌所需的充分竞争条件，招标中很难准确评估和选择投标方案。有时投标人偏少，招标方选择投标人的余地也小，投标人之间容易相互串通和勾结，难以通过竞争发现和形成合理的价格。同时，应该看到工业项目对工业用地的要求很少苛刻到不可替代的程度，标准厂房用地、仓储用地和一般加工业用地的同质化程度通常较高。绝大多数工业项目可以在较大区域选择布局地点，工业用地的异质性否定不了招标拍卖挂牌的可行性。不可逆是指土地资源利用一旦发生，往往无法恢复原状或者恢复原状会耗费过多成本，因而土地资源利用不能多次重复试验试错。异质性和不可逆性是土地资源区别于一般性资源的重要特征，这些特征使市场机制在配置土地资源时面临特殊困难。

有些工业企业因自身情况、行业特点、功能定位不同，对用地的规模、位置、形状以及配套条件有特定要求，只能参加符合其要求的地块的竞争，结果有些工业用地的特定地块只有一个或几个竞买者，竞争性不足必然影响到用地招标、拍卖和挂牌的实施效果。在受让方数量少甚至只有一家时，土地使用权的成交价格不是通过用地单位之间的竞价确定，而是受地方政府偏好和用地单位寻租能力的影响。出让方甚至可能利用编制招标文件、资格预审等权力设置歧视性条款，排斥更多潜在受让方参与竞争。在制订出让方案时，政府只能对拟出让地块的具体建设内容、用地要求给出原则性规定，企业自由决定用地方式的空间较大。投资商为了获得更低廉、更大量的土地，容易采取不正当竞争手段排挤潜在竞争者，进而阻碍市场发挥作用。一些政府官员为了达到既能规避法律责任，又能让特定土地使用者成功受让土地使用权的目的，专门为特定土地使用者量身定制了土地出让和利用条件，将有威胁的潜在竞争者排除在外，该特定土地使用者无须竞争即可轻松取得土地使用权。这类行为违背了招标拍卖挂牌的本意，是导致工业用地出让实行招标拍卖挂牌方式流于程序和形式的一个重要原因。

从经济发展全局看，工业企业发展不应寄希望于土地的保值增值，而应集中精力搞好生产经营活动，依靠技术创新和管理创新来实现。只有弱化工业用地的资产属性，降低企业利用土地增值获取利益的动因，防止企业为土地增值而多占、圈占、占而不用、用而不全等现象的产生，才能改变企业的占地、用地偏好。缩短出让年限和采用土地租赁方式，既可减少企业一次性缴纳几十年地租的经济压力，降低企业前期投资数额，使企业把有限的资金尽可能多地投入生产环节，也有利于盘活低效土地，防止和减少土地低效利用和闲置。但是，现行工业用地出让制所形成的土地使用权，使土地增值收益绝大部分归土地使用者所有，凭借土地使用权可以通过土地使用权转让、转租取得丰厚利润。尽管企业可以通过土地年租制按年缴纳土地租金，减少一次性资金投入，但土地年租制收益远小于长期受让土地获取的增值收益。追求土地增值收益是许多企业取得更多土地的一个重要目的。工业用地目前最长有 50 年的使用年限，比工业企业平均生命周期高出35年左右，从企业衰落到土地使用年限到期这段时间，土地使用权掌握在企业手中，加大了政府根据需要调整用地的难度。土地低效利用和闲置的成本低，甚至会分享地价上涨带来的溢价收益。这种逆向激励机制使企业缺乏租赁土地或厂房的积极性，制约了土地出让和利用方式的改革，进而阻碍土地节约集约利用和产业转型升级。一些地区和园区也担心国土资源领域试行出让年限改革政策，会给招商引资带来不利影响，其中不乏东部发达地区已经步入招商选资阶段的园区。

第三节　工业用地出让方式创新的内容

招标拍卖挂牌是目前我国工业用地出让的指定方式。由于潜在受让方能够竞价参与，通过多家竞争调节用地需求，将土地资源配置给真正需要的、出得起价的企业，公开招标拍卖挂牌应该成为土地资源市场化配置的优先方式。加快推进市场化配置，着力建设和完善土地交易市场，科学设置出让利用条件，更大程度地通过市场竞争配置资源，是工业用地出让方式改革的基本内容。

第一，根据工业项目特点分类制定招标拍卖挂牌具体方式，最大限度地压缩地方部门操作的空间。对拟出让用地进行前期开发，开展基础配套设施建设，科学合理设定工业用地出让条件，划分地块进行招标拍卖挂牌出让。对于用地个性化要求强，且符合国家产业政策并对区域经济转型升级有重要促进作用的工业项目，采用邀请招标或公开招标等方式确定受让人。对于用地个性化要求不强的鼓励类和允许类工业项目用地，可以采用挂牌方式，但应为竞买人设置必要规范的前置条件。集中连片工业用地，可以以土地单价招标拍卖挂牌，以竞买人投资规模确定地块面积。对于竞价招标的，通过综合评标体系，公开选择有资格竞标的企业，通过集合竞价和科学评标确定土地受让人。

第二，缩短工业用地使用权出让年限，灵活调整工业用地出让时间。过长的出让年限容易导致工业用地低效利用、闲置不用或自行转让等问题。具体可以根据产业政策，在最高年限范围内，有弹性地确定工业用地的出让年限，降低企业用地成本。为促使企业取得土地后按合同约定使用土地，防止出现土地不完全开发、闲置、炒卖、违法改变用途等问题，对于出让年限较长的工业用地，可以约定分阶段签订出让合同。第一阶段出让年限以项目建设投产周期为限，一般不超过 5 年。达产验收通过后，按项目预期生命周期确定出让年限，以 10—20 年为宜，各阶段出让年限累计不超过 50 年。对于战略性新兴产业项目、技术先进发展潜力大的项目，特别是对地区产业布局、区域经济、产业结构调整升级具有战略意义的重大工业项目，以及国防、民生等特定用途的重大项目需求，综合考虑产业类型、产业特点、产业发展潜力和市场需求等因素，可以有条件地选择年限较长的受让时间。在签订出让合同时，对应不同出让年限设定不同条件，企业达到限定条件，出让年限自动延续；达不到限定条件，政府有权收回土地使用权。每个阶段出让年限届满后，对项目综合效益和合同履约等情况进行评估，采取有偿协议方式，续期或收回土地使用权。这样既可提高工业用地利用率和节约集约利用水平，也可为政府主动调节工业产业结构提供产权制度支撑。

第三，探索土地租赁和年租制等新型出让方式。土地租赁可以加快建设用地的周转效率，减轻工业用地供应不足的压力。在继续推行和完善国有土地出让制度的前提下，把租赁作为出让方式的补充，实行多元化租赁方式。鼓励工业用地以租代让、先租后让，即企业按土地租赁合同，在企业生产发展基础上，通过达产验收并符合土地出让合同约定条件的，再根据产业发展前景、市场需求和企业自身条件，决定是否将租赁方式转为出让方式。地方政府组建工业用地开发机构或引导社会投资主体，根据产业发展要求和企业需要，按照项目选择、规划控制、计划引导、量身定做、市场运行的发展思路，开展厂房及相关配套设施的开发建设，然后以年租制的方式向市场供应。鼓励和引导企业通过租赁、购买多层标准厂房的方式解决生产经营场所需求。同时，加强工业标准厂房的类型、类别、结构的研究，针对不同类型的行业用地特征，规划设计建设不同类型、不同层数的标准厂房，不断扩展标准厂房的适用领域。对于非标准化厂房的需求，可以在企业土地区域选择定址后，根据企业的个性要求，为企业量身定做厂房，以便更好满足企业需求。

第四，整合和上移土地交易平台。整合土地交易平台是将不同属性土地的交易整合到统一平台进行，上移土地交易平台是将不同地区、部门的交易整合到统一平台进行，整合和上移交易平台的实质是把分散在各地区、各部门的土地交易整合到少数几个集中场所，统一交易信息披露、准入条件、交易规则。整合和上移土地交易平台，有利于实现土地要素的集中交易和优化配置，更有效地发布和传播交易信息，扩大服务范围和领域，为更多潜在用地者进入市场交易创造便利，形成工业用地的市场公允价格。在国家层面，统筹规划土地交易制度和标准体系建设，建立全国统一的国有土地出让平台和若干个跨行政区的区域性公共资源交易平台或土地交易平台，工业用地配置全部上移到整合后的交易平台进行，国有土地出让职能向省级以上政府集中。

第四节　健全用地约束机制、加强土地监管的措施

节约集约用地的基本和主要机制是市场的约束与激励作用。在约束激励机制健全的成熟市场经济体制中，企业具有自觉节约集约用地的外在压力和内在动力。约束激励机制越完善，企业节约集约用地的压力和动力也越强。工业用地约束激励机制的有效性与土地税费、价格调节、用地监管等因素具有不可分割的联系。提高工业用地配置效率，发挥市场对用地资源配置的决定性作用，要求理顺政府和市场关系，强化税费和价格的约束功能，严格政府土地利用和信息披露等方面的监管作用。

第一，改革土地税费制度，健全企业用地约束机制。由于保有土地的成本过低，企业用地特别是工业用地缺乏退出激励，退出机制不健全使政府缺乏促使企业退出闲置用地的手段，形成“政策真空”。一些地区在工业用地出让合同中，就土地退出情形规定了相关条件，但因国家无明文规定又缺少上位法的支撑，按合同操作难度很大。解决保有土地成本过低的问题，必须从完善土地税费制度和退出条件两方面采取措施。土地税费制度改革的重点是，完善土地使用权保有环节税费体系，理顺不同税费的调节功能与目标，提高土地保有环节的税负，建立资源占用的经济约束机制，促进土地合理开发和有效利用。我国土地保有环节的土地税费有城镇土地使用税和土地闲置费。目前，城镇土地使用税税额每平方米每年为 0. 6—30 元，征收定额普遍偏低，与我国人多地少、土地资源极为紧缺的现状以及近年来日益攀升的地价水平极不适

应，其调节功能大大弱化。虽然规定未动工开发满一年的闲置土地，按照土地出让或者划拨价款的20%向土地使用权人征缴土地闲置费，但由于土地闲置界定难等原因，土地闲置费征收很少。为有效发挥土地闲置费保护、调控土地资源和抑制土地囤积的作用，应进一步细化土地闲置的界定和闲置费的征收情形，尽快将土地闲置费转为土地闲置税，以高税负增加囤地成本。土地转让环节税费主要有营业税和土地增值税，但可采取转让企业股权而不办理土地转让的方式予以避让，被拆迁时又因拆迁补偿款不需纳税而避税。由于征管难度大、力量有限，各相关部门之间应该有效联动，研究完善闲置土地地价增值的相关税收政策，对地价增值所产生的收益可以征收高额增值税或所得税，将土地溢价的大部分通过征税手段纳入公共财政。企业用地退出条件，重点在土地出让合同或租赁合同中增加有实际操作性的限制性条款，对依靠土地增值发财、不在生产上下功夫的企业，规定土地使用权年限期满不再延期，年限未满的，由政府按照一定价格回购。对用地收回、回购、转让和退出机制深入研究，完善土地二级市场交易制度。以工业项目、研发总部、经营性基础设施和公共服务设施等名义取得的建设用地，需经出让人同意后，方可进行土地房屋整体转让、分割转让和涉地股权转让。对符合法律规定和合同约定并经批准的工业、研发总部类等项目，土地转让和再次开发均纳入土地利用全生命周期管理，实施闭环管理。

第二，完善工业用地价格调节机制，加强土地出让价格监管。适当提高工业用地价格，一方面可以促使用地企业在投资总量和结构不变的前提下减少土地需求数量，转而通过提高容积率等节约集约用地途径满足企业生产空间的需求；另一方面可以缩小工业地价与住宅、商业等经营性用地价格的差距，建立有效调节工业用地和居住用地合理比价机制，压缩寻租空间，使工业用地真正用于工业项目，减少工业用地的不合理需求。当然，部分地区而不是全国统一提高工业用地价格，将破坏土地市场的统一性和公平竞争，提高地价的地区可能导致优质项目流失，而使地方失去积极性。提高工业地价必须综合平衡各地区情况，全国统一组织实施。对工业项目用地，由省级以上国土资源部门按地区、地块和出让时间，分类测算和确定基准价格，避免在招商引资过程中，企业随意压价，引资者盲目定价。实行工业用地价格调节机制，对鼓励、限制的产业实行差别地价。对鼓励类以及使用盐碱地、沼泽地等未利用地的产业，按最低价标准下调一定幅度。对生态环境有较大影响和在开发区外单独选址的项目，按最低价标准上调一定幅度。同时，在严格工业用地变更用途审批的基础上，提高变更用途的地价水平及土地闲置费标准，进一步抑制寻租行为，提高工业用地利用效率。

第三，加强各类园区工业用地投资强度和利用效率监管，完善节约集约用地激励机制。现有工业用地管理，主要将单个项目在投资强度、税收贡献、容积率、建筑系数、行政办公及生活服务设施、用地比例等方面的控制性指标，作为工业用地控制依据。但投资强度等指标依靠企业项目计划书列明的投资额进行测算，企业具有夸大投资总额的动机，并且在企业获得土地后的项目实施、验收过程中，对投资强度的核算与检查难以开展。显然，对个别企业和单个项目的投资管制虽然必要，但不足以实现节约集约用地的目标。促进工业用地节约集约利用，需要完善工业项目评审机制，供地前做好产业方向、投资规模、资源占用等方面的综合效益评审，加强土地节约集约利用和预期效益评估。根据地质条件及相关规定，提高园区单位土地投资和产出要求，鼓励多层标准厂房建设，提高多层厂房的供给量，引导企业通过厂房加层、老厂改造、内部整理以及建设标准厂房等途径提高土地利用率，提高土地承载强度和投入产出效率，促进土地节约集约利用。同时，加强对各类园区节约集约利用土地的考核评估，将评估结果作为园区扩区升级的重要依据。对节约集约利用水平较高的工业园区，给予一定激励；对节约集约利用水平较低的工业园区进行兼并、合并，或是进行管理，带动土地利用效率整体提高。

第四，完善工业用地信息发布制度，确保用地出让和利用信息充分及时披露。土地出让和利用信息不公开或者公开不及时把潜在用地者排除在外，降低了工业用地交易的竞争效率。工业用地个性化要求相比于商服和住宅等其他经营性用地的个性化要求程度高，进而制约工业用地出让实行招标拍卖挂牌的竞争程度，因此工业用地出让信息必须充分公开披露。问题在于，出让方和潜在受让方都有动机隐匿信息，土地出让领域信息不对称问题突出。土地交易的一方知情，另一方不知情，知情的一方具有利用信息优势牟取不正当利益的条件。或者，少数潜在受让者知情，其他潜在受让者不知情，知情的潜在受益者在缺乏竞争的情况下以较低价格受让土地。综合地看，出让方处于垄断和相对有利地位，一般对用地要求和产业政策的了解比受让方多。但受让方在某些方面也有信息优势，主要是对自身技术、投标文件真实性、履约能力、弱点的了解较多。出让方和受让方各有信息优势，任何一方都有机会利用信息优势损害对方利益。一些地方在供地信息公示和出让地块公告方面，存在公布时间短、范围窄的问题，竞买人因来不及认真研究相关信息资料而导致招标拍卖挂牌竞买不充分，甚至导致企业盲目决策，仓促上阵。建立工业用地信息披露制度，强制披露工业用地交易条件、交易过程和交易结果等信息，有利于打破依靠信息优势操纵市场，增进土地资源交易透明度，从源头上预防土地资源配置领域腐败行为。因此，应按照政府信息公开的要求，完善工业用地信息发布制度，实现工业用地交易公告信息集中发布和信息共享，对土地出让环节中需要公开的内容进行细化，充分利用互联网、内部局域网或公示栏等形式，主动将土地出让信息、土地出让程序、土地出让公告和出让结果等在互联网上向全社会公开，接受社会监督。这样，可以使潜在投资者充分及时了解拟出让的工业用地的信息，做出及时和正确的判断，最大限度地扩大工业用地竞争范围。

第四章　加快集体建设用地市场化改革

党的十八届三中全会通过的《中共中央关于全面深化改革若干重大问题的决定》（以下简称《决定》）提出建立城乡统一的建设用地市场的改革目标，指出“在符合规划和用途管制前提下，允许农村集体经营性建设用地出让、租赁、入股，实行与国有土地同等入市、同权同价”。为落实《决定》精神，2014 年中央 1 号文件提出了引导和规范农村集体经营性建设用地入市的基本设想：“在符合规划和用途管制的前提下，允许农村集体经营性建设用地出让、租赁、入股，实行与国有土地同等入市、同权同价，加快建立农村集体经营性建设用地产权流转和增值收益分配制度。”农村集体经营性建设用地入市（或市场化）必然带动整个农村建设用地市场化改革，具有重大意义。中央的决定和精神既为各地农村集体建设用地使用权流转改革提供了进一步政策支持，也为今后农村建设用地改革指明了方向。但是，《物权法》《土地管理法》等现行法律并不是按照城乡一体化的土地制度进行设计的，也没有给农村建设用地使用权直接入市留下空间。因此，以经营性建设用地为首的农村建设用地市场化改革面临许多制度性难题。

第一节　集体经营性建设用地市场化改革的历程

可流转的土地使用权制度产生于市场经济——社会化、市场化配置社会资源——的需要。市场经济不仅需要动产的可交易，而且需要不动产的可交易，因此，可流转的土地制度是市场经济的必要条件。我国土地体现为两种公有制的所有权形式，要么为全民所有或国家所有，要么为农民集体所有。这两种土地所有权均不具有可交易性（可交易性意味着土地买卖，可以为私人取得所有权），因而只能通过设定可流转的土地使用权制度，实现土地资源的市场化配置。

可流转的土地使用权制度是随着改革开放的实践逐渐确立的。在改革开放的初期（20 世纪 80 年代初期），引入市场机制（当时的提法是“商品经济”）、搞活经济是改革开放的主要目标。在农村，家庭联产承包责任制首先揭开改革开放的序幕，通过“准产权”方式使农民的积极性和能量得到调动和释放，再加上允许剩余农产品的自由交易，基本搞活了农村经济。在城市，国家尝试通过赋予企业经营者自主权等方式发展商品经济，实现企业资产市场化配置。改革实践证明，必须使土地使用权可以流转——商品化，才能实现企业资产（动产）商品化、社会化配置。正是在这样的背景下，中国探索出了可流转的土地使用权制度——出让土地使用权制度。

在创设可流转土地使用权制度时，中国并没有刻意区分国有土地和集体土地。1988 年宪法是对所有土地而言的，并没有特别指明国有土地使用权。同样，之后的《土地管理法》修改也未禁止集体土地使用权的转让，反而明确规定“国有土地和集体所有的土地的使用权可以依法转让”，只是授权国务院另行规定。可惜，1990 年国务院出台的《国有城镇土地使用权出让和转让暂行条例》只解决了国有土地使用权转让问题，而没有解决之后也没有颁布新法规解决集体土地转让问题。在相当长的一段时间，集体土地的商业化利用或出让出租使用相当普遍，但缺失规范，耕地流失严重。这导致在 1998 年《土地管理法》第二次修订时，全面禁止集体土地使用权流转。

1998 年的修订，不是个别条文的变动，而是对原法进行全面修订，其中最重要的是对集体土地使用权的规范。这次修订删除了原第 2 条第 4 款（“国有土地和集体所有的土地的使用权可以依法转让”），改为“国家为公共利益的需要，可以依法对集体所有的土地实行征用”。另外，还有两条非常重要的修改：第 43 条确立了进行建设只能使用国有土地的原则，农村土地必须先征收为国有才能用于建设目的；第 63 条确立了农村土地使用权不得转让的原则。因此，严格限制农村土地用于建设，严格控制农村土地使用权流转，是 1998 年《土地管理法》全面修订的结果。只能使用国有土地进行建设和集体土地只能先征收为国有才能用于建设，使国家垄断了建设用地的供给，堵死了农村建设用地商业化开发的通道；

农村建设用地使用权不得转让给外人的规则，又使存量建设用地只能在农村范围内配置，农村建设用地使用权丧失了市场化配置的功能。

1998年《土地管理法》修订是矫枉过正的政策产物。随着经济体制改革推进，各地经济发展对土地的需求增加，导致一些地方违法批地、乱占耕地、浪费土地的问题相当严重。1997年4月15日发布的《中共中央、国务院关于进一步加强土地管理切实保护耕地的通知》要求加强土地的宏观管理，进一步严格建设用地的审批管理，严格控制城市建设用地规模，加强农村集体土地的管理等。在这样的指导思想下，《土地管理法》试图建立国家垄断建设用地供应的制度，不再允许农村集体直接出让土地使用权用于建设用途和工商业，“先征收后出让”成为城市经济建设或经济发展土地需求的唯一途径。这种思路的进一步发展，就导致了土地储备制度被普遍推行。违法使用农村土地的问题形成的主要原因是，当时我国没有土地用途管制，农村集体建设用地使用缺失法律规范，其本身应当通过推行和加强土地用途管制、建立农村集体建设用地使用规范、加强土地审批管理等加以解决。可惜，当时以法律的形式全面禁止使用农村土地进行建设和农村建设用地使用权的流转。禁止集体土地使用权流转成了纠正过去10年立法空缺的“替罪羊”。

因此，农村土地使用权并不是一开始就被法律禁止转让的，而且宪法至今也没有禁止农村土地使用权的转让。党的十八届三中全会通过的《决定》允许在保留农村集体所有权的前提下，农村集体经营性建设用地入市，实质上是重启1998年关闭的集体建设用地市场化大门。这是因为农村集体建设用地不能入市严重妨碍农村资源市场化配置，因而集体建设用地市场化成为必然的政策选择。而集体经营性建设用地自然成为首要的选择，它将带动农村建设用地流转或市场化的运动。实际上，经营性建设用地入市的意义还不只其对集体土地的推动作用，还应在更高的层面上理解其意义。

第二节　集体经营性建设用地市场化的重要意义

虽然农村建设用地使用权流转的各种试点已经进行多年，但是，党的十八届三中全会通过的《决定》所提出的“集体经营性建设用地使用权入市”格外引人注目。这是因为，它开启了新一轮农村土地制度改革的序幕，并旨在通过集体经营性建设用地使用权的入市，实现同地同权，消弭城市二元土地制度鸿沟，具有深刻的制度变革寓意。集体经营性建设用地使用权入市具有重大制度变革意义。

一　土地物权平等目标的实现

党的十八届三中全会通过的《决定》将农村集体经营性建设用地入市定格为实现与国有土地的同地同权和同权同价。这是对农民集体土地的具有历史转折性的定位。在我国改革开放进程中，虽然家庭联产承包责任制揭开了我国社会资源配置和利用市场化改革的序幕，但是，农村土地资本化、商业化、市场化的大门始终没有开启，或者在开启后中途夭折。现在允许集体经营性建设用地入市实际上就意味着农民集体所有的土地与城市国有土地取得平等的法律地位，享受同等的权利和保护。同地同权需要从以下两个角度来理解。

其一，同地同权的正确含义是相同用途和相同性质的土地具有相同的法律地位或法律能力，不因主体的不同而不同。在农村建设用地中，农村经营性建设用地与城市经营性建设用地具有完全的同质性。既然同为建设用地，同为经营性质，那么国家作为所有者和农民集体作为土地所有者所拥有的权利应当是相同的。而过去，不允许农民集体的建设用地使用权直接入市，而集体土地必须先征为国有才能用于建设，用于商业开发，显然剥夺了农民集体土地所有权应有的权能，使国家对土地的所有权优越于集体所有权。

在农村的建设用地中，农民的宅基地虽然也属于建设用地，但由于其使用的个人目的性和取得主体的身份性，不属于经营性建设用地，无法取得与城市经营性建设用地相同的权能。假如宅基地的取得方式不再具有身份且农民也不再因为身份可以继续取得宅基地，那么，宅基地也可以满足入市的条件，取得与城市私房的“宅基地”相同的权利。如果城市市民的宅基地可以流转、处分，那么农村的宅基地也可以流转和处分。私人所有的用于居住而占用的宅基地，无论是属于国家，还是属于集体，房屋所有者对其享有相同的权能，这样才符合同地同权。

因此，在农村与城市土地的同地同权方面，同国有土地所有权最具有可比性的是农民集体建设用地，一旦承认其可以直接入市，那么就意味着承认农民集体土地所有权与国有土地所有权具有相同的法律地位和权能。在某种意义上可以说，农村集体经营性建设用地入市意味着物权法对农民集体土地所有权与国有土地所有权平等保护目的的实现。

其二，同地同权的本质在于所有权的平等，而不是使用权层面的平等。虽然从法律的角度讲，农民集体土地所有权也具有所有权的基本权能，即占有、使用、收益和处分四种权能，但是现行法律将农民集体土地所有权的权能大大地限缩了，甚至根本没有把农民集体土地所有权视为独立的所有权。最为典型的是，《土地管理法》所确立的进行建设只能使用国有土地原则，事实上剥夺了农民自主利用经营性建设用地进行商业开发的权利。在观念上，农民集体利益应当让位于国家利益，似乎也为国家征收农民土地用于城市建设提供了合理性“背书”，加上农民集体所有权在现实中并没有有效的组织机构来代表，而被模糊化。在遇到征收时，在一级级政府的压力下，农民个体或农民集体根本就没有应对征收的力量和手段。在土地征收补偿中，农民失去了农村的土地资源，其获得的一次性补偿不能充分反映被征土地的市场价值，也不能解决失地农民的生存问题。可以说，虽然法律赋予了其物权法地位，但农民集体所有权并没有真正地成为私法意义上的所有权。虽然经营性建设用地似乎是在建设用地层面上与城市土地取得平等地位，但本质上是肯定农民集体所有权具有商业化、市场化利用建设用地的权利，使农民集体所有权在法律上的平等得以真正实现。因此，城乡同地同权最根本的是所有权的平等，给农民集体所有权与国家所有权同等的法律地位和权能，允许在同样的土地管制条件下，创设相同的土地使用权，而这最终因允许经营性建设用地入市得以实现。

二　农村自主城镇化道路的开启

经营性建设用地入市为新型城镇化铺平了道路。如前所述，现行的城乡分割土地管理制度是1998年《土地管理法》修订的产物。尤其是《土地管理法》第43条和第63条不仅确立了农民集体建设用地使用权不可流转给村民以外的人（农村建设用地不得市场化）的原则，而且确立了农村土地只有在被征收变为国有后才能用于建设的原则。这实质上等于宣布禁止农民集体直接出让土地从事商业开发以获得土地商业化的利益。土地征收是支撑商业化建设用地的唯一来源。土地一旦被征收，农村就不再是农村而变成城市，只是城市主体不是原来的村民，原来村民获得的只是一次性经济补偿，无法作为土地所有权人享有土地开发利益，享受城市化的好处。这样的征地模式的结果是：农村永远是农村，城市永远是城市，农村被剥夺了自主城市化的道路和权利。

在全国试点以城乡建设用地增减挂钩为基础的集体建设用地流转仍然是以维系城乡二元土地利用体制为前提，也并不是一种促进农村自主开发的制度。增减挂钩最初适用于小城镇建设，之后适用于城乡之间建设用地的统筹。《国务院关于深化改革严格土地管理的决定》（国发〔2004〕28 号）提出，“鼓励农村建设用地整理，城镇建设用地增加要与农村建设用地减少相挂钩”。2008 年国土资源部就该决定制定了《城乡建设用地增减挂钩试点管理办法》。该办法第 2 条对城乡建设用地增减挂钩作了明确界定。

显然，城乡增减挂钩的本质是在农村实行以“三集中”为内容的土地整理，腾退出来的农村建设用地复垦为耕地，以为城市提供建设用地指标。其制度设计的目的并不是农村城镇化，而是解决城市建设用地指标问题。它旨在在维护耕地保护（通过耕地占补平衡制度等实现）和建设用地总量控制的政策前提下，让农村建设用地可以流转给城市，通过市场交易方式满足城市建设需要。在这个过程中，农民集体丧失的是土地及其商业开发权，而获得的仍然是经济补偿。因此，在城乡建设用地增减挂钩政策下农村集体建设用地的使用权流转仍然隐藏着对农民集体所有的土地的商业开发权的剥夺。显然，“允许农村集体经营性建设用地出让、租赁、入股，实行与国有土地同等入市、同权同价”的政策，就是赋予农民集体直接开发利用土地的权利。在该政策下，农民集体所有的土地不需要通过征收为国家所有，也不需要将建设用地指标转让给城市，而是可以自主开发或出让给适格主体开发并永久性获取土地收益。而且，农民集体的建设用地使用权，与物权法规定的国有建设用地使用权具有相同的性质和权能。这样，无论是自主开发建设，还是出让、租赁或入股，农民集体的土地永远是农民集体的，农村可以变为城市，但农民仍然不是城市的主人。这便是一条农村自主城镇化道路。

三　以农村城镇化促城乡一体化实现

城镇化是农村社会经济发展的主要路径，也是农村发展的集中表现。城镇化本身是伴随农村经济结构变化（农业活动的比重逐渐下降、非农业活动的比重逐步上升）、农业人口减少（部分流向城市）、农村居住条件和公共设施完善的自然结果。在我国，不仅城乡二元土地制度和城乡二元户籍制度形成分裂的社会资源配置利用市场，而且二元社会福利和保障体制，造成农村人口无法分享城市化带来的好处，农民与市民存在事实上的不平等。在这种二元发展模式下，不仅农村自主开发利用农村土地实现城镇化的道路被堵塞，而且农村资源不能实现市场化配置，农民不能分享城市化的好处。中国在改革开放40多年的时间当中，城市空间扩大了两三倍，但空间城市化并没有相应产生人口城市化，造成土地城市化速度远不及人口城市化的速度。由于户籍及与其相关联的社会保障制度，农民工只能流动式地支持城市建设，而不能成为市民。因此，改革开放以来，虽然中国经济得到飞速发展，但是城乡二元结构没有被打破，城乡之间的差距依然巨大。这不仅导致我国城镇化率与发达国家存在巨大差距，而且导致官方公布的城镇化率与真实城镇化率存在差距。城镇化是现代化的应有之义和基本之策。城镇化不仅是农村经济发展的问题，也是我国社会经济发展道路和目标之所在。作为道路，城镇化可以扩大内需、拉动经济增长；作为目标，城镇化可以打破城乡二元结构，促进社会福利和保障的均等化，实现和谐发展。

党的十八大明确提出了“新型城镇化”的建设道路，即“要健全城乡发展一体化体制机制，坚持走以人为本、四化同步、优化布局、生态文明、传承文化的新型城镇化道路”。新型城镇化不是简单的城市人口比例增加和规模扩张，而是强调在产业支撑、人居环境、社会保障、生活方式等方面实现由“乡”到“城”的转变，实现城乡统筹和可持续发展，最终实现“人的无差别发展”。“城乡统筹、城乡一体、城乡协调发展”如何实现已经到了放弃“农村支持城市、城市优先发展、城市辐射农村”的老路的时候了。改革开放、经济高速发展之所以没有带来城乡一体发展主要原因在于将农村土地征收为国有再进行城市建设的经济建设道路，在于优先发展大城市、辐射周边地区的发展思路。显然，没有强有力的政策支持，城市发展只会进一步吸取周围的资源，赶超标杆城市（中等城市赶超大城市，大城市赶超特大城市），而非辐射开来以达到均衡的共同发展。即使城市为响应政策号召，反哺农村，吸纳部分农业人口，但是毕竟能力有限，根本解决不了城乡在经济发展、社会生活和福利保障水平上的差距。谁能想象10亿以上的人口都聚集在有限的城市空间。大量的中小城市和无数的村乡镇的发展才是缩小城与乡之间差距的桥梁，而这蕴藏着巨大的能量与潜力。

新型城镇化就是要激活小城镇的发展潜力，走出一条先城镇化再城乡一体化的道路。实现城乡平等化、一体化协调发展的根本出路仍在于农村本身经济的发展，在于农村城镇化，让农民利用其土地等自然资源发展自己。而新型的城镇化道路显然应当放弃非公益目的的土地征收，还土地商业开发权或发展权于农民。要赋予农民在符合规划条件的情形下商业化利用农村土地的权利，使农村土地财产化、资本化、市场化，由此给农村发展带来资金、技术和人才。这便是集体经营性建设用地入市的最大价值所在。

第三节　集体经营性建设用地市场化的制度需求

集体经营性建设用地市场化是农村经济转型为市场经济的引擎，它将带动农村全面进入市场经济的新时代。因此，集体经营性建设用地市场化改革不仅要考虑与现行各项土地制度协同，还要考虑与农村社会经济生活彻底市场化、社会化联动。集体经营性建设用地市场化改革要坚持集体所有权不能变、耕地红线不能动、农民利益不能损的原则，在统筹设计规划整个农村土地制度改革基础上进行。这无疑是一场牵一发而动全身的改革，它将比国有建设用地入市面临的问题要多得多。

集体经营性建设用地入市以解决三大制度问题为前提。这三大问题是：其一，农民集体所有权的私法定位和构造；其二，土地征收制度的改革；其三，城乡统一的建设用地分类体系的建立。

一　农民集体所有权的私法定位和构造

农民集体所有权的私法定位和构造允许农民集体经营性建设用地入市是对现行土地征收制度的扬弃。正如土地征收过程中所反映的农村土地产权不清一样，在保留农民集体所有权的前提下，直接出让经营性建设用地，对于农民集体所有权清晰界限和有效的所有权代表组织提出了更高的要求。这是因为，集体经营性建设用地入市将农民集体原来直接支配的土地资源转变为土地资产，并永久性地管理和运作这些土地资产。要有有效的所有权代表机构组织土地的出让，收取出让金，监管土地的使用并在到期时收回等，并由其对土地出让金分配使用、投资运营等。所有这些均会涉及土地属于谁，谁有权出让，谁有权分享土地出让及其城镇化或商业化开发的好处。建设用地入市本质上要求将农民集体所有权打造成真正的私法意义上的所有权，能按照私法规则行使的所有权。虽然农民集体所有已经被纳入物权法规范，但是，农民集体所有并不当然地成为私法的所有权。因为农民集体所有脱胎于计划经济体制下的集体所有制。集体所有制是一种一定地域范围内的农民共同拥有生产资料、共同劳动和分配劳动收入的农村经济组织方式，在所有者与生产资料之间具有高度的黏合性或不可分性。市场经济是一种自由交换的经济，只有将农民集体成员与集体所有的财产进行分离，才能使集体所有的财产可交易，集体所有权才能成为私法的所有权；同时，农民集体必须有独立意志能力（集体意志的形成机制），使集体意志独立于其成员的意志，才能使农民集体所有权成为具有私法要素的所有权。这两点要求按照私法原理定位和重新塑造集体所有权，而不是简单地将其纳入物权法。

首先，土地的农民集体所有权确定为以地域为基础的团体所有。在集体所有制中，农民集体所有本意上是指农民成员共同所有，但这里的共有显然不能直接移植民法中的共有。因为民法中的共有要么基于身份关系由法律规定产生，要么基于契约产生，而农民集体所有显然缺失这样的基础。但在法律上可以将农民集体所有塑造成特殊的共有，即以地域为基础的共同所有，可以被称为团体所有。其特征在于：第一，该团体由特定区域人口组成，成为团体成员（社员）具有一定的资格条件和限制（称为社员资格）；第二，该团体成员可以变化和死亡，但团体具有不可解散性或不因契约而终止；第三，团体的成员必须通过团体来行使所有权，不能单独行使所有权，也不能分割所有权、转化为个人所有；第四，团体的成员可以有份额，但只能在有成员资格的人之间转让，也不能为非成员身份的人继承。这样的团体就是专门管理集体财产的主体，可以在法律上赋予其民事主体资格——以地域为基础的法人，以解决其独立意志问题，同时，又可以将集体所有的财产与农民意志分离，使集体财产可以通过团体决议方式处分，而并不影响农民个体的权益。这样就实现了上述的分离目的，使农民集体所有权成为满足私法要素的所有权。

其次，农民集体或团体只能平行而不能相互叠加。在这方面，建议取消乡镇范围的农民集体对土地的所有权，将农民集体所有明确为村范围或村民小组范围。乡镇层次的农民集体太大，难以形成共同意志，而在村或村民小组这个层次上，农民集体成员还可以组建社员大会（权力机构），形成共同意志，做出决定，并通过执行机构执行和运行。至于农民集体是定位在村层次，还是在村民小组层次，各地可以有不同的安排，只要两者不重叠即可（同一块土地，不能既属于村民小组集体，又属于村集体）。甚至可以区分不同土地用途作出不同安排：对于农业用地，需要根据各地情况在尊重历史和现状的情况下确定，既可以是村，也可以是村民小组范围的农民集体；对于建设用地及其未利用土地均应当确定为村层次的农民集体。这样，就可以在村这个层面统一土地规划，并在统一的土地规划范围，代表村范围的农民集体出让规划中的经营性建设用地。按照这样的设想，在村民小组、村两个层次上均可以针对不同的土地组建农民集体团体（比如土地股份合作社），行使农民集体所有权，将农民集体所有权塑造成私法上的所有权。在乡镇层面，可以保留一定的建设用地，用于公共事业、公共设施建设，但纳入农民集体所有范畴，而直接成为乡所有土地或镇所有土地。这样可以避免乡镇政府因为乡镇农民集体与村农民集体的包含性而支配村农民集体的土地。

最后，农民集体与集体经济组织是不同的概念。农村土地属于以地域为基础的农民集体（村或村小组范围农民团体），而不属于农民集体或农民个体成立的合作组织或乡镇企业。不能泛化农民集体概念，非以土地为基础成立的农民股份合作社或合作社之类的农民集体组织不能成为土地的所有权主体，农民集体投资的集体经济组织或集体企业也不是土地所有权人。农民集体与具体的经济组织不是一个概念。因此，允许农民集体经营性土地入市并非当然地使集体企业可以出让建设用地使用权。比较好的解决方案是，首先是确定存量的经营性建设用地归属于哪个农民集体（明确其归属主体），由该农民集体（或组建的土地股份合作社）收回建设用地使用权，对土地进行规划和开发后再进行重新出让，设定可以直接入市的建设用地使用权。也可以在规划作出后，允许符合规划用途的原建设用地使用权人办理出让手续或者参与公开竞价，在同等条件下具有优先受让权。总之，在经营性建设用地市场化过程中，首先要明确建设用地的所有权人及其代表机构，确保一定地域范围内的所有集体成员能够分享集体建设用地市场化的好处。

二 土地征收制度的改革

征收是国家强制性收购民事主体的财产以实现公共利益的一种制度，普遍存在于世界各国。不过，在我国，土地征收具有特殊性，它指国家因建设的需要，强制地将属于农村集体的土地收归国有，然后交给用地单位使用，并对农村集体经济组织进行补偿的行为，而不完全都是为公共利益而存在。根据现行法律，农民集体土地使用权不能直接进入市场，只有经过国家征收，变为国有时，才能通过出让方式建立可流转的建设用地使用权。由于农村土地是城市增量建设用地唯一的来源，因而所有的城市建设——不管公共设施建设，还是城市住宅建设、商品房或商业楼的建设，均须通过征收将农村土地转变为城市土地。这样的征收制度不是完全依据“公共利益”而进行的，且以不允许集体经营性建设用地入市为条件。集体经营性建设用地的入市意味着非以公益目的的土地征收的替代。如果继续沿用这样的征收制度，那么集体经营性建设用地入市就不会有多少空间。而且，这两种制度的并行，还会导致失地农民的不平等，引发社会矛盾和不稳定。因此，土地征收制度改革是经营性建设用地入市的前提条件。这也是《决定》将农地征收作为集体经营性建设用地入市一并提出的重要理由。

土地征收制度改革实质上是将土地征收恢复为真正法律意义上的征收。在我国，从《宪法》第10条到《土地管理法》第2条第4款、《物权法》第42条均规定了农村土地实行征收的条件，一是为“公共利益需要”，二是对被征土地涉及的农村人口进行补偿。改革基本方向，除了提高经济补偿的额度，最为重要的是合理界定公共利益的范围，而不能是凡是纳入城市规划范围的农村土地均要通过征收方式转变为国家所有才能进行城市建设。在这方面，必须解决两大制度难题：其一，公共利益的界定；其二，“城市 = 国有”的传统观念的改革。

关于公共利益的界定，应当回归公共利益的本义，即公共利益指“不特定人”或公众可以享受的利益，如果特定人群可以享受，那么就不属于公共利益。公共利益并不能等同于国家利益。虽然国家是为了维护公共利益而存在的，但是，国家利益需要通过国家机关或政府来实现，为国家利益演变为政府利益提供便利条件。设置抽象的公共利益的目的在于规范和约束政府行为，以努力实现国家利益（甚至政府利益）与公共利益吻合。公共利益绝不是不可确定的。实际上，现行《城市房地产管理法》第24条和《城市房屋征收补偿条例》第8条已经对公共利益做出基本的列举，只需要修订完善即可以确定公共利益的范畴。公共利益的界定既需要一定的法律标准，又需要一定的法定程序，只有这样才能确定具体的项目是否属于公共利益的范畴。这可能需要制定征收法来完成。一旦征收严格限定在公共利益范畴，而不是政府规划或城市建设，那么，非公共利益的建设项目要使用农村土地，就只能通过市场方式取得，因而为经营性建设用地入市留下空间。

相对于公共利益的界定，征收制度改革还涉及“城市土地为国有土地”的法律障碍。根据《宪法》第10条，“城市的土地属于国家所有”，这一制度在《物权法》《土地管理法》等法律中均得到贯彻。其中，《土地管理法》第8条将国有的范围限定于“城市市区”。由于《宪法》和法律规定，城市的土地归国家所有，这意味着当农村演变为城市后，土地所有权必须变更为国家所有，农民集体不得拥有城市土地。在这样的法律框架下，一旦农村土地建设成为城市，也面临“城市土地归国家所有”的风险。因此，在保留农民集体所有权的前提下，允许经营性建设用地入市，还必须打破“城市=国有”的定律。

仔细研究，将城市等同于国有是建立在城乡分割二元观念基础上的，即农村=集体土地（农地）+农业+农民，而城市=国有土地+工商业+市民。在这样的制度和观念下，农村土地资源只能在农村范围内由农民集体利用，而一旦转化为社会化利用方式（也是市场化、资本化的利用），那么就得国有化，而国有化后就不再是农民的城市，而是全民（市民）的城市。由此，维系了一个独特的城乡二元发展现象。“城市土地归国家所有”就是这种观念的法律化，而土地征收便是实现农民集体所有的土地转变为国家所有土地的手段。在不改变农民集体所有权的前提下，允许集体经营性建设用地入市，就意味着在农民集体所有的土地建设城镇、城市，意味着城市建设也可以存在于农村土地（农民集体所有的土地）之上。因此，土地征收制度的改变，有赖于城市土地归国家所有的法律规则修改，在法律上承认城市的土地并不完全为国家所有，将城市还原为其本来面目——与土地权属无关的人类生产生活定居点。国家和农民集体均可以成为城市土地的主人，使国家所有权与集体所有权彻底地具有了法律上的平等性。

三　城乡统一的建设用地分类体系的建立

如果将经营性集体建设用地入市视为统一的城乡土地利用制度开端的话，那么就必须有城乡统一的土地分类架构，以一直按照这样的顶层设计和统一目标开展农村土地制度改革。如前所述，确立土地分类（农用地、建设用地、未利用地）、实施用途管制是1998年《土地管理法》修订最大的成就。基于土地分类，编制土地利用总体规划，确定土地使用限制条件，合理布局土地各种用途，确保土地资源的合理利用及与经济、社会和环境的协调发展。但是，影响土地权利性质的私法上的土地分类体系并没有建立起来，土地管理法与物权法相协调的土地利用体系并没有彻底建立起来。这是影响集体建设用地入市并与城市建设用地接轨的前提条件，也需要在法律制度上加以确立。

首先，什么是经营性建设用地，需要界定。现行法律体系和实践中均没有集体经营性建设用地的概念，在土地分类具体的操作规则《土地利用现状分类》中，建设用地根据实际用途被划分为七类，也没有经营性建设用地。2002年国土资源部令最早出现“经营性用地”的概念，认为“商业、旅游、娱乐和商品住宅等各类经营性用地，必须以招标、拍卖或者挂牌方式出让”；之后，工业用地也被列入经营性用地。此后，“经营性用地”被广泛使用于国家关于土地的各项文件政策中，但不是一个法律术语。《物权法》并没有引入经营性建设用地概念。

从现行国有建设用地实践来看，可以在法律上确立经营性建设用地和非经营性建设用地概念，用来界定建设用地使用权设定方式。经营性建设用地的基本特征是土地用于经营活动或营利性活动，土地被资本化、商业化、市场化，其设定的建设用地使用权必须是可转让、可抵押权利（即可以入市）的，因而也决定了设定必须采取完全市场化的方式。而非经营性建设用地应当包括公益事业用地（公共利益目的用地）和个人消费用地。公益事业不具有私益目的，而个人消费（如个人居住）虽然具有私益性，但不具有经营性，因而均属于非经营性。非经营性建设用地，因为用地人是特定的，可以采取非市场化的方式设定。因此，国有经营性土地通常需要以出让方式设定建设用地使用权，而非经营性土地可以采取划拨方式取得。由此，经营性和非经营性完全是国家土地市场化政策的产物。比如，居住用地，既可以采取商业房地产开发的方式，也可以采取直接批给个人自建房屋（具有非经营性）的方式。如果有了统一的经营性和非经营性建设用地划分，就不仅可以考虑城乡统一的土地分类体系，还可以指导集体建设用地采用市场化的方式。比如，农村宅基地虽然是建设用地，但因其非经营性或取得的身份性，就不具备直接市场化的条件。如果将经营性建设用地作为存量概念的话，那么乡镇、村办企业使用的土地因其从事经营活动基本上可以被视为经营性用地。不过，经营性建设用地不是一个现状概念，而是指导集体建设用地制度市场化改革的法律概念，农村集体建设用地是否属于经营性建设用地，一要取决于规划，二要经过行政审批或认定。不能将乡镇企业用地和集体经营性用地完全画等号，更不意味着乡镇企业用地当然可以适用现行政策直接入市。

其次，建立统一的建设用地分类体系，在推行建设用地市场化制度的同时，要确保公共利益的实现。城乡土地利用体制统一主要解决建设用地同地同权、同地同性问题，而不涉及农业用地，因而只需要对建设用地建立统一的分类体系。但是，我国并没有统一的土地分类体系，甚至也没有明确的城乡土地分类。在城市，只存在按照建设用地使用权的取得方式的分类，即出让建设用地使用权和划拨建设用地使用权。《土地管理法》也并没有建设用地分类，只是第 43 条的规定隐含着将农村建设用地分为私益目的建设用地和公益目的建设用地。私益目的建设用地指乡镇企业用地、村民住宅用地，而公益目的建设用地即乡（镇）村公共设施和公益事业用地。由此解读出来的建设用地分类应当成为城乡统一的建设用地分类。这是因为农村建设用地的市场化必须以确保公共利益实现为目的，同时必须防止农村建设用地市场化的无序和混乱。

经营性建设用地入市必然推动农村土地市场化的进程，但并不是所有的土地都可以入市、流转。因此，土地入市的前提是首先要确定和限定不宜入市的土地。任何社会都必须保留一定量的土地以满足公共活动的需要，实现公益目的。因此，必须首先界定哪些集体土地是用于公益目的，满足不特定公众的需要，将此类土地排斥在可入市土地范畴之外，确保公共利益的实现。乡村公共设施、公益事业建设主要是指乡村行政办公、文化科学、医疗卫生、教育设施、生产服务和公用事业等，这些建设用地因目的特定化于公共利益，因而不能流转、不能市场化，否则会碍其目的的实现。同样在城市，也需要公共道路、公共活动场所、绿地等以满足不特定公众的需要，同样政府机关、公益事业单位、公共设施也需要相应的建设用地，这两类土地也构成城市公益目的。在城乡建设用地接轨方面，首先要建立清晰的公益土地概念，界定城乡公益建设用地，将其排斥于市场化范畴之外，并形成农村建设用地利用的基本秩序。

在制定村庄、村镇规划时，既需要确定公共设施、公益事业用地属于公益土地的范畴，也可以在规划中预留一定量的公益土地，以满足未来各级社区公益的需要，避免设定可流转的建设用地使用权之后，再通过征收的方式实现公共利益。因此，集体经营性建设用地入市必须规划先行、公益土地制度及其范围的划定先行，只有在公益建设用地与经营性建设用地分出清晰的界线时，才能启动经营性建设用地入市，并建立可流转的集体建设用地使用权制度。

基于上述两个方面的论述，为了实现城乡建设用地统一，也为了农村建设用地市场化的顺利开展，需要在法律制度上建立两个层次的建设用地分类。一是公益建设用地和私益建设用地，在私益建设用地中，又可以区分出经营性建设用地和非经营性建设用地（宅基地）。二是经营性建设用地和非经营性建设用地，在非经营性建设用地中区分公益目的的建设用地和居住目的的建设用地。不管怎样的分类，事先必须有分类，贯彻于城乡规划之中，体现在之后设定的建设用地使用权的性质上。只有经营性建设用地使用权才是可以自由转让的建设用地使用权，居住目的的建设用地使用权的转让应当受到限制（比如一户一宅或一定数量限制），而公益目的的建设用地使用权则不可以流转交易。这样的制度设计不仅是农村土地制度改革之前提，也是城市建设用地制度完善之需，是实现城乡建设用地统一制度的必然需求。

在全面深化以市场主导资源配置利用体制改革的背景下，启动20世纪80年代开始而被立法禁锢的建设用地使用权市场化改革具有重大意义。农村土地在市场化过程中不能剥夺农民自主出让土地、获取土地的商业价值以实现城镇化的权利，同时也不能将农村资源排斥于社会化、市场化的配置利用大门之外，形成城乡二元发展模式。集体经营性建设用地入市便是赋予农民自主商业化利用土地的权利，不仅在法律上使农民集体所有权与国家所有权平等化，还可以通过农村的自主城镇化发展最终实现城乡一体化。但是，集体建设用地入市必须在法律制度上解决三大难题，即在法律上重新定位和重构农民集体所有权，改革现行的土地征收制度，建立统一的城乡建设用地分类体系。基于这三个方面，提出以下解决思路：农民集体所有应当定位于以地域为基础的农民集体，并赋予团体法人资格，使个体成员身份与集体财产分离，使农民集体所有权由该团体来行使；农民集体应当限定在村集体或村民小组范围内，且两者不存在隶属和重叠，并排除乡镇农民集体、集体经济组织或集体企业享有农民集体土地所有权。土地征收制度改革的方向是将征收限定在法律规定的公共利益目的上，这除了在法律上确立公共利益范围和确定机制，重要的是破除公共利益等同于国家利益、"城市"等同于"国有"的两个传统观念。这可能涉及《宪法》确立的城市土地归国家所有法律规则的修改。关于城乡统一的土地分类体系，可以考虑建立统一的经营性建设用地和非经营性建设用地分类，并在非经营性建设用地中区分公益建设用地和居住建设用地类型。这样的土地分类体系不仅要贯彻到城乡规划之中，还要体现在物权法中，以此建立城乡统一的不同类型建设用地使用权的规范。显然，这涉及土地管理法、城乡规划法、物权法等法律的修改，是一项系统工程。

第五章 推进矿产资源统一市场建设

经过多年改革，我国矿产资源管理制度建设和矿产资源市场建设不断取得进展。在矿产资源管理制度建设方面，矿产资源合理开发与综合利用的一系列制度密集亮相，制定铁、铜、铅、锌、稀土、萤石、钾盐七个矿种开发“三率”（开采回采率、选矿回收率、综合利用率）最低指标要求；将矿山企业合理开发利用矿产资源、“三率”情况纳入矿产开发利用年度检查，并实行网上报备，动态掌握矿山企业合理开发利用情况；对一些优势矿产资源如稀土矿和钨矿采取年度开采总量制指标进行保护和合理开发；对电解铝行业实行“红名单管理”，以节能、环保、质量等为标准提高行业准入条件，不再以企业规模和所有制为前提。在矿产资源市场建设方面，矿产资源有偿使用和矿业权有偿取得制度逐步建立，各地积极推进矿业权出让进场公开交易。市场准入进一步放开，民企广汇能源原油进口资质获批，我国原油进口的“玻璃门”被冲破，三大石油巨头长期垄断原油进口业务的格局破局；煤炭资源税费改革方案落地，煤炭资源税从价计征，同时清理涉煤收费基金，煤炭矿产资源补偿费费率降为零，停止针对煤炭征收价格调节基金，取消山西煤炭可持续发展基金、原生矿产品生态补偿费、煤炭资源地方经济发展费等，取缔省级以下地方政府违规设立的涉煤收费基金；紫金环球金属交易中心揭牌，其立足金属现货，提供国内首创的金属及矿产现货电子化交易加网上商城相结合的新型混合制交易模式，致力于打通产业链上下游企业交易壁垒，缩减交易的中间环节，开展矿产、贵金属、有色金属等大宗商品品种交易。

第一节　我国矿产资源统一市场建设存在的问题

虽然矿产资源管理制度不断完善，矿产资源市场建设加快推进，但面对加快经济发展方式转变、深化体制机制改革、提升能源和重要矿产资源保障能力、维护矿产资源领域相关权益等的新挑战、新要求，矿产资源开发利用中的深层次矛盾和问题仍然突出，矿产资源领域有不少问题亟待解决。

第一，矿业权出让行政授予方式较多存在，不利于矿业权市场的公开、公平和透明运作。矿业权交易机构繁多，信息分割、不畅，矿业权出让转让公开透明制度不落实，容易官商勾结、滋生腐败。省级和部分市级国土资源部门通过多种形式建立了矿业权交易机构，要求矿业权出让转让必须纳入交易机构，公开运行、接受社会监督。这种传统的现场交易方式与过去单纯的行政审批封闭运行相比虽然具有很大的优势，改变了过去信息不对称的局面，但是难以有效避免行政人为干预，甚至有的地方进场交易后仍然出现腐败行为。

第二，矿产资源配置对象狭窄，多局限于本地开采、本地加工。一些本地加工企业水平较低，造成加工环节资源浪费严重等。随着我国经济社会快速发展特别是工业化、信息化、城镇化和农业现代化的快速推进，矿产资源供需矛盾日益凸显。如何在更广领域配置矿产资源，实现矿产开发利用的规模化、集约化，发挥资源的经济优势，维护国家作为所有权人的财产权益，促进国家收益最大化是矿产资源管理面临的问题。

第三，矿业权出让制度不完善，矿业权分级审批与统一管理不够协调，经济手段未能有效发挥作用。目前，基本确立了探矿权、采矿权有偿取得制度，我国新设矿权均需有偿取得。对过去无偿占有或国家出资勘查形成的矿业权，各地有关部门也进行了逐步清理，不仅改变了矿业权管理中一部分矿业权人缴纳价款和使用费另一部分不缴纳有关费用的“双轨并存”的不平等局面，还增加了国家矿业权出让收入，有效维护了矿产资源国家所有权益。但是，受各方面因素制约，矿业权出让公开竞争制度不健全、交易制度不完善、监管不到位和领导干部违规插手干预矿业权出让等问题仍然存在（张维宸，2014）。新设矿业权的市场化程度不高，部分矿业权低价甚至无偿出让，不利于矿产资源节约集约利用，也不利于实现资源资产价值最大化。据统计，2013 年招标、拍卖、挂牌出让探矿权 257 宗，仅占全年探矿权出让总数的 13%。此外，个别地方政府以招商引资为名干预矿业权设置，甚至直接采取行政审批方式配置矿业权，以无偿、低价形式将资源直接配置给企业。由于矿业权市场法律法规落后于市场经济现实，也落后于国家政策，一些地方政府及主管部门在权责利方面不统一，致使煤炭及其他矿产资源矿业权设置方面出现各种问题。例如，曾经山西省矿业权公开出让仅限于非煤炭资源，煤炭资源市场配置仍是空白，煤炭矿产权出让依然是行政审批、政府定价，致使山西成为全国主要产煤省份中唯一未进行过煤炭资源公开出让的省份。

第四，矿产资源有偿使用标准偏低，不能真实反映矿产资源价值和供求关系，不利于矿产资源的合理开发利用。从现行的矿产资源税费制度来看，我国存在矿产资源税费标准偏低，矿产资源被廉价使用，国家对矿产资源的合法权益未充分实现等问题。国外相对于我国资源补偿费的权利金费率一般为 2%—8%，我国资源补偿费标准按矿种分别以销售收入的 0.5%—4% 的费率计征，平均费率为 1.18%，远低于国外与我国矿产资源补偿费性质相似的权利金水平（林泉贞、张琪，2014）。起步费率低，不仅远远低于发达国家的平均费率，甚至低于众多发展中国家。此外，矿业权使用费征收标准自 1998 年以来一直未调整，明显低于世界主要矿业国家的类似收费标准。资源税费在促进资源节约、加强生态保护方面的功能弱化，调节企业级差收入的功能不够完善。矿产资源开发利用必须解决成本外部化问题，把外部化的资源成本和环境治理成本内化为企业成本，让要素价格更好地反映市场供求、资源稀缺程度、生态环境损害成本和修复效益（李恒炜、杨佩刚，2013）。

第五，地区分割现象仍然存在。受涉矿相关政策处理和地方保护主义等因素的影响，部分外来企业不敢轻易参与竞买采矿权，或是竞买成功也难以顺利实施开采活动，在一定程度上侵害了采矿权人的合法权益，不利于矿业经济健康发展。

矿产资源领域市场作用发挥不够的原因比较复杂，有法纪和道德失范的原因，也有管办不分的原因。出现上述问题，固然有制度不落实、监管不力的原因，但根本原因是体制改革相对滞后、制度不完善。矿产资源市场条块分割，缺乏统一的矿产资源市场，市场无法在矿产资源配置中起到决定性作用。实现我国经济社会的可持续发展，迫切需要“保护矿产资源，节约、合理利用资源”基本国策的有效贯彻实施，而实施的关键就在于建成全国统一开放、竞争有序的矿产资源市场。

第二节　矿产资源统一市场建设的困难

矿产资源这类具有稀缺性、公共性特质的要素要达到最优化配置，必须着力解决价格性扭曲和效率性扭曲这两个问题。所谓价格性扭曲，就是要素价格没有充分体现要素的稀缺性和要素利用的外部性，阶梯式、累进式价格体现不够充分，环境污染治理成本没有内部化。目前要素价格包含资源的生产流通性成本，但没有充分纳入资源补偿、环境破坏的外部成本，要素价格甚至远低于真实价值。所谓效率性扭曲，就是要素没有完全流向效益最大化的目标，有可能配置到了低效企业或低效环节。如何优化配置公共性要素，最大化发挥其价值和对结构调整的撬动作用，真谛要义还是公平竞争、优胜劣汰。这靠行政机制难以充分有效实现，必须植入市场化逻辑，依据效益竞争性配置。

市场对资源的有效配置以供求双方充分竞争、自由流动为条件，但使用市场机制配置矿产资源这种公共部门实际拥有、控制的经营性、垄断性或特许经营性要素面临特殊的困难。从经济学角度看，矿产资源统一市场建设的一个重要内容是将竞争机制引入招投标过程，通过竞争提高资源配置效率。但是，招标活动作为一种特殊的市场交易行为，存在阻碍市场体制有效运转的若干障碍。这些障碍主要有以下几个方面。

（1）卖方处于垄断地位，买方数量往往受到限制。市场体制有效运转要求有足够的买方和卖方，但矿产资源招投标中卖方（招标方）处于垄断地位，可以利用编制招标文件、资格预审等手段排斥潜在投标人，买方（投标方）由于资质、业绩等原因数量受到限制。这种市场结构容易发生围标、串标和虚假招标问题。

（2）难以发现和形成合理的价格，设租、寻租的空间较大。只有形成合理的价格，才能尽可能压缩设租、寻租的空间。市场体制便于对标准化产品和服务形成合理价格，但矿产资源多数属于非标准化产品，不同标的物的储量、品质、开采条件、技术标准差异较大，工程量计量和变更复杂，概预算和决算技术性、专业性强，成本、质量控制弹性较大，招标中很难准确评估和选择投标方案。有时投标人偏少，招标方选择投标人的余地也小，投标人之间也容易相互串通和勾结，难以通过竞争发现和形成合理的价格。

（3）市场进出障碍较大。市场体制有效运转要求生产者能够自由进出市场，但矿产资源招投标市场存在较大的进出障碍。有的投标者“圈而不探”“圈而不采”，有的投标者中标后不能履约将导致开发延误、不能按期发挥矿产资源作用等问题，给招标方造成较大损失。

（4）信息不对称问题较严重。所谓“信息不对称”，就是经济关系中的一方知情，另一方不知情，而知情的一方具有利用信息优势牟取不正当利益的条件。综合地看，各利益相关方掌握矿业信息的程度不同，勘查信息、储量标准等难以满足市场交易要求，制约了交易效率。业主、建设单位和招标组织者处于相对有利地位，一般对矿产资源管理制度、业主意图、招投标情况、投诉等方面的了解比投标方多。但投标方在某些方面也有信息优势，主要是对自身业绩、投标文件真实性、履约能力、弱点了解较多，中标方对开发利用方式等方面更清楚。招标方、投标方和中标方各有信息优势，任何一方都有机会利用信息优势损害对方利益。

（5）委托代理链条较长。矿产资源开发利用涉及立项、勘探、设计、施工、采购等多个行为主体和利益方，开发单位、业主、招标人、招标代理人、评标人、监督人之间存在很长的委托代理链条，监督和管理难度大，委托人容易利用委托代理关系收受代理人的贿赂，代理人容易利用委托代理关系贿赂委托人。

第三节　推进矿产资源统一市场建设的措施

矿产资源统一市场建设需要从交易制度、交易主体、交易场所和行为监管等方面采取综合措施，畅通有实力、能形成产业的企业参与交易，使市场竞争机制在矿产资源配置中发挥决定性作用。

第一，改革矿业权出让方式，各种矿业权一律采取公开招投标、有偿竞争出让方式。矿业权出让有批准申请、协议、招标、拍卖、挂牌五种方式，招标、拍卖和挂牌三种出让方式为市场出让方式，以竞价方式出让；批准申请与协议出让方式为非市场出让方式，为行政授予方式，容易官商勾结，暗箱操作，进行内幕交易。针对目前矿业权市场配置程度不高的情况，要进一步完善新设矿业权出让方式，除按规定可以申请在先方式出让外，一律采取招标、拍卖、挂牌等竞争方式有偿出让，运用竞争机制将矿业权出让给有资质和资力的矿业权人，实现矿业权出让的公开、透明、公正。同时，积极探索反映市场供求状况的出让方式，实现出让方式不再按矿种风险高低确定，而是依市场供求状况而定，只要具备竞争条件，有多家申请的矿业权，均采取竞争性方式出让，发挥市场在资源配置中的决定性作用，从源头推进资源优化配置和高效利用。特别是要打破和防止地方保护主义。首先要在统一的矿业权市场规则下，使矿业权市场主体依法平等使用矿业权生产要素，公平参与竞争，同等受到法律保护。要完善矿业权出让制度，规范出让程序和出让行为，统一合同文本格式。要严格出让程序，将不同程序的审批权划分给不同的负责人，重要事项实行集体会审、会签，注重运用现代信息技术，减少人为干预。加强矿业权竞价出让全过程监管，以电子政务、互联网等为运行载体，除涉密内容外，将矿业权出让内容和过程全部公开，监察部门全程参与出让过程，公证部门介入公证，强化纪检部门和公众的监督。对于因特殊原因需要采取批准申请出让或协议出让方式的矿业权交易，严禁相关主要领导干部为项目申请人批条子、打招呼；严禁配偶子女提供中介服务；严禁指定或向办事方授意由利益相关的中介机构从事矿业权咨询评估等相关工作。

第二，改革矿产资源税费制度，引导矿产资源市场向竞争有序的方向发展。目前矿产资源税费总体水平偏低，造成资源浪费、税负不公、企业“跑马圈地”等问题，不利于矿产资源的合理开发利用（施文泼、贾康，2011）。在资源税和矿产资源补偿费上，综合考虑矿产资源的有偿使用情况和矿业权人的承受能力，结合矿产资源的分布区域，积极推进矿产资源税费改革，构建合理的矿产资源税费价格，提高占有和使用资源的成本。近期，保留现有资源税费制度体系，通过修改《矿产资源法》等有关法规、适度提高矿产资源补偿费和使用费的征收标准、完善矿业权评估制度等方式，适度调整矿产资源税费政策，维护国家资源性资产权益。矿业权使用费是我国矿产资源有偿使用制度的组成部分，实质是对企业使用土地而收取的地面租金，应通过适当提高探矿权、采矿权使用费收费标准来避免矿业权人圈而不探、占而不采，将其作为矿业主管部门的一个行政性收费，加强矿业主管部门对矿业权人占有土地的管理和监督。同时，积极探索将矿产资源补偿费改为权利金的可行性，为全面改革资源税费体系做准备。远期，应全面调整现有矿产资源税费政策体系，最终形成以权利金制度为核心、矿业权使用费和价款为补充的税费联动体系。

在税费征收方式上，抓住当前整个矿业价格较低的时期，加快资源税费体系改革的步伐，加快从价计征改革步伐，把更多矿产品和更多省份纳入从价计征的范围。资源税费改革所增资源成本按市场规律和顺价机制有效传导给消费者，促使资源节约集约利用。调整石油、天然气、稀土和黑色金属矿原矿等的资源税率，综合考虑矿产资源的非再生性、非替代性和稀缺性，将这些资源的稀缺性和生态补偿与恢复成本纳入税率，以替代配额管理。对容易污染环境的矿产品与大量消耗矿产资源的产品征收消费税，从消费环节引导和限制矿产品的使用，一方面促进提高资源利用效率，另一方面将消费者外部环境成本内部化，弥补环境价值外部性的市场缺陷，在尊重市场在资源配置上起决定性作用的基础上，有效发挥政府的调节作用。根据现行探矿采矿技术水平、矿产品价格水平等因素提高探矿权采矿权使用费标准，废除费用标准固定不变的做法，逐步建立动态调整机制，探矿权使用费按勘查区块面积按年度支付，采矿权使用费按采区面积按年度支付，以限制矿业权人的矿地面积，杜绝圈地占地的现象发生。

第三，明确界定矿业权，改变将行政许可证与作为物权的矿业权一并出让的做法。将行政许可证同作为物权的矿业权一并出让存在严重弊端，妨碍了矿业权流转市场的建立和健康发展（王忠、周昱岑，2015）。我国现行的矿业权出让采取的是行政许可证的管理制度。这种做法实际上是将一种行政许可证，即授予特定主体为特定行为的资格或权利的身份性权利，和出让给特定主体的物权这一民事财产性权利捆绑在一起进行出让。这种通过行政许可的方式分配公共自然资源，将财产权和经营权或开发权混为一谈的做法，不利于矿产资源的良性、有序、合理开发。

第四，整合省级以下交易机构，取消地市级交易机构，统一到省级交易机构。为规范矿业权交易行为、减少矿业权纠纷，根据相关规定，省级国土资源行政主管部门应建立矿业权交易机构，市级矿业权交易机构的建立由各省（区、市）国土资源行政主管部门根据当地实际情况自行决定，县级原则上不建立矿业权交易机构。根据2012年的数据，全国矿业权交易机构有390个，除31个是省级外，其余均为地市级（含省直管县）。地市级设立交易机构虽然便于就近进行矿业权市场交易，但每个省份平均有12个地市级矿业权交易机构，数目繁多，省份内的矿业权市场信息被人为区域分割，信息难以畅通，而且矿业权交易机构大多为事业单位编制，既增加行政成本，又容易被行政干预。因此，要对已建好的地市级交易机构逐步整合，统一到省级交易机构，对拟建或未建的地市级交易机构停止建设，原则上只保留31个省级交易机构。加强省级交易机构网络平台建设，将矿业权信息全部公布在网上，并逐步推行以网络交易为主，接受公众监督。国家要制定统一的交易规则，建立全国性的矿业权交易平台信息系统，与省级交易机构互联互通。凡由国土资源部、厅审批登记颁证并以招标拍卖挂牌方式出让的探矿权和采矿权，一律由省级及以上政务服务和资源交易服务中心集中交易。市、县级国土资源管理部门以招标拍卖挂牌方式出让的采矿权，一律委托省级公共资源交易中心或土地矿权交易中心集中交易。

第五，建立国家层面统一的矿业权出让网络交易平台，实行矿业权集中进场交易。网上交易能够吸引更多竞买人参与，通过充分竞争最大限度地实现矿产资源资产市场价值。按照市场经济理论，一种商品的价格确定必须要通过需求方的充分竞争才能得到真实的体现。在矿业权出让中，由于信息不对称或地域限制，参与竞争的主体往往是来自本省甚至本地区的几个矿山企业，容易出现串标围标现象，导致竞拍价格远低于充分竞争的市场价格。网上交易关键是网络交易平台建设，这与平台上交易的内容没有直接关系。当前各地都在花费大量资金研发网上交易系统，配备专门的系统维护人员，与矿业权交易量相比造成严重的资源浪费。事实上，在电子商务市场上已有很好的专业交易平台可以利用。有的地方法院利用淘宝平台进行拍卖交易，效果很好。考虑到资源的特殊性、资金量比较大，建议有关部门建立全国统一的矿业权出让网上交易平台，集中统一发布信息、集中统一交易、集中统一监管。

第六，加强监管，遏制矿产资源的破坏性开采，消除负外部性。加强矿产资源管理的法律制定，改变多以勒令停止、断水断电等行政手段对违法企业追责的做法，采取与资源破坏程度相应的刑事、民事及经济处罚进行有效制约，增强威慑力，规范市场竞争秩序。对一些过度开采、过度竞争的矿产资源，以相关领域的龙头企业和央企进行整合，破除跨地区兼并重组障碍。进一步加强对非法开采现象的监督和整治，强化执法、惩处措施等重点环节，引入社会监督力量，建立当地群众参与监督管理的联动机制，建立国土、森林公安、交通运输、水利、铁路等相关部门的协作机制，建立与日常动态巡查、年度检查相融合的互动机制，从根本上杜绝非法开采现象。对矿山的生态环境治理，按照“谁开发、谁保护，谁污染、谁治理”的原则，由企业承担主要的治理责任，并把相关政府部门的监管责任列入年度工作目标考核，实现企业与政府的双重捆绑。利用现代科技力量对重点矿山进行日常巡查，建立卫星或者是无人机巡查系统，以及时发现对矿山的非法开采行为或者破坏矿山周围环境的行为，早发现早治理。

第七，完善矿业权信息披露制度，加快制定非油气矿产资源矿业权具体会计准则。真实完整地披露矿业权资源、矿业权价值和风险因素等矿业权信息，是投资者、债权人及政府管理部门等相关利害关系人十分关心的问题。严格执行矿业权信息披露的有关规定，国土资源管理部门应当按照有关规定，公告矿业权登记、交易情况，对中标人、竞得人的信息、交易过程及结果进行公示公开。矿业权出让信息、国有企事业单位及国有控股企业所持矿业权转让或合资合作信息，应在省级以上报纸媒体、全国矿业权出让转让公示公开系统和国土资源部门门户网站公开发布。要完善和规范矿业权信息披露的内容和格式，构建以权益储量为核心的矿业权实物数据披露内容体系，增加矿业权价值、矿业权市场、矿产品市场、矿业权属、矿业权风险、矿业权人技术和管理水平等强制信息，以及非油气矿产资源会计准则等强制性规范。统一规范沪深交易所披露格式、内容和各专业术语的含义，增强披露信息的可理解性以提高披露的质量。目前除了《企业会计准则第 27 号——石油天然气开采》规范石油天然气开采，对非石油天然气矿业权并没有具体的会计准则进行规范，迫切需要制定非油气矿产资源矿业权具体会计准则，以规范矿业权信息披露。该会计准则应规范矿业权确认、计量、披露和报告等各项内容；规范涉及矿业权的会计科目及核算内容；规范矿产勘探、开采等开发性支出、收益性支出和资本性支出的界限等。

第八，提高矿产资源加工行业标准，优化矿产资源配置，提高矿产资源综合利用效率。目前矿产资源加工存在着一定的地方保护，资源地政府力争在本地建设深加工项目，甚至由本地企业加工。资源地企业加工设备普遍简陋、加工技术水平落后，不但造成大量矿产资源的浪费，而且造成当地生态环境的污染破坏。针对不同的矿产资源制定加工行业规范，提高行业准入标准，以技术水平、节能环保、产品质量设限，淘汰关闭一批高污染、高能耗、技术水平低下的企业，优化产业结构。划定矿产资源加工企业最小生产规模和资金比例，遏制低水平重复建设，加快行业整合，实现规模效益。在对待地方政府对矿产资源加工干预方面，一方面对地方封锁市场的行为要严肃法纪，另一方面要提高矿产资源税费返还地方的额度，弱化地方保护的冲动。同时，设立矿产资源行业整顿专项资金，以引导和鼓励当地矿产资源加工企业升级改造设备、提高加工水平，或者与技术水平高、生产规模大的企业进行整合，促进当地产业结构调整和升级。

第六章　治理商业贿赂，促进统一市场建设

商业贿赂是一种复杂的社会经济顽疾，涉及经济、政治、社会、文化、心理等多个层面。从经济学视角看，商业贿赂是经营者为了获得交易机会或有利的交易条件，在交易之外采取各种手段向交易相关单位或个人提供或承诺提供利益的行为。商业贿赂的行贿者和受贿者均为受托人，行贿者几乎总是企业或其代理人，受贿者既可以是政府官员、雇员，也可以是企业或其代理人。商业贿赂的供给方为私有部门，该部门向其交易对方人员或政府官员提供贿金。商业贿赂发生在商业经营或与政府往来活动中，尤其是与私有部门联系密切的领域，与政府机关工作人员及国有企业经营管理人员滥用职权、以权谋私有直接关系。行贿、受贿可以被视为一种经济行为，受贿者、行贿者均受经济利益驱动。贿赂双方的这种交易可以被理解为订立一种契约，一方承诺对方提供了所要求的利益后提供更多的贿赂，而另一方则在接受期初贿赂时承诺提供某种以权谋私行为。作为一种不正当竞争手段，商业贿赂利用外在的财物等力量，人为制造不平等的交易机会，推动商品和要素的流动，明显打破了形成国内统一市场的条件，既不利于公平竞争，又不利于国内统一开放、竞争有序的现代化市场体系的建设。

第一节　商业贿赂对统一市场建设的危害

商业贿赂的目的在于谋取商业利益，经营者为争取交易机会、获取优于其他经营者的竞争地位，通过非法的贿赂手段，暗中给予交易对方有关人员和能够影响交易的其他相关人员以财物或其他好处。商业贿赂往往披着“正当”商业回报的外衣，具有一定程度的隐蔽性和欺骗性，

因而比较普遍地存在于各种商业活动之中。商业贿赂与统一市场的内在要求背道而驰，对公平竞争的市场经济原则和秩序具有极大的破坏性和危害性。统一是现代市场体系的基础环节，直接关系到市场配置资源作用的范围和程度。中国建立现代市场体系必须要形成国内统一市场。这不仅要求打破地区分割和市场封锁使商品和要素在国内可以自由流通，而且要求市场交易的竞争性和市场运行的规范化。市场交易的竞争性是建立在比较利益基础上的，使商品和要素具有内在动力，可自主界定其流动范围；市场运行的规范化即要建立公平开放透明的市场规则，实现不同市场主体的权利平等和机会均等，保证交易过程的公平和安全。商业贿赂利用外在的财物等力量，人为制造不平等的交易机会，推动商品和要素的流动，明显打破了形成国内统一市场的条件，既不利于公平竞争，又不利于国内统一开放、竞争有序的现代化市场体系的建设，其主要表现在如下方面。

商业贿赂从根本上背离了市场经济的公平竞争原则，破坏了正常的交易秩序。公平竞争原则要求进入市场的买者和卖者能够平等地获得信息，公平地展开竞争，在同一市场条件下共同接受价值规律和优胜劣汰的作用与评判，并各自独立承担竞争的结果。正常的交易要求允许尽可能多的买者和卖者进入市场参与交易，所有潜在买者和卖者进入市场不受除自然因素以外的其他因素的阻碍，尤其不能受到同类经营者的排挤和不当竞争政策的限制。商业贿赂则以获取交易机会或排斥竞争对手为目的，使贿赂方获取独占信息，形成不对称的信息优势，并利用财物或其他报偿等不正当手段获得竞争优势。这样就破坏了公平竞争秩序，市场价值规律与市场竞争规律无法发挥正常作用，市场机制运行受到了阻碍，使在经营中坚持诚信的企业在竞争中处于劣势，会造成经营者之间的不平等竞争。为了避免在竞争中失去市场机会和份额，一些经营者不情愿地选择了屈从，从而使商业贿赂的雪球越滚越大，这将使市场竞争变成贿赂、人情及关系网的恶性博弈。这将严重影响企业的生产、技术的进步、产品质量和服务水平的提高，进而影响我国自主创新能力的提高和产业结构提升，对我国经济的可持续健康发展有百害而无一利。

商业贿赂破坏了统一市场建设的信用基础。有序竞争的市场秩序，外在约束是法律法规，内在约束机制就是信用。在商业贿赂中涉及的主要是企业信用和政府信用，其中政府信用是基础，影响到企业的守信程度，商业贿赂的发生也是信用缺失的表现之一。信用保证了市场经济中竞争规则的有效执行，避免了无效交易成本的发生，并为市场主体相互交易提供安全预警，保障交易安全，良好的信用不仅能规范市场运行，而且能有效化解市场风险，因而是市场经济有效运行的根本前提。商业贿赂多是企业与政府的权钱交易，在参与市场竞争中，由于每个市场主体都有自身的利益，为了获取比其他市场主体更多的利益或竞争优势地位，一些不法的市场主体往往抛弃商业道德，违背正当的交易规则，实施各种贿赂手段，甚至不惜违反法律以争取交易机会和条件。这不但毁灭了企业自身的信用，而且严重削弱了政府信用。市场规范化运行的法律法规需要政府制定和执行，当政府信用降低，政府的公共管理职能无法得到有效发挥，市场规范运行也就成了一纸空文，统一市场建设更无从谈起。

商业贿赂造成市场机制在资源合理配置中的失灵。在国内统一市场的建设过程中，要求市场在资源配置中起决定性作用，通过市场机制进行资源的优化配置，这也是现代市场体系的本质所在。但是因为商业贿赂的存在，产生一系列腐败行为，使市场的资源配置出现低配、错配的问题，造成资源稀缺性进一步增加，资源被严重浪费甚至造成巨大损失，这种情况在金融市场中更为明显（张琦，2015）。商业贿赂容易造成市场上劣币驱逐良币现象的大量发生，高质量高水平的产品和服务被低质量低水平的产品和服务击败，市场价值规律和竞争规律出现扭曲，市场交易向行贿者倾斜，这也为假冒伪劣产品的生产和销售提供了肥沃土壤。通过商业贿赂，制售假冒伪劣商品的违法犯罪活动有了可乘之机，假冒伪劣商品大量流入市场，不但损害了消费者和合法经营者的权益，而且妨碍了质量、价格、技术、服务等效能竞争手段作用的发挥，市场出现逆向选择，劣胜优汰，市场配置资源的效率降低，社会总效益降低，从而影响我国生产技术和服务水平的提升。

商业贿赂会造成政府强化行政干预，不利于国内统一市场建设。党的十八届三中全会明确要处理好政府与市场的关系，市场在资源配置中起决定性作用，要更好地发挥政府作用。使市场在资源配置中起决定性作用，其实质就是让价值规律、竞争规律和供求规律等市场经济规律在资源配置中起决定性作用，企业作为市场的主体，是最为关键性的一环。更好地发挥政府作用就是转变政府职能，以宏观调控和间接干预为主，减少对市场的行政干预。但是部分企业为一己之私，进行商业贿赂，会导致市场不公平竞争，造成市场秩序混乱，甚至有违法犯罪行为的发生。由于在政府转变职能过程中新机制尚未建立，也缺乏必要的经验，此时政府的监管便力不从心，政府部门不得不重新强化对市场的行政干预。这种情况不但妨碍政府的职能转变，而且会延缓国内统一市场建设的进程。再者，商业贿赂导致官商勾结和结党营私，诱发地方保护主义，使本地市场监管流于形式、形同虚设，会加剧市场分割和地区封锁，使国内统一市场建设更加艰难。

商业贿赂造成物价虚高，加大群众负担，会降低群众对改革的信心。国内统一市场建设的目的，就是促进竞争，提高效率，降低商品的生产成本和流通成本，提高全体人民的福利。而在商业贿赂中，贿赂方会将贿赂成本转嫁给消费者，加大消费者的使用成本。典型的如在我国医药领域，医疗费用和药品价格就普遍虚高，其中很大一部分被作为高额回扣支付给医院采购主管人员，这提高了医疗费用的成本，还转嫁到患者身上。如著名的葛兰素史克行贿门中，葛兰素史克公司的巨额行贿资金最终都转嫁到药价中，由患者埋单。物价高，群众负担加重，必然引起群众的不满，进而对进行中的经济体制改革产生怀疑，最终会导致群众对政府信任度的下降。这无形中给现在的经济体制改革增加了阻力，不利于现代化市场体系的建设和完善。

建设统一市场是中国经济开放的第二季，具有大规模对内开放和进一步对外开放的双重含义，对于中国进一步获取改革红利和全球化红利具有举足轻重的影响（刘志彪，2013）。为此，需要着力清除市场壁垒，建立公平开放透明的市场规则，提高资源配置效率和公平性。而目前商业贿赂的盛行，不能不说对建设统一市场添加了重重阻力。商业贿赂破坏了市场规则，利用不正当手段进行不公平竞争，人为造就市场壁垒，降低资源配置效率。可以说，商业贿赂的存在严重扰乱了市场经济秩序，使市场经济陷入毁灭的境地。我国经济正处于产业转型升级的关键时期，一个国内统一的市场可以起到加速器的作用。因此，必须要加强商业贿赂的治理，使之对国内统一市场建设的影响降至最低。

第二节　商业贿赂的概念与特征

一　概念

商业贿赂概念从基本词义来看，是由商业和贿赂两个词构成的复合词。商业是一切产品和服务经营活动的总称，涵盖所有产品和服务的采购、制造、营销等环节，买卖双方的交易及每一方的逐利性是其最主要特点。“贿赂”一词由贿和赂两个字构成。在古汉语中，贿具有财物、赠人财物的意思。如《诗经·氓》的“以尔车来，以我贿迁”和《左传·宣公九年》的“王以为有礼，厚贿之”。赂具有赠送财物、割让土地的意思。又如《韩非子·说林下》的“乃割露山之阴五百里以赂之”。贿赂的含义是因请托而赠予财物，或用财物买通别人。在经济学上，可以将贿赂定义为诱使他人采取有利于自己的行动而进行的支付，即为诱导任何人做不诚实、非法或违背信托约定而给予或取得的出价或接受，包括礼品、贷款、酬金、报酬或其他利益。

贿赂由行贿和受贿构成。行贿与受贿存在对应关系，有行贿必有受贿，有受贿也必有行贿。行贿即经营者为了获得交易机会或有利的交易条件，不正当地给予相关单位或个人好处的行为。受贿即与商业活动密切相关的单位或者个人，利用其所处的有利地位，不正当地收受经营者好处的行为。商业贿赂是一种现象，也是经济学、法学等学科的研究对象和专业术语。一些文献、立法和国际组织有关文件对商业贿赂均有自己的理解。

美国《布莱克法律辞典》（Bryan A. Garner，2004）将商业贿赂定义为与代理人或潜在买主的雇员有关的一种腐败形式，认为：商业贿赂是贿赂的一种形式，是指竞争者通过秘密收买交易对方的雇员或代理人的方式，获得优于其竞争对手的竞争优势。这个定义强调通过贿赂买方代理人引诱其从事交易。

经济合作与发展组织在《OECD 跨国企业指导方针（2011 年修订版）》（OECD，2011）中间接给出了商业贿赂的含义。该指导方针第 7 部分标题为《与行贿、索贿和敲诈战斗》（Ⅶ. Combating Bribery, Bribe Solicitation and Extortion）。该部分虽然没有直接给出商业贿赂定义，但明确指出：企业不应该，直接或者间接地提供、允诺、给予或者要求贿赂或者其他不正当条件以获得或保持商业或其他非正当利益。

联合国作为一个全球性政府间机构，在国际反商业贿赂的行动中扮演着先行者和协调者的角色。自20世纪70年代以来，联合国一直致力于推动成员国的反商业贿赂制度的建设。它对商业贿赂行为的界定在全球有示范作用。1997年第51届联合国大会通过的《联合国反对国际商业交易中的贪污贿赂行为宣言》（联合国，1997）第3条规定：除其他外，贿赂可包括下列要素：（1）一个国家的任何公私营公司包括跨国公司或个人直接或间接向另一个国家的任何公职官员或民选代表提出允诺或给予任何款项礼物或其他好处，作为该官员或代表在国际商业交易中履行或不履行其职责的不正当报酬；（2）一个国家的任何公职官员或民选代表直接或间接向另一个国家的任何公私营公司包括跨国公司或个人要求索取接受或收取任何款项礼物或其他好处，作为该官员或代表在国际商业交易中履行或不履行其职责的不正当报酬。

《联合国反腐败公约》（联合国，2003）第15条对贿赂本国公职人员进行了规定。该条要求各缔约国均应当采取必要的立法措施和其他措施，并将下列故意实施的行为规定为犯罪：直接或间接向公职人员许诺给予、提议给予或者实际给予该公职人员本人或者其他人员或实体不正当好处，以使该公职人员在执行公务时作为或者不作为；公职人员为其本人或者其他人员或实体直接或间接索取或者收受不正当好处，以作为其在执行公务时作为或者不作为的条件。第16条对贿赂外国公职人员或者国际公共组织官员进行了规定。该条第1款规定，各缔约国均应当采取必要的立法和其他措施，并将下述故意实施的行为规定为犯罪：直接或间接向外国公职人员或者国际公共组织官员许诺给予、提议给予或者实际给予该公职人员本人或者其他人员或实体不正当好处，以使该公职人员或者该官员在执行公务时作为或者不作为，以便获得或者保留与进行国际商务有关的商业或者其他不正当好处。第2款规定，各缔约国均应当考虑采取必要的立法和其他措施，将下述故意实施的行为规定为犯罪：外国公职人员或者国际公共组织官员直接或间接为其本人或者其他人员或实体索取或者收受不正当好处，以作为其在执行公务时作为或者不作为的条件。

《联合国反腐败公约》第 2 条对公职人员、外国公职人员和国际公共组织官员进行了界定。其中，公职人员系指：无论是经任命还是经选举而在缔约国中担任立法、行政、行政管理或者司法职务的任何人员，无论长期或者临时，计酬或者不计酬，也无论该人的资历如何；依照缔约国本国法律的定义和在该缔约国相关法律领域中的适用情况，履行公共职能，包括为公共机构或者公营企业履行公共职能或者提供公共服务的任何其他人员；缔约国本国法律中界定为“公职人员”的任何其他人员。但就本公约第 2 章所载某些具体措施而言，“公职人员”可以指依照缔约国本国法律的定义和在该缔约国相关法律领域中的适用情况，履行公共职能或者提供公共服务的任何人员。外国公职人员系指外国无论是经任命还是经选举而担任立法、行政、行政管理或者司法职务的任何人员，以及为外国包括为公共机构或者公营企业行使公共职能的任何人员。国际公共组织官员系指国际公务员或者经此种组织授权代表该组织行事的任何人员。

透明国际、社会问责国际组织在其《商业反贿赂守则》的导言中给出了商业贿赂的含义：本守则所指贿赂，是指在企业的商业活动中给予任何人或从任何人那里接受任何礼物、借款、费用、报酬或其他好处，以促使发生那些不诚实、非法或背信的行为。该守则对商业贿赂进行广义界定，将传统类型和层出不穷的新类型商业贿赂行为都包括进去，有利于对商业贿赂的治理和查处。

我国对商业贿赂的认识经历了一个不断加深的过程。1993 年《中华人民共和国反不正当竞争法》虽然没有明确使用商业贿赂这个术语，但对商业贿赂行为做出了禁止性规定，并间接给出了定义。该法第 8 条规定：“经营者不得采用财物或者其他手段进行贿赂以销售或者购买商品。在账外暗中给予对方单位或者个人回扣的，以行贿论处；对方单位或者个人在账外暗中收受回扣的，以受贿论处。经营者销售或者购买商品，可以以明示方式给对方折扣，可以给中间人佣金。经营者给对方折扣、给中间人佣金的，必须如实入账。接受折扣、佣金的经营者必须如实入账”。

以上规定分为两款，可以划分为三层含义：第 1 款前段“经营者不得采用财物或者其他手段进行贿赂以销售或者购买商品”，是对一般商业贿赂的禁止性规定；第 1 款后段“在账外暗中给予对方单位或者个人回扣的，以行贿论；对方单位或者个人在账外暗中收受回扣的，以受贿论”，是对商业贿赂的典型形态——回扣做出的专门规定，其目的是划分商业贿赂与折扣、佣金的法律界限。第 2 款区分了折扣、佣金和贿赂，规范了给予和接受折扣、佣金的行为。根据《中华人民共和国反不正当竞争法》的立法精神，国家工商行政管理局 1996 年颁布了《关于禁止商业贿赂行为的暂行规定》。该暂行规定第 2 条第 2 款对商业贿赂进行了明确定义：“本规定所称商业贿赂，是指经营者为销售或者购买商品而采用财物或者其他手段贿赂对方单位或者个人的行为。前款所称财物，是指现金和实物，包括经营者为销售或者购买商品，假借促销费、宣传费、赞助费、科研费、劳务费、咨询费、佣金等名义，或者以报销各种费用等方式，给付对方单位或者个人财物。第 2 款所称其他手段，是指提供国内外各种名义的旅游、考察等给付财物以外的其他利益的手段。”这是目前我国对于商业贿赂行为所做出的具有部门规章性质的规定。

20 世纪 90 年代以来，很多学术文献试图对商业贿赂进行定义。例如，李昌麒（1999）认为，商业贿赂是指经营者以排斥竞争对手为目的，为使自己在销售或购买商品或提供服务等业务活动中获得利益，而采取向交易相对人及其职员或代理人提供或许诺提供某种利益，从而实现交易的不正当行为。漆多俊（2000）认为，商业贿赂是经营者在经营活动中采取秘密手段，向交易相对人的负责人、代理人、采购人员以及对交易业务有决定权的人提供个人收入或其他报酬，以引诱他们在交易过程中作出有利于行贿者的决定，达到促成交易或取得经营上的便利，以挤掉同业竞争者或使行贿者占有经营优势的行为。种明钊（1999）认为，商业贿赂是指在市场交易中，经营者采用财物或其他手段暗中收买交易对象或有关人员，以获得交易机会或有利交易条件的不正当行为。商业贿赂行为分为商业行贿和商业受贿两种基本类型。程宝库（2006）认为，商业贿赂指市场参与者为谋取商业利益而故意采取各种贿赂手段侵害正常市场秩序的行为。

《中华人民共和国刑法》没有使用“商业贿赂”一词，但第 8 章规定的贪污贿赂罪分别从受贿、行贿方面对商业贿赂进行了间接定义。从有关条款看，刑法区分了公共部门与私有部门之间的贿赂和私有部门与私有部门之间的贿赂，这一点与有关国际组织的规定基本相同。根据“两高”2008 年 11 月发布的《关于办理商业贿赂刑事案件适用法律若干问题的意见》，刑法规定的所有贿赂犯罪均可能涉及商业贿赂犯罪。

《刑法》第 8 章贪污贿赂罪规定了涉及公共部门的贿赂。第 385 条、第 387 条、第 388 条规定了受贿罪。第 385 条规定，国家工作人员利用职务上的便利索取他人财物的，或者非法收受他人财物为他人谋取利益的，是受贿罪。国家工作人员在经济往来中，违反国家规定，收受各种名义的回扣、手续费，归个人所有的，以受贿论处。第 387 条规定，国家机关、国有公司、企业、事业单位、人民团体，索取、非法收受他人财物，为他人谋取利益，情节严重的，对单位判处罚金，并对其直接负责的主管人员和其他直接责任人员，处五年以下有期徒刑或者拘役。前款所列单位，在经济往来中，在账外暗中收受各种名义的回扣、手续费的，以受贿论，依照前款的规定处罚。第 388 条规定，国家工作人员利用本人职权或者地位形成的便利条件，通过其他国家工作人员职务上的行为，为请托人谋取不正当利益，索取请托人财物或者收受请托人财物的，以受贿论处。

第 389 条、第 391 条、第 392 条、第 393 条规定了行贿罪。第 389 条规定，为谋取不正当利益，给予国家工作人员以财物的，是行贿罪。在经济往来中，违反国家规定，给予国家工作人员以财物，数额较大的，或者违反国家规定，给予国家工作人员以各种名义的回扣、手续费的，以行贿论处。第 391 条规定，为谋取不正当利益，给予国家机关、国有公司、企业、事业单位、人民团体以财物的，或者在经济往来中，违反国家规定，给予各种名义的回扣、手续费的，处三年以下有期徒刑或者拘役。单位犯前款罪的，对单位判处罚金，并对其直接负责的主管人员和其他直接责任人员，依照前款的规定处罚。第 393 条规定，单位为谋取不正当利益而行贿，或者违反国家规定，给予国家工作人员以回扣、手续费，情节严重的，对单位判处罚金，并对其直接负责的主管人员和其他直接责任人员，处五年以下有期徒刑或者拘役。因行贿取得的违法所得归个人所有的，依照本法第 389 条、第 390 条的规定定罪处罚。

《刑法》第 3 章破坏社会主义市场经济秩序罪规定了私有部门与私有部门之间的贿赂。第 163 条规定，公司、企业或者其他单位的工作人员利用职务上的便利，索取他人财物或者非法收受他人财物，为他人谋取利益，数额较大的，处五年以下有期徒刑或者拘役；数额巨大的，处五年以上有期徒刑，可以并处没收财产。公司、企业或者其他单位的工作人员在经济往来中，利用职务上的便利，违反国家规定，收受各种名义的回扣、手续费，归个人所有的，依照前款的规定处罚。国有公司、企业或者其他国有单位中从事公务的人员和国有公司、企业或者其他国有单位委派到非国有公司、企业以及其他单位从事公务的人员有前两款行为的，依照本法第 385 条、第 386 条的规定定罪处罚。

综合以上分析，可以将商业贿赂定义为经营者为了获得交易机会或有利的交易条件，在交易之外采取各种手段向交易相关单位或个人提供或承诺提供利益的行为。商业贿赂的这个定义包括不适当的支付、不适当的影响、不适当的行为三个要素。就不适当的支付而言，贿赂的基本要素是接受支付，但职务上或契约上的地位使这种接受成为不适当，无论接受已经成为事实或仅仅是准备接受。贿赂的最显著特征是支付本身。例如，法官接受诉讼当事人任何一方的支付均为不适当，而无须调查其事实上是否受到接受该支付的影响。就不适当的影响而言，支付可以也可以不被描述为不适当的，中心要求是接受者被该支付所影响。影响并不意味着做不适当的事情，影响本身就是不适当的。就不适当的行为而言，一个人接受一笔支付，无论其适当或不适当，而必须以违反职责作为回报。换言之，不在于贿赂或影响，而在于受贿者必须做出不适当之事。

经济学和法律对商业贿赂定义的着重点不同。经济学一般从广义角度出发，将商业贿赂行为的每个要素都纳入研究范畴，定义主要是分析商业贿赂行为的需要，更注重其本质特点和受托关系。法律定义从狭义角度出发，对商业贿赂行为规定了明确的限定条件，只将违反法律规定的商业贿赂行为纳入管辖范围，定义主要是为界定和惩处犯罪需要，更注重其限定条件和细节以便明确界定这种行为。一些国家和国际组织对商业贿赂也采取较为广泛的定义，例如美国等国家不要求行贿和受贿与任何影响和行为相连接。坚持广义的定义，有利于界定各种商业贿赂的犯罪现象和打击各种商业贿赂行为。

二　类型：私有部门与私有部门的贿赂和私有部门与公共部门的贿赂

一个经济系统按照其目标、性质及功能可以划分为公共部门和私有部门。公共部门以谋取社会公共利益为目标，以公共权力为基础，依法管理社会公共事务，提供公共物品，配置公共资源，维护公共秩序，具体包括立法、司法、政府机构以及有权行使公共管理权的组织和单位。本书主要指政府部门以及由政府授权承担公共部门职能的组织和单位。作为最典型的公共部门，政府负责管理社会公共事务，掌握和运用土地、矿产、水源和财税公共资源，提供公共物品，参与公私合作制，向私有部门外购、外包产品或服务，或者使用公共资金提供公共服务。私有部门是产权明晰、以营利为目的的营利性组织。私有部门以谋取自身经济利益为目标，以自身能力为基础，依法从事生产经营活动，具体由私有且不构成政府组成部分的组织构成，包括营利性和非营利性公司、合伙制企业和慈善机构。

对于国有企业是属于公共部门还是“私有部门”存在不同理解。理论上，国有企业不应该拥有和行使公共权力，但往往掌握着规模巨大的公益资金和公共资产。由于生产经营活动和财务收支透明度低，国有企业滥用公共资源谋取自身福利、挥霍浪费公共资金等可能导致公共利益受损。从这个属性上看，公共部门包括所有的政府部门、机构和所有的国有企业，在这个意义上可以将国有企业归属公共部门，在商业贿赂中可能成为受贿者。国有企业同时是企业，如果从其经营者动机和行为看，可以将国有企业视为一种特殊的“私有部门”，而不属于公共部门。与直接行使管理权的政府部门不同，国有企业实行“独立核算、自负盈亏”，其经营者具有影响和诱导政府部门人员不正当使用公共权力、追求局部商业利益的主观动机，在商业贿赂中可能成为行贿者。即使其经营目标为政府设定，也必须按照商业原则管理和经营。一些行业的国有企业通过寻求政府保护形成和维持垄断地位，从而获得有利的交易机会。

商业贿赂的本质是私利对受托权力的俘获，是私人利益对委托人利益的侵犯。商业贿赂的行贿者和受贿者均为受托人，行贿者几乎总是企业或其代理人，受贿者可以是政府官员、雇员，也可以是企业或其代理人。根据是否有公共部门人员或其代理人参与，可以将商业贿赂划分为私有部门之间的贿赂和公共部门与私有部门之间的贿赂（见图6－1）。

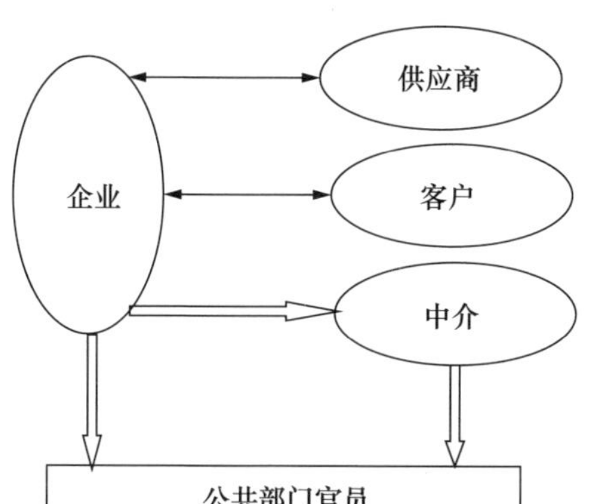

私有部门对私有部门贿赂：⟷
私有部门对公共部门贿赂：⇒
箭头指向为受贿者，双向箭头表示受贿方向不确定

图 6－1　商业贿赂的两种基本形式

一是私有部门与私有部门之间的商业贿赂，这种贿赂没有公共部门人员及其代理人参与。这种形式的商业贿赂存在于产品或服务具有交易关系的企业之间，是交易一方或其代理人为诱使买方选择其产品或服务而不是其竞争者的产品或服务而贿赂交易对方代理人。换言之，这种商业贿赂是企业外部人士给企业雇员或其代理人的一种报酬，当这位雇员或代理人为企业进行交易时，给予那位外部人士或其企业额外利益。贿赂主要体现在企业与其供应商、客户之间的行贿和受贿。在私有部门工作，负责与供应商、分包商、客户进行合同谈判和履行合同工作的人员更有机会接受贿赂。私有部门为使买方选择其产品或服务而不是其竞争者的产品或服务，向买方代理人支付贿赂。

二是公共部门与私有部门之间的贿赂。公共部门与私有部门的商业贿赂主要发生在两者的交会处，尤其是公共部门提供的产品或服务对私有部门具有垄断性或稀缺性时。例如，资质审批、市场准入许可、安全监管、环境监管等服务具有垄断性，政府投资工程建设项目、国有土地和矿产资源出让、提供给企业的财政补贴等资源具有稀缺性。在提供以上产品或服务的过程中，一些公共部门人员可能为个人利益向私有部门出售公共权力，索贿受贿。私有部门为了取得以上资源或服务或以有利条件取得以上资源或服务，可能向政府官员行贿。此外，改革开放以来个体私有经济发展很快，作为政治上的弱势群体，一些个体私有经济的所有者和经营者，为了提高办事效率，获得对自己有利的政策、法规环境，获得稀缺资源和保护，行贿意愿强烈，大大提高了贿赂市场上的需求。

无论何种形式的商业贿赂，都是行为人丧失对委托人应有的忠诚，偏离受托职责，谋取私利的行为。根据委托代理理论，受贿的基本罪恶在于出卖委托人的信任。代理人应该忠诚于委托人，并按委托人最大利益行事。通过接受贿赂，受贿者以自己最大利益为行事准则，背叛委托人信任。私有部门与私有部门之间的贿赂，是经营者或其代理人背弃雇主或权利人的信任，违背对企业财产或事务妥善管理的义务。公共部门与私有部门之间的贿赂，是公共部门人员或其代理人背弃公共职责，违背对公共资源、公共事务妥善管理的义务。从委托代理角度看，两种商业贿赂形式的本质都是行为人背弃受托义务，侵害委托人利益而谋取私利的行为。以上两种商业贿赂，在治理上各有特点。私有部门与私有部门的商业贿赂，主要依靠改善企业治理和内部经营管理制度进行防治。公共部门与私有部门之间的贿赂比私有部门之间的贿赂更复杂，与侵占、挪用公款、裙带关系等政府官员单方面滥用公共权力的腐败行为也有差异。因此，其治理涉及各方面的改革，有自己的特点。

迄今为止的任何经济体制都普遍存在着公共部门，公共权力实际上只能由社会成员中的少数人来掌握和行使。公共权力一方面同社会整体利益相联系，具有造福社会的功能；另一方面又同掌权者的个人利益相联系，具有谋取个人利益的倾向。当公共权力的行使偏离公共目标和公共利益时，就可能诱发商业贿赂。近年来，我国公共部门与私有部门之间的经济联系显著增多，私有企业向政府部门申报资质、申请项目，参与国家重点工程和基础设施建设，参与公用事业建设和运营，竞争国有产权、土地和矿产资源，谋求减免税和政府补贴。上述经济联系使公共部门与私有部门的交易在规模和数量上大幅度增加，企业面临通过取得公共部门的许可或合同而快速发展的机会，公共部门官员与企业建立密切关系的机会显著增多。由于我国的社会主义市场经济体制不成熟，公平竞争的市场制度没有完善，企业的经济成功有时不是凭借其自身的竞争能力，而是取决于与掌握相关职能权力部门或成员的关系亲疏。在这种背景下，公共部门与私有部门交易增多意味着腐败机会增多，公共部门官员接受贿赂的机会增多。

三　特征

商业贿赂是贿赂的形式之一，贿赂是腐败的形式之一。腐败包括贿赂、敲诈、欺诈、贪污、裙带关系、任人唯亲、为私人利益使用公共资产和财产。作为背离代理人忠诚义务的行为，商业贿赂具有腐败和一般贿赂行为的基本特征，即利用受托权力谋取私人利益。但是，与腐败和贿赂的其他形式相比较，商业贿赂具有与之相区别的特征。

（一）以谋取商业利益为动机

商业贿赂以谋取商业利益，主要是以获得交易机会或有利交易条件为动机。是否以商业利益为目的，是商业贿赂区别于其他贿赂形式的一个主要标志，也是界定行贿者的行为是不是商业行贿的界限。现实经济生活中，厂商的主要目的是追逐利润，其一切行为，不管是合法行为还是非法行为，都旨在谋取商业利益。厂商作为行贿主体给予对方单位或者个人财物或者其他利益，目的是通过影响受贿方排斥正当竞争，使交易的天平向行贿者一边倾斜，争取本不应当，或不可能，或没有把握得到的交易机会和交易条件。在常规合同关系中，一方通过有吸引力的产品或服务或价格来影响另一方。一旦存在贿赂，交易一方企图通过行贿引诱代理人承诺给予有利条件，其代理人施加压力影响委托人（预期契约方）。作为受贿主体的对方单位或者个人，将收受贿赂作为给予经营者交易机会或有利交易条件的条件。当然，经营者在进行贿赂时对贿赂行为的成本和收益有明确的预期。只有收益大于成本，经营者才会进行商业贿赂。那些并非以经济利益为目的的贿赂，如政府内部的贿赂、贿赂选民不属于商业贿赂。

（二）发生在不同主体之间

商业贿赂属于一种市场交易，有供给者和需求者，且供给者、需求者属于不同的主体。商业贿赂需求方可以定义为按照一定成本提供法律禁止的服务的提供者。供给方可以定义为愿意支付一定数额货币或非货币财物而换取上述服务的获得者。通常人们把私有部门作为腐败的供给方，把公共部门作为腐败的需求方，这在总体上正确并有利于分析一些腐败问题。但是，私有部门（企业）也可以向其他私有部门（企业）行贿，在这种情况下私有部门同时是腐败的供给方和需求方。在经济学中，供给和需求关系密切，很难说谁先谁后，很难判断是供给推动需求还是需求拉动供给。也就是说，与“先有蛋还是先有鸡”类似，很难区分行贿在先还是索贿在先。只有行贿方和受贿方都同意，商业贿赂行为才能发生。如果能够阻止任何一方实施该行为，商业贿赂就不会发生。在这个意义上，商业贿赂治理也必须同时从供给方和需求方采取措施。

商业贿赂涉及的主体，既包括私有部门之间的贿赂行为，也包括公共部门与私有部门之间的贿赂行为。有些腐败形式如欺诈、贪污可以只涉及公共部门一方，无须第二方卷入。商业贿赂的行贿方一般是经营者或其代理人，包括从事商品经营或者营利性服务的法人、其他经济组织或个人。涉及商业贿赂的各个主体之间一定存在某种经济、行政、法律关系。行贿者不能自由选择贿赂对象，即贿赂对象是特定人。商业贿赂的受贿方是经营者试图与之建立交易关系的交易相对人，或是交易相对人之外对交易项目成效有决定性影响的对方当事人，如买卖合同的买方或卖方、工程承包合同的发包方或承包方等。交易相对人之外对项目成效有决定性影响的单位或个人，指独立于交易双方并与交易项目无利害关系的第三人。

商业贿赂谋取的利益属于以小利换大利的不正当竞争行为。行贿是以小恩换大惠，予少取多，从事产品或服务经营的任何人都可能成为行贿人。但不是任何人都能成为受贿人，因为受贿人收取较少报酬给予较大对价，只有具有特殊身份的人才能做到，受贿人所具有的特殊身份是商业贿赂存在的必要条件。受贿人必须有受托管理公共事务或他人事务的权力，可以利用职务便利为他人提供交易机会和有利交易条件。受贿人所管理的事务必须是公共或他人的事务，因为理性管理自己事务的人不会去做取少予多的赔本买卖。因此，受贿人只能是管理他人事务的代理人，是受人之托代人处理事务，并对委托人负有忠实处理事务的义务。如果存在处理他人事务的代理人，当代理人接受好处背离忠实义务时，贿赂就不可避免地发生了。《联合国反腐败公约》规定，受贿主体应包括本国公职人员、外国公职人员或国际公共组织官员、国内外私营组织及个人等一切握有影响商业利益权力的组织或个人。在我国，商业贿赂的主体可以是国家机关、国有公司、企事业单位、人民团体及国家工作人员和公司、企业或其他单位及其工作人员。

我国商业贿赂行为主体众多，大体有四种。一是公共权力主体，主要是在党政机关及部门中掌握公共权力的公务人员。二是国有企业，其中相当一部分掌控公共资源或具有行业垄断地位。三是各类非国有经济组织，包括各类外资企业、民营企业、非国有控股公司。四是中介组织，如评估机构、审计所、招投标代理公司、监理等。这些主体相互交织构成了我国当前商业贿赂的主体。商业贿赂行为的行贿主体可以是任何进行商业活动的单位和个人，即商业活动的利益相关者。受贿主体是可以影响市场竞争的单位和个人。例如，下列人员容易成为潜在受贿者：有权影响谁得到政府合同、合同条款以及转包合同条款的人，有权影响政府补贴分配和以优惠价格出售公共资产（如土地、矿产资源、国有企业资产）的人，有权影响执照和许可证发放的人，有权影响执法和管制的人。因此，贿赂的本质是代理人受贿，并因代理人收受行贿人给予的好处，诱导其采取有利于行贿者的行动，背离其应负的忠实义务，对交易产生不正当的影响。

（三）隐蔽性

商业贿赂往往发生在幕后，当事人采取秘密方式进行暗中交易，或者以合法形式掩盖其非法行为，贿金支付手段相当隐蔽。有的行贿者弄虚作假，以合法的形式掩盖非法的行为。行贿人以“培训”“会议”“捐赠”等为名进行贿赂，变非法为合法；用合规的会计科目掩盖非法的支出，通过表面合法的经济合同掩盖非法的行为。有的行贿者通过洗钱使非法收入合法化等，常利用银行的秘密账户或假公司户头，编造虚假商业往来，编制假账目，假借并未实际发生的各种合法商业费用的名义进行商业贿赂。以行贿为目的的各项活动，如提供服务、购销、捐赠等也签订有正式的合同、协议，有的甚至有两套合同，虚假的合同用于记账，而反映真实情况的合同仅仅为少数人知晓，具有很强的隐蔽性。

商业贿赂行为大多采取“一对一”的方式进行，行贿时一般没有第三者在场，尽量避免留下明显的痕迹证据，局外人即使有所怀疑，也很难知悉内情。有的商业贿赂行为由权钱两清的现值交易向权力即时支付、回报未来领取的期值交易转变，其隐蔽性更强。不少案件作案时间跨度长、次数多、涉及范围广，如果没有相关的书、物证，诸如贿赂的次数、每次贿赂的金额、时间等，连涉案人员自己都很难记得清楚，查证难度可想而知。

商业贿赂交易双方均为某方面利益的受益者，具有利益一致性，行贿受贿双方容易形成特殊的利益同盟，他们具有较强的自我保护意识，不会轻易将贿赂的内幕向外泄露，更不容易从内部突破。行贿方不会轻易承认行贿，受贿方不会主动承认受贿，行贿方和受贿方往往会共同隐瞒相关情况，组成攻守同盟。从某种角度上来讲，贿赂双方交易行为可以被理解为订立一种契约，一方承诺对方提供了所要求的利益后提供更多的贿赂，而另一方则在接受期初贿赂时承诺提供某种以权谋私行为。但是这种契约与正常的市场契约不同，正常的市场契约为了防止合约中的一方违反合约条款，都会明确将双方应该承担的义务和责任写出，而商业贿赂契约的双方由于惧怕贿赂行为被揭发后承担法律责任，所以通常仅仅是口头承诺。除了行贿受贿双方并不明确对方的责任与义务，贿赂隐蔽性的另一个表现是参与贿赂行动的人数控制在非常小的范围内，参与方仅仅限于家族成员或非常信任的朋友，其他人很难知道整个贿赂过程。很多贿赂行为存在于长期存在合作关系的政府官员与企业之间、企业与企业之间，这些官员和管理者构成一个小圈子，在这个小圈子内腐败合约重复地被制订和执行。

从委托代理关系看，商业贿赂隐蔽性是指委托人即预期契约方和最终受损害者不知道贿赂行为，行贿在秘密状态下进行，贿金支付给不诚实的代理人。如果预期契约方知道或同意行贿者贿赂行为，这些行为就不能被认定为贿赂。商业贿赂被清晰地定义为委托人不知道的交易。值得注意的是，委托人在发现和制止商业贿赂方面具有特殊作用。如果出现损失，委托人可能寻求司法救济。对于给委托人造成轻微损失但对市场竞争造成严重损害的贿赂行为，可能难以发现和纠正。为维护公平市场竞争，重视损害公平竞争行为的社会影响，有些国家如德国的法律规定，商业贿赂行为不考虑委托人是否知道或同意代理人的受贿行为。

（四）中间人参与

商业贿赂的一个常见特征是中间人在行贿者和受贿者之间发挥中介作用，贿金不是由行贿者直接提供给受贿方，而是通过中间人进行，贿金包括向受贿者的支付和补充中间人的支出。这时，商业贿赂主体除了行贿者、受贿者以外，还包括介绍、促成商业贿赂的中间人。三方在实施商业贿赂中关系密切，各谋私利，共同从事商业贿赂行为。为什么行贿和受贿双方即使在彼此熟知的情形下还需要中间人呢？为什么不越过中介人直接向受贿者支付贿赂？原因在于有时行贿方无法取得潜在受贿方的信任。相对于受贿人而言，中间人为重复博弈者，可以帮助行贿者寻找有用信息。中间人经常是前官员，他们了解贿赂水平，可以帮助行贿者缩短等待时间，避免过多拜访政府官员带来的麻烦。特别是，他们能够透过复杂的官僚程序找到关键人物。许多国家法律将中介人受贿列为违法行为。例如，通过中间人支付也可以构成美国《反海外腐败法》规定的犯罪。《反海外腐败法》禁止通过诸如销售代表、批发商、顾问、承包商等中间人进行腐败支付。如果中间人知道有价物品的一部分或者全部，将直接或间接地提供、给予或者承诺给予外国官员或者国际公共组织官员，仍向上述官员支付该有价物品的，该中间人就可能构成犯罪。

（五）手段以货币和非货币财产为主

由于行贿方和受贿方特殊的能力，商业贿赂当事人有更多的措施和手段实施商业贿赂。原则上，凡是能够满足人的需要或者欲望的一切利益都可以作为商业贿赂手段，但货币和非货币财产是其中的主要手段。货币手段主要指直接给付现金、银行存款等。非货币财产手段除了直接给付房产、有价证券、购物卡等物品，还包括通过间接的、形式上看起来更具有隐蔽性的方式支付贿金。例如，交易型贿赂，行贿受贿双方以明显高于或低于市场的价格进行交易，行贿者将商品价格的一部分通过低价出售或高价购买作为贿金支付给受贿者；投资型贿赂，以投资、理财等名义实际出资，但获取收益明显高于出资应得收益，高出的收益属于贿金；干股型贿赂，受贿方并非因资金和技术而获得股份分红，获得的干股及分得的红利属于贿金。

（六）贿赂资金的会计信息不真实

商业贿赂贿金虽然不在合同、发票中明确表示，但行贿者花钱就要走账，需要将贿金计入经营成本。由于无正当渠道下账而需要记假账、走暗道，行贿方往往虚构经济活动，假借行贿方的成本费用项目等隐匿贿金，不按照财务会计制度的规定在依法设立的财务账上明确如实记载真实支出，甚至掩盖一定比例的商品价款收入，具体途径包括不记入财务账、转入其他财务账中或者做假账等。行贿者普遍假借一些宣传费、赞助费、科研费、临床费、促销费、广告费、劳务费、咨询费、折扣佣金或者以报销各种费用等名义给付对方单位或个人以现金或实物，然后计入公司的营销成本，或者通过虚开劳务费用发票或者购买假发票入账，虚增企业销售成本，冲抵红包、回扣所花费的商业贿赂费用。行贿方经常将贿金记入固定资产、低值易耗品账目。因此，对于以排挤竞争对手为目的、通过秘密方式向个人或单位支付财物的行为，行贿方为使所支付的贿金以伪造财务信息的非法形式进行掩盖，避免被发现，具有隐蔽性，相应的会计信息不真实。可见，商业贿赂与做假账具有伴生关系，如果能够有效治理行贿方做假账的行为，商业贿赂就会失去所依存的会计空间。

第三节　商业贿赂动因的分析

在市场经济条件下，市场参与者和管理者具有经济人、理性人的性质，即具有追求自身最大经济利益的动机。正如亚当·斯密所说，人的行为动机根源于经济诱因，人都要争取最大的经济利益。商业贿赂同样是在一定的制度约束和技术约束下理性人自主选择的结果。在经济人、理性人的假设下，市场参与者和公职人员在个人利益或效用最大化动机的驱使下，经过成本与收益的计算权衡，最终做出自己认为的合理选择：行贿或受贿。作为一种有风险的交易，行贿人在支付贿金后不一定能得到预期的利益，受贿人在收取贿赂后可能遭受行贿人的敲诈。在这个交易中，每个行为人都具有明显的牟利性，但行为人在决定是否实施行贿、受贿行为时，还要进行成本与收益进行衡量比较。只有当双方都认为收益足够高并且风险在自己的可承受范围内，才会达成条件形成交易。因此，对商业贿赂动因的经济学分析，正确揭示商业贿赂行为的经济动因，是治理商业贿赂的重要基础之一。

关于商业贿赂动因的经济学研究可以追溯到 Becker。Becker（1968）通过分析犯罪给罪犯带来的预期效用，给社会带来的成本以及制定法律、执行法律给公共部门和私有部门带来的成本，经过成本收益核算选择最优资源数量用于分析包括商业贿赂在内的犯罪行为，首次将经济学的理性选择理论运用到法律和犯罪的研究。Becker 和 Stigler 进一步运用选择理论分析渎职和腐败问题。他们分析渎职者在考虑渎职被查处的概率后，会比较渎职给他带来的私人收益和私人成本，执法者也会分析执法的收益和成本，经过分析作者认为渎职者和执法者都不可能彻底地杜绝腐败的诱惑（Becker and Stigler，1974）。这两篇文献较早将成本收益方法用于分析腐败和商业贿赂行为。

成本收益分析是指以货币单位为基础对投入与产出进行估算和衡量的方法。该理论要求对未来行动有预期目标，并对预期目标概率有所把握。在市场经济条件下，任何一个主体在进行经济活动时，都要考虑具体经济行为在经济价值上的得失，以便对投入与产出关系有一个尽可能科学的估计。这种方法的内在精神是追求效益，但这种对效益的追求带有强烈的自利性。经济行为主体根据私人成本和私人收益而不是社会成本和社会收益进行决策，即对自己承担的成本和自己取得的收益进行计算。商业贿赂的目的是谋取商业利益。根据经济学的理性选择理论，行为人作为追求自身利益最大化的理性者，为达到目的而做出行为选择，特别是在进行违法行为的时候，必然要对该行为的成本与收益进行计算和比较。

从产生机制上看，商业贿赂的行贿和受贿属于一种风险型经济决策，行贿方和受贿方在决策时懂得趋利避害，懂得对期望成本和期望收益进行比较，在比较的基础上做出行贿还是不行贿、受贿还是不受贿的决策，因而成本收益分析法可以用于分析商业贿赂行为。根据成本收益分析，只有行贿者行贿的期望成本小于期望收益，才能滋生行贿行为。只有受贿者受贿的期望成本小于期望收益，才会滋生受贿行为。只有行贿和受贿的期望成本小于其期望收益，行贿者和受贿者才甘愿冒违法的风险从事商业贿赂。因此，对商业贿赂的实施者而言，实施贿赂行为所耗费的成本不能高于其期望收入，即其投入必须低于产出。在一定范围内，如果商业贿赂行为私人成本相对较低，私人预期收益相对较高，商业贿赂容易滋生和蔓延。商业贿赂期望收益高于期望成本的幅度越大，或者净收益越高，其发生的可能性就越大。

从成本收益角度，可以将商业贿赂作为一个使少数人受益但使社会受损的经济学问题，也就是私人收益大于社会收益的问题。商业贿赂导致错误的资源配置，将本应用于生产产品和服务的资源用于贿赂，使资源无法得到有效利用，增加社会成本。商业贿赂的社会成本包括直接成本和间接成本。直接成本是直接卷入贿赂交易的货币和非货币财产。间接成本包括贿赂引起的无效率、公共利益不公正分配和侵蚀合法权利。例如，将政府合同或执照授予缺乏效率的企业，将更高效率的企业排挤在外；出台不当的政策和管制，对政治和经济环境造成损害。

一 行贿者行为分析

行贿人在整个商业贿赂过程中扮演着非常重要的角色。从商业贿赂产生的动机和发生的过程看，行贿人往往起主动作用，其行贿动机是整个过程的始点。无论受贿人偏好如何，只有行贿人具有行贿动机，商业贿赂才有发生的基础和条件。如果行贿人没有行贿动机，商业贿赂就不可能发生。即使受贿人表达受贿意图或索取贿赂，如果没有行贿人的行贿行为，商业贿赂仍然不可能发生。行贿人是否具有行贿动机，从经济学角度看决定于其能否从行贿行为获得净收益。

假设商业贿赂行为主体交易标的的市场价格为 P，行贿者在为受贿者提供贿金 b 以后，能够以较低的价格水平 p 取得标的资源。

假设无论行贿者行贿目的是否达到，贿金不予退还。行贿者提供的贿金 b 对行贿者而言是一种净损失，无论在商业贿赂行为发生后是否能够以价格 p 获得标的资源，贿金 b 是行贿者必须要付出的成本，其概率为1。

商业贿赂成功可以使行贿者得到 $P-p$ 的收益，但其成功可能性与其贿赂行为被查处的概率（$0<\beta<1$）有关。预期所得越大，被发现的概率越小，预期收益越大，行贿的需求动力就越强。因此，一次商业贿赂中行贿者可以得到的收益为（$1-\beta$）（$P-p$）。

如果商业贿赂行为被发现，行贿者受到的惩罚强度是其收益的 n 倍，则在一次商业贿赂中行贿者的损失为 $-\beta n$（$P-p$）。

行贿的期望收益 R 为：

$$R=(1-\beta)(P-p)-\beta n(P-p)-b$$

即：

$$R=(1-\beta-\beta n)(P-p)-b$$

潜在行贿者的策略有行贿和不行贿两个（见图6-2）。不行贿的期望收益为 Q，在健全市场经济条件下可以视为常数。当行贿者期望收益与期望成本之差为正值时，行贿就有价值，这个差值越大，行贿的概率亦越大。反之，若两者之差为负值，即行贿者处于亏损地位，则行贿没有任何价值，行贿将被控制在足够低的水平，甚至没有行贿发生。行贿者进行贿赂的条件为 $R>Q$。降低 R，使 $R\ll Q$，是铲除商业贿赂经济动机的基本条件。

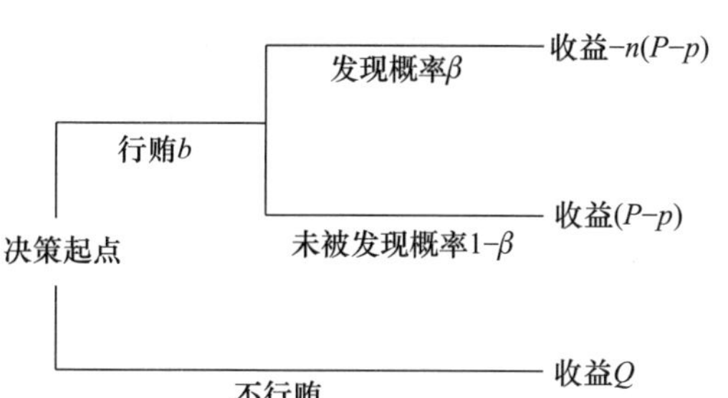

图6－2　潜在行贿者决策示意

如果更全面地考虑，商业贿赂行为造成的成本包括私人成本和社会成本，收益包括私人收益和社会收益。行贿者和受贿者都是根据私人成本与私人收益进行决策，一般不会考虑社会成本和社会收益。行贿者的私人成本包括行贿支出，由于行贿所付出的时间、体力、精力，以及被发现后可能遭受的预期惩罚，机会成本，总成本是以上几项之和。行贿者获得的收益主要是通过获得合同、补贴、许可证等带来的收益。行贿者取得的净收益是总收益与总成本的差额。对行贿者而言，只有当行贿总收益大于总成本，即净收益大于零时才会选择商业贿赂（见表6－1）。

有时，为了分化瓦解行受贿双方，鼓励行贿人交代行贿事实，往往依照刑法有关减轻或免除处罚的规定，许诺从宽处理，行贿者交代行贿事实后即使构成犯罪一般也不予刑事追究，这往往降低了行贿者风险，增加了行贿者的行贿动机。

二　受贿者行为分析

从受贿者角度看，商业贿赂是政府官员等利用公共权力干预经济活动、设立租金并进行权钱交易的行为。受贿者既有收益又有风险。如果受贿者接受行贿者的贿赂而没有被发现，他将得到来自行贿者的贿赂金额，从而增加其效用。但是接受贿赂也有风险，他的腐败行为可能被发现并被查处，他受到的处罚可能包括失去官职以及遭到公诉等。受贿者付出的成本取决于受贿被发现概率和受贿被发现后遭受惩罚失去的财产、职位和荣誉。受贿者获得的收益包括行贿者给予的各种直接或间接利益，主要体现为金钱和其他财产。如果预期收益大于预期成本，潜在受贿主体极易产生投机心理而接受贿赂。

表 6－1　　　　商业贿赂的成本与收益（举例）

直接成本（私人成本）	间接成本（社会成本）
贿金，支付给拥有受托权力人的货币和非货币财物； 行贿耗费的体力、精力和时间成本； 预期惩罚，等于行贿被发现概率与发现后遭受惩罚的乘积； 机会成本，企业发展偏离正确方向，合法竞争能力受到损害	排挤不行贿的企业，损害公平竞争； 以高于市场价格进行工程招标，以低于市场价格出售土地、矿产、国有资产，降低公共工程质量和资产转让收入； 税收流失和不当使用财政资金； 诱导其他企业从事商业贿赂，人才和其他资源转向非生产领域； 法律和政策的制定、实施向行贿者倾斜，损害其他经营者和公众利益； 加剧收入分配不公平，相对降低低收入群体的收入增长
直接收益（私人收益）	**间接收益（社会收益）**
从因行贿获得的交易机会，如工程建设、政府采购、土地出让等取得的收益； 从因行贿获得的有利交易条件，如低价取得资源、低质量提供产品和服务中取得的收益； 因行贿获得的政府补贴、财政支持	短期可能有一些局部收益，长期和整体上社会收益趋于零
净私人收益	**净社会收益**
私人收益－私人成本	社会收益－社会成本

资料来源：笔者编制。

贿金 b 对受贿者而言是一种净收益。商业贿赂成功可以使受贿者得到 b 的收益，但其成功可能性与其行为被查处的概率有关。假设受贿被查处的概率与行贿被查处概率相同，均为 β（$0<\beta<1$）。因此，一次商业贿赂受贿者可以得到的收益为（$1-\beta$）b。

如果商业贿赂行为被发现，受贿者受到的惩罚强度是其收益的 m 倍，则在一次商业贿赂中受贿者的损失为 $-\beta mb$。

受贿者的期望收益 T 为：

$$T=(1-\beta)b-\beta mb$$

即：

$$T=(1-\beta-\beta m)b$$

潜在受贿者的策略有受贿和不受贿两个（见图6－3）。假设不受贿的期望收益为 W，在合法履行职务的条件下可以视为常数。当受贿者期望收益与期望成本之差为正值时，受贿就有价值，这个差值越大，受贿的概率亦越大。反之，若两者之差为负值，即受贿者处于亏损地位，则受贿没有任何价值，受贿将被控制在足够底的水平，甚至没有受贿行为发生。受贿者受贿的经济条件为 $T>W$。降低 T，使 $T\ll W$，是铲除受贿者受贿经济动机的基本条件。

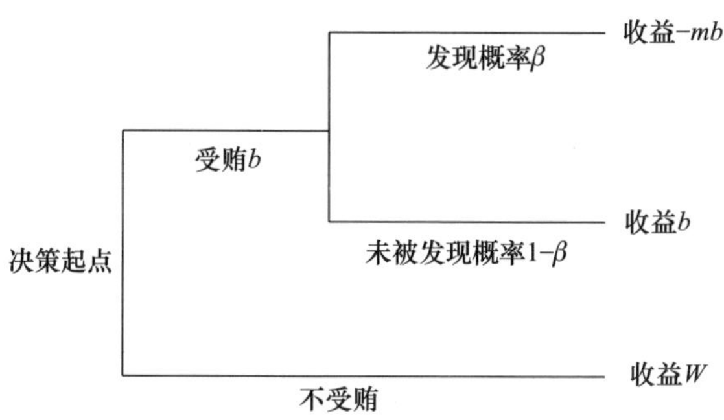

图6－3　潜在受贿者决策示意

在市场交易活动中，每个市场主体都是自己利益最大化的忠诚管理者。商业贿赂主体，无论是企业人员还是公共部门人员，其基本动机与经济人假设完全相符合。从成本收益角度进行分析，企业既可以通过降低成本、进行技术创新或开发新产品来获取市场竞争优势，也可以通过行贿行为建立特殊关系网，取得特许权利或排挤竞争对手。不论采取什么途径，都需要权衡成本和收益。如果依法经营，竞争者众多，企业需要付出很大的成本和努力，源于经济人理性与自利性特点，它们都希望找到低成本获取高效益的捷径。在交易机会有限的前提下，其中部分市场主体，可能通过不正当方式，以商业贿赂这种不正当手段谋求项目建设合同、许可证、土地和矿产等稀缺资源，从而获取本不属于自己的交易机会或有利交易条件，获取更大收益。如果后一种方式成本更低、风险更小，取得利益更大，那么企业就会主动卷入商业贿赂。同样，如果某些国家商业贿赂现象很严重，也不能简单归结为这些国家的国民喜好此道或者商业风尚不良，而应看到在既定社会制度下，商业贿赂私人收益与社会收益之间、私人成本与社会成本之间存在巨大差距，以致商业贿赂成了一种合乎经济理性的行为。当企业或公职人员感觉商业贿赂期望收益远大于期望成本时，他们就倾向于选择实施商业贿赂行为。

三　决定行为的基本因素

商业贿赂行为动因分析表明，商业贿赂不是激情的产物，而是一种经过计算的经济行为。商业贿赂如同其他产品一样，有其需求方（私有部门）和供给方（包括私有部门和公共部门，主要是政府官员），受贿赂空间、被发现概率和发现后遭受的惩罚等因素影响，可以通过减少其经济激励而加以防治。随着市场经济的发展，长期受到压抑的个人利益得以复苏，道德约束逐步退化，助长了人们对财富和享乐的贪婪。但是，这种贪婪只是为商业贿赂提供了动机，并不必然导致商业贿赂行为。我国一些领域商业贿赂现象之所以滋生和蔓延，究其原因是政府公职人员受贿的难度不大、成本不高，有时只需要一个会议或大笔一挥，便可做到“程序合法”，或者即使不合法，也可以通过其他手段加以掩盖。防治商业贿赂需要根据决定和影响这种行为的基本因素，从行贿者和受贿者两方面采取措施，增加从事商业贿赂活动的成本和被发现的概率，减少从事商业贿赂活动的预期收益，革除行贿、受贿的经济动因。

（一）贿赂空间

贿赂空间即某一标的的公允市场价格与通过行贿取得的交易价格之差，即其在现实经济中表现为公共部门官员手中控制的、进行腐败活动时所利用的各种资源，包括土地、矿产等实体性国有资源，权力、荣誉等非实体性资源。理论上，行贿者意愿支付的贿赂额一般与这个值成正比例，为这个值的一定百分比，最大贿赂额不会超过这个值。贿赂空间主要来自以下两种情形。情形之一是受贿者严格按照公允市场价格出售产品或服务，并把全部收入上交委托人，额外向买方收取贿赂款。此时贿赂额来自买方利润的一部分，买方以此为代价取得交易机会。情形之二是受贿者以低于市场公允价格出售产品或服务，并把全部收入上交委托人，额外向买方收取贿赂款。买方因此获得超额收益，贿赂额来自买方超额收益的一部分或全部。第三种情形，受贿者以等于或低于市场公允价格出售产品或服务，只将收入的一部分上交委托人，隐匿剩余的收入再额外向买方收取贿赂款。此时，隐匿的剩余收入属于贪污，收取的贿赂额来自买方利益的一部分。无论哪一种情形，贿赂空间天然地与权力联系在一起。如果权力在影响市场资源配置方面起较大作用，一方的行为可以对另一方的交易机会或交易条件产生较大影响，则贿赂空间也较大。

Klitgaard（1998）提出了一个腐败的方程式：$C = R + D - A$。其中，C 代表腐败，R 代表经济租金，D 是自由裁量权，A 代表责任可追究程度。上述等式说明，腐败与经济租金和官员自由裁量权呈同方向变化，与责任可追究程度呈反方向变化。这里腐败可以理解为包括商业贿赂在内的腐败空间，即经济租金越高，贿赂空间越大。腐败实质上是设租与寻租行为的产物。设租是权力个体在政府对经济活动的干预和行政管理过程中阻止供给增加，形成某种生产要素的人为的供给弹性不足，造成权力个体获取非生产性利润的环境和条件。寻租活动是个体利用合法或非法手段获得特权以占有租金的活动。这些活动引发的资源配置不当所带来的成本，可能大大高于限制商品供给所带来的潜在收益。由此可见，政府对经济的干预活动可以创造贿赂空间，即人为的可由行贿者通过贿买官员攫取的收益。官员自由裁量权越大，贿赂空间和可能性越大。官员责任越能够衡量和可追究，贿赂的空间和可能性越小。等式说明，如果具备以下几个条件，贿赂空间将比较大。

第一，可配置资源的价值较高。稀缺资源的价值普遍较高，即使通过行贿达成的交易价格偏离市场公允价格的幅度不大，受贿者也会得到较高的预期收益。例如，政府购买和销售产品与服务、减免税和分配补贴、出让土地和矿产资源、出售国有企业产权、向企业发放经营基础设施特许权等活动，涉及较高价值的资源配置，合同价值和超额利润高，潜在贿赂空间较大。

第二，难以运用市场竞争机制发现和形成合理的价格。只有形成合理的价格，才能尽可能压缩设租、寻租的空间。市场经济体制便于对标准化产品和服务形成合理价格，但政府行政行为（如资质、市场准入）、土地和矿产资源、建设工程多数属于非标准化产品，不同标的物的数量、质量、功能、结构、技术标准差异较大，对其预期收益和成本的评估复杂性、技术性、专业性强，主要技术经济指标如成本、质量控制弹性较大。而且，改革开放以来，对土地、矿产和部分工业品等稀缺资源实行价格“双轨制”，为公职人员利用公共权力寻租，在稀缺资源出让、出售中利用价格差来牟取暴利提供了机会。在这种情况下，交易一方可能以等于或低于市场公允价格出售产品或服务，容易为商业贿赂提供较大空间。

第三，存在大量限制经济活动的法律、法规、管制和行政命令，创造巨大的经济租金。这里经济租金是指由于政府对市场进行干预和管制，抑制了市场的公平竞争，人为地制造某些资源的稀缺而形成超额利润。在性质上，经济租金是一种非生产性利润，源于政府对市场的不恰当干预。寻租就是指各种经济主体通过影响公共权力的多种手段来获取这种租金。寻租活动属于非生产性活动，这种活动不会增加社会财富和技术进步。寻租理论把市场规制过程看成一项寻租过程，认为政府可以人为地制造稀缺。一旦制造出稀缺，寻租活动便有了可能，腐败也因此而产生。因此，行政机构对市场的干预产生了租金，从而使企业为了寻求租金而不得不向官员行贿。因租金获益的官商既得利益者，力求保持原有租金制度并不断设立新的租金制度，进一步扩大租金规模，腐败现象越发严重。其中一个典型情形是政府官员通过限制能够进入市场的企业数量来创建一个寻租环境，导致企业进入市场难，消费者付出更高价格获得更低质量产品。如果这些限制措施复杂、不透明、有选择性地实施，贿赂空间更大。例如，矿产资源勘探与开发、土地出让和工程建设、公用事业建设和运营，具有政府管制复杂、多种出让方式并存、控制程度高的特点，企业普遍担心不公平竞争，容易为商业贿赂提供较大空间。

第四，行政当局被授予过多自由裁量权，官员可以自由决定规则如何实施、对谁实施、以什么方式实施。例如，政府投资建设工程招投标、政府采购、资质审批前后需要与政府官员接触，政府官员拥有较多的自由裁量权，可以影响“谁中标、谁出局”，容易滋生较大的贿赂空间。行政审批中，企业经常面临政府低效率，不得不为加速审批进程而行贿。政府官员通过控制市场准入，在经营权的行政审批过程中受贿、索贿，并与新兴的市场主体主要是私有企业进行勾结，为它们的非法活动提供支持。一旦贿赂变得普遍，单个企业很难对抗这个问题。

第五，对于行政机构和官员行为缺乏有效的责任追究机制和制度安排。从经济与制度层面分析商业贿赂空间，不能不考虑政府对经济活动的干预。由于近几十年来政府在经济事务的角色不断扩张，掌控的资源较多，并且产生许多分配与管制的任务和决策。因此，分配与管制过程无可避免地会成为贿赂的诱因。Begovic（2005）认为，贪污贿赂最主要的原因是来自违反市场机制的政府干预，而政府干预的同义词就是管制，包括非经政府许可不得从事某些经济活动（如进口），复杂的法规，冗长、不透明及未说明期限的审核过程等，所以解决贪污贿赂最有效的方法便是放松管制。

（二）查处概率

商业贿赂是一种机会主义行为，无论是行贿者还是受贿者均具有机会主义倾向。行贿者、受贿者明知受贿违反法律法规并可能受到惩罚，仍然从事商业贿赂行为，就在于其存在侥幸心理，以为行贿、受贿行为不会被发现，被发现后也可以逃脱法律的惩罚。为有效遏制商业贿赂，重要的是增加每一次行贿受贿被查处的概率，使任何贿赂行为都以足够高的概率受到惩处。

商业贿赂行为被查处的概率取决于两个因素。一是行贿受贿行为被发现的概率，它等于被发现的行贿受贿人员与所有行贿受贿人员之比。二是行贿受贿行为被发现后受到惩罚的概率，它等于被发现同时被惩罚的行贿受贿人员与所有被发现的行贿受贿人员之比。因此，行贿受贿被查处的概率是被发现的概率和受到惩罚的概率两者的乘积，其值为0—100%。被查处概率越高，从事商业贿赂行为的风险越大，行贿受贿会受到有效控制。当被查处概率等于或接近100%时，行贿活动由于没有预期收益会自然消失。反之，被查处概率越小，从事商业贿赂行为的风险越小，行贿受贿会滋生和蔓延。当被查处概率等于或接近0时，就会出现贿赂公行的局面。

商业贿赂被发现的概率受多种因素影响，主要取决于一个国家或地区的政治制度、经济体制和社会监督机制的完善程度等因素。从政治制度看，与各种政治力量的活跃程度密切相关，与执政党内部的监督机制是否有力、有效密切相关，也与具体的权力配置和运行方式密切相关。发挥执政党内外各种政治力量监督作用，可以显著提高包括商业贿赂在内的腐败行为的发现和被惩处概率。从经济体制看，主要取决于市场体制是否完善、资源配置的信息是否公开透明。完善的市场体制和公开透明的信息，使人们容易发现以小利换大利的商业贿赂行为。从社会监督机制看，与举报人和证人保护制度是否完善、举报和受理机制是否畅通有关。利益相关者、新闻媒体、网络和社会公众的广泛参与，可以大大提高商业贿赂行为被发现和被惩处的概率。

（三）发现后的惩罚

暴露后的惩罚力度对于防治商业贿赂具有重要影响。在惩罚力度较小的情况下，为了将行贿受贿的期望收益控制在同样水平，需要相应提高被查处的概率。在惩罚力度较重的情况下，可以在相应降低被查处概率的条件下，将行贿受贿期望收益控制在同样水平。过度强调提高商业贿赂被查处的概率需要占用更多的政治、经济资源，而加重对行贿受贿的处罚几乎无须额外的社会成本。因此，只要对行贿受贿的处罚达到足够严厉程度，即使适当减小被发现的概率，也可以不降低商业贿赂治理效果，并可以显著地减少治理商业贿赂的成本。

对于商业贿赂行为人，许多国家比较普遍的做法是同时进行刑事、民事与行政处罚。一是对行贿者、受贿者及其所在企业进行刑事处罚，个人可能被处罚金和监禁，企业被处罚金。二是对因为行贿受贿给被害人造成的损失进行民事处罚。三是进行行政处罚，如吊销或限制其资质、禁止参与政府项目投标等。商业贿赂行为处罚的罚金一般采用倍比罚金制，即以贿赂金额、因为贿赂而取得利益或被害人因此遭受损失数额为基数，对被告人处以该基数一定倍数的罚款。

美国、英国等国家的公司一旦卷入贿赂丑闻，行贿者面临的不仅仅是巨额的行政罚款，公司名誉受到巨大的损害，而且会受到严厉的刑事制裁。而且，西方国家有关法律普遍规定企业有建立内部控制系统和会计体系的义务，即使是跨国公司的子公司、分公司独立实施了商业贿赂行为，总公司和母公司也要对自身监管不力承担责任。数额较高的行政罚款以及严格的总公司和母公司监管责任有利于遏制商业贿赂违法犯罪行为的发生。

以上分析表明，只要行贿受贿的私人收益高于私人成本，即行贿或受贿对于私人而言是有利可图的活动，它就不可能完全被法令所禁止。如果惩治商业贿赂的社会成本高昂，政府就难以采取全面的惩治措施。所以，在惩治腐败过程中，需要逐步建立起完善的市场体系，发挥市场机制的作用，围绕市场经济的发展，建立各种与之相应的制度，以求把腐败活动的私人总收益降到最小，并把惩治腐败的社会总损失降低到最低。以上分析的结论是，防治商业贿赂必须通过社会政治经济法律等方面的制度变迁或制度创新，改变腐败活动的成本收益函数，降低贿赂可能性与机会，让行贿和受贿无利可图，使所有人通过理性的经济选择自动地放弃商业贿赂活动，从根本上铲除商业贿赂滋生和存在的土壤。

第四节 我国商业贿赂治理的现状

一 基本历程

新中国成立初期，商业贿赂问题主要表现为资本家向国家工作人员行贿。针对贪污贿赂问题，1952 年颁布了《中华人民共和国惩治贪污贿赂条例》，该条例规定了贪污罪，行贿罪，介绍贿赂罪，送、收回扣罪，包庇、不举报贪污罪等，但没有单独规定受贿罪，而是将其纳入贪污罪之中。这些罪名主要针对国家公职人员，但该条例同时规定如果非公职人员具有规定行为也参照规定执行。当时开展的反贪污、反浪费、反官僚主义的“三反”运动和反对行贿、反对偷税漏税、反对盗骗国家财产、反对偷工减料和反对盗窃经济情报的“五反”运动，内在地包括了反商业贿赂行为。1956 年至改革开放前，由于我国社会制度和经济体制的客观条件，商业贿赂问题不突出，我国将商业贿赂视为贿赂的一种形式，反商业贿赂的进程与反公职人员的贪污、渎职犯罪紧密联系在一起，注重惩治国家工作人员的贪污行为。

改革开放以来，由于经济体制、社会结构、利益格局和人的思想观念发生深刻变化，市场经济体制和各方面法规、政策不完善，腐败现象滋生蔓延的土壤和条件出现了新情况，商业贿赂开始滋生和蔓延，一些领域商业贿赂问题十分突出。1979 年《中华人民共和国刑法》第八章规定的渎职罪包含九个罪名，其中包括国家工作人员的受贿罪、行贿罪、介绍贿赂罪，但是没有规定公司、企业人员的贿赂罪。国有企业人员也是国家公职人员，有关犯罪也可适用贿赂罪，所以就没有商业贿赂。随着经济的发展，国家除了刑事打击贿赂之外，还采取了许多行政手段进行管理。

国务院 1980 年发布的《关于开展和保护社会主义竞争的暂行规定》指出，竞争要严格遵守国家的政策和法令，采取合法的手段进行，不得弄虚作假，行贿受贿。这里的行贿受贿就是指商业贿赂。1981 年第五届全国人民代表大会第四次会议通过的《中华人民共和国经济合同法》第53条规定，禁止利用经济合同买空卖空，转包渔利，非法转让，行贿受贿。1986年6月国务院办公厅颁布的《关于禁止社会经济活动中牟取非法利益的通知》指出，国家工作人员必须严格执行财经纪律，不准在社会经济活动中非法接受任何名义的酬金或馈赠，任何单位、个人不准向上级机关、有关单位或其工作人员馈赠现金或实物，不准以低于国家规定价格或象征性收费办法向其出售各种物品。1988年9月国务院发布施行的《国家行政机关工作人员贪污贿赂行政处分暂行规定》也有类似内容的规定。此外，《中华人民共和国国家公务员条例》《中华人民共和国人民警察法》等法律法规中都有禁止国家机关工作人员索贿和受贿的规定。

1993年《中华人民共和国反不正当竞争法》将商业贿赂行为区分为商业行贿和商业受贿，但没有对介绍、促成商业贿赂的违法行为做出规定。该法第8条规定，经营者不得采用财物或者其他手段进行贿赂以销售或者购买商品。在账外暗中给予对方单位或者个人回扣的，以行贿论处；对方单位或者个人在账外暗中收受回扣的，以受贿论处。经营者销售或者购买商品，可以以明示方式给对方折扣，可以给中间人佣金。经营者给对方折扣、给中间人佣金的，必须如实入账。接受折扣、佣金的经营者必须如实入账。该法第22条规定，经营者采用财物或者其他手段进行贿赂以销售或者购买商品，构成犯罪的，依法追究刑事责任；不构成犯罪的，监督检查部门可以根据情节处以1万元以上20万元以下的罚款，有违法所得的，予以没收。

1996年原国家工商行政管理局公布了《关于禁止商业贿赂行为的暂行规定》。该暂行规定第2条明确禁止商业贿赂，并对商业贿赂进行了定义。该条内容由4款构成。第1款规定，经营者不得违反《中华人民共和国反不正当竞争法》第8条规定，采用商业贿赂手段销售或者购买商品。第2款对商业贿赂进行了定义，即商业贿赂是指经营者为销售或者购买商品而采用财物或者其他手段贿赂对方单位或者个人的行为。第3款和第4款分别对财物、其他手段进行了界定。财物是指现金和实物，包括经营者为销售或者购买商品，假借促销费、宣传、赞助费、科研费、劳务费、咨询费、佣金等名义，或者以报销各种费用等方式，给付对方单位或者个人的财物。其他手段是指提供国内外各种名义的旅游、考察等给付财物以外的其他利益的手段。

进入 21 世纪以来，根据新形势下反腐倡廉的需要，中央确定了坚持标本兼治、综合治理、惩防并举、注重预防的方针，提出建立健全与社会主义市场经济体制相适应的教育、制度、监督并重的惩治和预防腐败体系。2005 年，中共中央颁布了《建立健全教育、制度、监督并重的惩治和预防腐败体系实施纲要》，将其作为当时和之后一个时期深入开展党风廉政建设和反腐败工作的指导性文件。

二　商业贿赂专项治理

随着我国大力打击和全面预防腐败行为，加强制度建设和教育宣传工作，贪污、挪用公款等显性腐败违法犯罪行为得到了较大程度的遏制，但商业贿赂这种隐性的、危害更严重的腐败行为却没有得到有效的遏制，个别行业、部门、环节甚至达到了贿赂公行的地步，演变成一种危害极严重的潜规则。2006 年，党中央、国务院作出开展治理商业贿赂专项工作，我国治理商业贿赂工作进入专项治理的新阶段，商业贿赂案件查处力度和防治商业贿赂长效机制建设得到前所未有的重视。

一是中央和有关部门先后制定发布了一批重要文件。中共中央办公厅、国务院办公厅 2006 年 2 月印发了《关于开展治理商业贿赂专项工作的意见》（中办发〔2006〕9 号），国务院办公厅印发了《关于社会信用体系建设的若干意见》（国办发〔2007〕17 号）。中央治理商业贿赂领导小组 2006 年 5 月印发《关于依法查处商业贿赂案件的实施意见》（中治贿发〔2006〕4 号）等文件，2008 年 6 月又印发《关于在治理商业贿赂专项工作中推进市场诚信体系建设的意见》（中治贿发〔2008〕2 号）。中央 2008 年印发了《建立健全惩治和预防腐败体系 2008—2012 年工作规划》（以下简称《工作规划》）。

《关于开展治理商业贿赂专项工作的意见》提出，依照《建立健全教育、制度、监督并重的惩治和预防腐败体系实施纲要》和有关法律法规，从两个方面着手治理商业贿赂。一方面，坚决纠正在经营活动中违反商业道德和市场规则，影响公平竞争的不正当交易行为；另一方面，依法查处违反法律法规，给予和收受财物或其他利益的商业贿赂案件。要通过开展专项治理，坚决遏制商业贿赂蔓延的势头，使市场秩序逐步规范。同时，深化改革、完善制度，建立健全相关的法律体系，不断铲除商业贿赂滋生的土壤和条件。着力解决公益性强、与人民群众切身利益密切相关、严重破坏市场秩序的问题，重点治理工程建设、土地出让、产权交易、医药购销和政府采购等领域的商业贿赂行为。

《关于社会信用体系建设的若干意见》指出，市场经济是信用经济。社会信用体系是市场经济体制中的重要制度安排。建设社会信用体系，是完善我国社会主义市场经济体制的客观需要，是整顿和规范市场经济秩序的治本之策。该意见虽然主要针对恶意拖欠和逃废银行债务、逃骗偷税、商业欺诈、制假售假、非法集资等问题而制定，不是专门针对商业贿赂治理问题，但信贷、纳税、合同履约、产品质量等信用记录为重点的社会信用体系的建设及其完善，也是治理商业贿赂的客观要求。

《关于依法查处商业贿赂案件的实施意见》确定了查处商业贿赂案件的重点。一是围绕商业贿赂易发多发的领域和行业，开展查办案件工作。重点查处工程建设、土地出让、产权交易、医药购销、政府采购以及资源开发和经销等领域发生的案件；查处银行信贷、证券期货、商业保险、出版发行、体育、电信、电力、质检、环保等方面的重大商业贿赂案件。二是坚决查处严重破坏市场秩序和损害人民群众切身利益的商业贿赂案件，特别要查处涉案金额巨大、情节严重、性质恶劣、群众反映强烈的大案要案。三是严肃查处涉及国家公务员利用职权参与或干预企业事业单位经营活动、谋取非法利益的违纪违法案件，特别要查处利用行政审批权、行政执法权和司法权执法犯法、贪赃枉法、索贿受贿的行为，以及国有资产监管中的违法行为。

《关于在治理商业贿赂专项工作中推进市场诚信体系建设的意见》提出，治理商业贿赂专项工作的实践证明，推进市场诚信体系建设是健全现代市场体系的必然要求，是防治商业贿赂长效机制建设的重要内容。该意见规定的推进市场诚信体系建设的主要工作有以下 5 项。一是全面建立市场诚信记录信息库。要制定统一标准，规范信用信息基础数据库建设。行业主管（监管）部门、司法机关、行政执法部门和公共服务机构、行业组织要根据职责分工，在实施社会管理、提供公共服务和行业服务中，完整、准确、及时地记录企业、个人在经济社会活动中的信用信息，建立和完善信用档案。二是加快构建市场信用信息公开共享平台。要应用信息技术，在各系统市场诚信记录联网的基础上，整合中国人民银行、工商、税务、海关、商务、质检、公安、法院、财政等部门以及金融机构、公共服务机构掌握的企业信用数据资料，积极推进部门之间市场诚信记录信息共享，并逐步将其纳入全国统一的企业信用信息基础数据库。三是积极培育信用服务市场。要在行政审批、政府采购、资质认定管理以及周期性检验、日常监督、评级评优等工作中，按照授权和规范流程，查询企业信用报告或要求企业提供信用报告，扩大信用评级、信用报告等信用信息的使用范围，培育和形成市场诚信的产品需求。四是逐步健全失信惩戒和守信褒扬机制。要切实加大对失信市场主体的惩戒力度，依法实行经济处罚、降低或撤销资质、吊销证照等惩戒方式，限制其市场准入，并对其生产和经营行为实行跟踪监督。五是大力营造市场诚信道德文化环境。要通过多种方式普及信用知识，提高企业、消费者的信用风险防范和自我保护能力。

《工作规划》是我国推进惩治和预防腐败体系建设的指导性文件。《工作规划》规定了惩治和预防腐败体系建设指导思想、基本要求和工作目标，从推进反腐倡廉教育、健全反腐倡廉法规制度、强化监督制约、深化体制机制制度改革、纠正损害群众利益的不正之风、保持惩治腐败的强劲势头、切实抓好《工作规划》的贯彻落实等方面对工作重点进行了部署。该《工作规划》明确要求深入开展商业贿赂治理工作，坚决纠正不正当交易行为，规范交易活动。重点查处工程建设、土地出让、产权交易、医药购销、政府采购、资源开发和经销等领域以及银行信贷、证券期货、商业保险等方面的商业贿赂案件。严禁中资企业和其他取得收入的组织在国（境）外的商业贿赂行为，依法查处国（境）外经济组织在我国内地的商业贿赂行为。制定在治理商业贿赂专项工作中推进市场诚信体系建设的意见和建立健全防治商业贿赂长效机制的意见。建立和完善商业贿赂犯罪档案查询系统，把是否存在不正当交易行为尤其是行贿行为作为市场准入和退出的重要依据。除此之外，《工作规划》中还有很多内容虽然不是专门针对商业贿赂行为但适用于商业贿赂治理问题。例如，《工作规划》提出惩治和预防腐败体系建设要全面坚持标本兼治、综合治理、惩防并举、注重预防的方针，把反腐倡廉建设放在更加突出的位置。在强化监督制约方面，《工作规划》提出加强对领导机关、领导干部特别是各级领导班子主要负责人的监督，加强对重要领域和关键环节权力行使的监督，发挥各监督主体的作用。在深化体制机制制度改革方面，《工作规划》提出推进行政管理和社会体制改革，推进财税、金融和投资体制改革，推进国有企业改革，推进现代市场体系建设及相关改革。在保持惩治腐败的强劲势头方面，《工作规划》提出坚决查处违纪违法案件，提高执纪执法水平，健全查处案件的协调机制，发挥查处案件的综合效应。以上要求和部署，也是治理商业贿赂的要求。

二是加大了查办案件力度，一批涉案金额大、危害严重、影响恶劣的案件受到严肃查处。中央治理商业贿赂领导小组于2008年8月召开的司法机关和行政执法部门查办商业贿赂案件工作座谈会提出，把查办工程建设、土地出让、金融等重点领域和方面的商业贿赂案件作为推进专项治理工作的重要环节来抓，拓宽案源渠道，加大工作力度，突出查办国家公务员利用审批权、执法权和司法权在商业活动中搞官商勾结、权钱交易、索贿受贿和严重侵害群众利益的商业贿赂案件，妥善应对和处置跨国（境）商业贿赂案件。2009年召开的第十七届中央纪委第三次全会和国务院廉政工作会议，提出加大查办商业贿赂案件的力度，既要惩处受贿行为，又要惩处行贿行为；既要查处国（境）外经济组织在我国内地的商业贿赂行为，也要查处我国企业在境外的商业贿赂行为。

三是市场诚信体系建设受到重视。《国务院办公厅关于社会信用体系建设的若干意见》和中央治理商业贿赂领导小组印发的《关于在治理商业贿赂专项工作中推进市场诚信体系建设的意见》要求，把推进市场诚信体系建设作为防治商业贿赂长效机制建设的重点，将其作为深化治理商业贿赂工作的关键环节和重点任务，纳入惩治和预防腐败体系建设的总体格局之中。各地区各有关部门从建立市场诚信记录信息库、健全市场信息公开机制、构建市场信用信息公开共享平台、扩大市场诚信记录信息库内容、探索信用信息跨地区跨行业交换与共享等方面做了大量工作，信用信息在政府采购、财政投资项目的招投标、资质认证、信贷业务审批等方面正在发挥越来越大的作用，在一定程度上遏制了商业贿赂行为。

四是国有企业防治商业贿赂工作积极推进。国有企业是占有和使用公共资源、垄断资源较多的部门，其改制、资产处置、采购、营销等环节时有商业贿赂案件发生。根据国有资产监管体制和国有企业改革发展的新情况、新问题，中央着力建立和完善国有企业惩治和预防腐败体系，整体推进国有企业反腐倡廉建设，先后颁布实施了《国有企业领导人员廉洁从业若干规定》《关于进一步推进国有企业贯彻落实“三重一大”决策制度的意见》等重要文件。这些文件突出重要岗位和关键环节，完善了国有企业领导人员权力配置、权力运行、企业内部相互制约和监督等制度，对防治国有企业商业贿赂具有积极作用。

2004 年 12 月，中共中央纪律检查委员会、中共中央组织部、监察部、国务院国有资产监督管理委员会印发了《国有企业领导人员廉洁从业若干规定（试行)》。在试行的基础上，《国有企业领导人员廉洁从业若干规定》由中共中央办公厅、国务院办公厅于 2009 年 7 月 1 日颁布施行。该规定第一章“总则”对国有企业领导人员廉洁从业提出了原则性要求。第二章“廉洁从业行为规范”分别从维护国家和出资人利益、维护国有企业利益、防止可能侵害公共利益和企业利益行为的发生、规范职务消费行为、加强作风建设五个方面，规范了国有企业领导人员的廉洁从业行为，对“三重一大”事项决策、收受不正当利益、利用企业资源谋利、经商办企业、配偶子女从业、离职和退休后从业等重要问题的政策界限作了界定。

2010 年 6 月 5 日，中共中央办公厅、国务院办公厅印发了《关于进一步推进国有企业贯彻落实“三重一大”决策制度的意见》（以下简称《意见》)。该文件规定了“三重一大”事项决策的基本程序，对“三重一大”事项提交会议集体决策前的调查研究、听取意见，提前告知决策事项并提供相关材料，党委（党组）、董事会、未设董事会的经理班子的集体决策，决策会议召开、发表意见及作出决定，会议记录和存档，决策做出后的执行问题，企业党组织的作用，回避制度，考核评价和后评估制度，决策失误纠错改正机制和责任追究制度等内容进行了细化；从实施《意见》的主要负责人，国有企业制定实施办法，履行国有资产出资人职责的机构进行审查并监督实施，纪检监察机构加强监督检查，将执行“三重一大”决策制度的情况作为监督检查重点内容、“三重一大”决策制度的执行情况作为各项党内监督的重要内容、“三重一大”决策制度的执行情况作为考察考核和任免以及经济责任履行情况审计评价的重要依据，违反《意见》的处理措施等方面明确了组织实施和监督检查的内容。

《意见》针对贯彻落实“三重一大”决策制度方面存在的一些问题，如违规决策、个人或少数人说了算等问题，确定了贯彻落实“三重一大”决策制度的有效途径和方法。这对防范决策风险、维护国有资产安全、促进国有企业改革发展的顺利进行、推进国有企业反腐倡廉制度建设，具有重要作用。从防治商业贿赂角度看，该意见最主要的内容有以下几点。

第一，明确了进一步推进国有企业贯彻落实“三重一大”决策制度的指导思想，提出“三重一大”事项坚持集体决策原则。国有企业应当健全议事规则，明确“三重一大”事项的决策规则和程序，完善群众参与、专家咨询和集体决策相结合的决策机制。国有企业党委（党组）、董事会、未设董事会的经理班子等决策机构要依据各自的职责、权限和议事规则，集体讨论决定“三重一大”事项，防止个人或少数人专断。要坚持务实高效，保证决策的科学性；充分发扬民主，广泛听取意见，保证决策的民主性；遵守国家法律法规、党内法规和有关政策，保证决策合法合规。

第二，规定了“三重一大”事项的主要范围，分别对重大决策事项、重要人事任免事项、重大项目安排事项和大额度资金运作事项进行了解释并列举了具体内容。重大决策事项，是指依照《中华人民共和国公司法》《中华人民共和国全民所有制工业企业法》《中华人民共和国企业国有资产法》《中华人民共和国商业银行法》《中华人民共和国证券法》《中华人民共和国保险法》以及其他有关法律法规和党内法规规定的应当由股东大会（股东会）、董事会、未设董事会的经理班子、职工代表大会和党委（党组）决定的事项。主要包括企业贯彻执行党和国家的路线方针政策、法律法规和上级重要决定的重大措施，企业发展战略、破产、改制、兼并重组、资产调整、产权转让、对外投资、利益调配、机构调整等方面的重大决策，企业党的建设和安全稳定的重大决策，以及其他重大决策事项。

重要人事任免事项，是指企业直接管理的领导人员以及其他经营管理人员的职务调整事项。主要包括企业中层以上经营管理人员和下属企业、单位领导班子成员的任免、聘用、解除聘用和后备人选的确定，向控股和参股企业委派股东代表，推荐董事会、监事会成员和经理、财务负责人，以及其他重要人事任免事项。

重大项目安排事项，是指对企业资产规模、资本结构、盈利能力以及生产装备、技术状况等产生重要影响的项目的设立和安排。主要包括年度投资计划，融资、担保项目，期权、期货等金融衍生业务，重要设备和技术引进，采购大宗物资和购买服务，重大工程建设项目，以及其他重大项目安排事项。

大额度资金运作事项，是指超过由企业或者履行国有资产出资人职责的机构所规定的企业领导人员有权调动、使用的资金限额的资金调动和使用。主要包括年度预算内大额度资金调动和使用，超预算的资金调动和使用，对外大额捐赠、赞助，以及其他大额度资金运作事项。

第三，规定了“三重一大”事项决策的基本程序。该意见对“三重一大”事项提交会议集体决策前的调查研究、听取意见，提前告知决策事项并提供相关材料，党委（党组）、董事会、未设董事会的经理班子的集体决策，决策会议召开、发表意见及作出决定，会议记录和存档，决策作出后的执行问题，企业党组织的作用，回避制度，考核评价和后评估制度，决策失误纠错改正机制和责任追究制度等内容进行了细化。例如，该意见规定“三重一大”事项提交会议集体决策前应当认真调查研究，经过必要的研究论证程序，充分吸收各方面意见。重大投资和工程建设项目，应当事先充分听取有关专家的意见；决策事项应当提前告知所有参与决策人员，并为所有参与决策人员提供相关材料。必要时，可事先听取反馈意见；党委（党组）、董事会、未设董事会的经理班子应当以会议的形式，对职责权限内的“三重一大”事项作出集体决策。不得以个别征求意见等方式作出决策。紧急情况下由个人或少数人临时决定的，应在事后及时向党委（党组）、董事会或未设董事会的经理班子报告；决策会议符合规定人数方可召开。与会人员要充分讨论并分别发表意见，主要负责人应当最后发表结论性意见。会议决定多个事项时，应逐项研究决定。若存在严重分歧，一般应当推迟做出决定；会议决定的事项、过程、参与人及其意见、结论等内容，应当完整、详细记录并存档备查；决策做出后，企业应当及时向履行国有资产出资人职责的机构报告有关决策情况。

五是惩处中资企业在境外实施商业贿赂的立场更鲜明。改革开放初期，我国治理商业贿赂的主要着力点在国内，在海外进行商业贿赂的危害性没有引起充分讨论和重视。随着改革开放的深入和“走出去”战略的实施，中资企业对外投资、承包工程的规模不断扩大，在取得很大成果的同时，一些企业在国际竞争中经营行为不规范问题也时有发生，有的中资企业甚至被列入世界银行项目“黑名单”。中共中央纪律检查委员会向党的第十七次全国代表大会的工作报告中提出，加大对企业和其他取得收入的组织在国（境）内外经营活动中商业贿赂行为的惩处力度。中央治理商业贿赂领导小组办公室与有关部门、企业负责人和专家学者多次召开座谈会，研究治理中资企业在国（境）外商业贿赂问题，提出健全相关法律法规、加大查办案件力度、严格规范中资企业境外经营行为、强化企业内控机制、主管部门和集团公司要加强对海外分公司财务及经营活动的监管等措施。商务部会同外交部、国家发改委、国家预防腐败局、国务院国资委、全国工商联按照中央治理商业贿赂领导小组的统一安排，起草了企业境外经营行为规范文件。

六是相关立法得到完善。在推进治理商业贿赂专项工作中，注重建立健全防治腐败法律法规。我国立法对贪污贿赂犯罪范围的规定，随着计划经济向市场经济转变，利益主体分化并多元化发展，主体从单纯的个人犯罪扩大至单位犯罪，也从国家工作人员扩充至非国家工作人员，贪污贿赂犯罪主体的盲区基本扫除。2009 年 2 月 28 日，十一届全国人大常委会通过了《中华人民共和国刑法修正案（七）》，增加了对国家工作人员的近亲属或者其他与其关系密切的人，利用该国家工作人员职权或者地位形成的便利条件受贿的刑事处罚内容。同年 10 月，最高人民法院、最高人民检察院根据该修正案的规定，出台了司法解释，确定了“利用影响力受贿罪”的新罪名，为打击商业贿赂犯罪提供了有力的法律依据。2011 年 2 月 25 日，党的十一届全国人大常委会第十九次会议通过的《中华人民共和国刑法修正案（八）》，在第 164 条增加了有关海外贿赂的立法条款，规定为谋取不正当商业利益，给予外国公职人员或者国际公共组织官员以财物的，依照对非国家工作人员行贿罪的规定处罚。关于海外贿赂的这一条款，虽然过于简单、缺乏可操作性，但该条款明确规定贿赂外国公职人员或者国际公共组织官员属于犯罪行为，为我国反海外贿赂提供了法律依据。此外，工商总局和国务院法制办正在研究修订《中华人民共和国反不正当竞争法》，强化对商业贿赂违法行为人和相关主体的制度约束。各地区各有关部门针对查找的突出问题和制度漏洞，普遍制定和修订了一批法规制度，通过建章立制堵塞漏洞。

三 党的十八大以来的新探索

党的十八大以来，尤其是十八届三中全会以来，中央从推进国家治理体系和治理能力现代化这个新的视角出发，注重反腐败体制机制创新和制度保障，保持惩治腐败高压态势。2013 年 12 月印发的《建立健全惩治和预防腐败体系 2013—2017 年工作规划》强调以改革精神加强反腐败体制机制创新和制度保障，在不断消除滋生腐败的体制弊端的同时，也强调严肃查办商业贿赂案件，进一步加大惩治腐败力度，更好地发挥惩治机制的作用。政策方面，党的十八届四中全会强调要“依法治国”，国务院国资委要求国企“依法治公司”、建立健全合规制度，并提出了中央企业法治工作未来 5 年规划，做到企业法治风险防范机制、法律顾问制度和法律管理工作体系建设再深化，企业合规经营、依法治企的能力再提升；立法方面，新通过的《中华人民共和国刑法修正案（九）》加强了对行贿行为的惩罚、增加了处罚力度、加强了预防机制，同时建立健全反商业贿赂打击网络，管理好反商业贿赂的不良记录；执法方面，各级政府增加了反商业贿赂执法人员，进一步明确分工与职能。近年来，政府查处的商业贿赂案件数量与涉案金额逐年递增，接下来几年，中国政府对于反商业贿赂的执法力度将有增无减。

第五节 若干重点领域的问题与分析

我国商业贿赂治理工作虽然取得了多方面进展，对其滋生和蔓延的机制和治理规律有更深刻认识，但还存在不少问题，尤其是一些基础性、制度性问题没有得到很好的解决，公共部门与私有部门联系密切尤其是存在经济往来的领域仍有许多制度漏洞。行政审批、政府投资工程建设、工业土地使用权和矿业权出让、政府采购、国有产权交易等领域虽然经过多年改革完善，但制度和运行机制仍处于形成和完善之中，商业贿赂在不少领域仍呈易发多发之势。涉及国家机关和国有企业等公共部门人员受贿的大案要案触目惊心，窝案、串案、案中案增多。

权力配置过于集中，权力运行缺乏监督、制约和透明度，一些领导干部利用职权或职务影响谋取非法利益问题突出，高级干部索贿受贿案件时有发生，一些低级别、基层干部受贿额超过社会预期的限度，“小官大贪”现象格外突出。“小官大贪”与现行管理体制弊端密切相关。所有中央部门的权力最后都要沉淀到基层行使，这使一些基层官员尤其是一把手的腐败成为可能。尽管一些单位行政级别不高，由于决策权往往掌握在一个部门的主要领导手中，有些环节的制度和措施形同虚设，权力运作程序不规范、不透明，给一个单位的主要领导创造了直接利用职权作案的便利条件，工程建设、国土资源、政府采购、国有企业等基层部门干部日益成为职务犯罪的重点。随着各项制度的完善，特别是一些领域的决策要经过逐级审批，行贿受贿难以单独完成，往往是上下、左右甚至部门联手，“拔出萝卜带出泥”，窝案串案较多。通过以下几个重点领域一些案例的分析①，尤其是一些行贿、受贿细节的披露，可以看到什么动力驱动商业贿赂滋生和蔓延，商业贿赂怎样扭曲了行政权力的行使，扭曲的行政权力又怎样损害了资源配置和市场竞争环境。

一　行政审批领域

行政审批是政府部门为应对经济社会发展进程中市场失灵和社会自律不足等问题而采取的必要的前置性管理手段，在预防危险、保障安全、分配稀缺资源、提高从业水平和提升市场主体抵御风险能力等方面发挥着积极作用。随着经济社会发展，行政审批和市场监管部门在社会主义市场经济中的地位与作用显著提升，很多权利直接面向企业、面向市场，很多官员直接与企业打交道，其行政权行使直接关系到企业利益。由于一些政府部门及其内设机构行政审批权配置过于集中，决策、执行、监督职能没有相对分离、相互制约，存在对部门主要领导和关键人员监督难等问题，该类部门中的领导和工作人员在行政审批、市场执法活动中，具有利用职权索贿受贿的空间和条件。由于行政审批制度改革还不彻底，一些部门死抱着“含金量高”的审批项目不放，以致一些领域的审批环节过多，一些本可用市场原则和市场机制解决的问题，仍沿用行政审批的办法来处理。下面几个方面的案例表明，行政审批和市场监管部门商业贿赂主要发生在相关企业与行政主管部门之间，行贿方、受贿方主要通过利用行政审批随意性和自由裁量权不规范达成贿赂交易。

---

① 由于这些领域的综合性，很难确定一个泾渭分明的划分标准。为有助于归类分析，课题组只能根据主要特征或部分特征，将有关案例归入相应领域。

一是利用职务便利，为企业上市、注册审批、外汇管理审批等提供帮助，收受企业贿赂。对申请人来讲，审批事项必须具备规定的条件之后，才能提出申请。对行政机关来讲，审批事项必须具备规定的条件之后，才能审批。按照先具备条件、后审批程序，申请人必须先投入资金，取得规定的物质条件之后，才可以提出申请，这就使自己的财产安全得不到保证。万一不被上级审批部门批准，这些先行投资就会变成无效投资，行政机关不会给埋单。所以，有些不具备条件的申请人总是设法请客送礼，收买或答谢行政机关人员，力图通过行贿取得审批许可。具备条件的申请人也往往具有行贿的动机。

国家工商总局外商投资企业注册局原副局长刘伟，2000—2002 年利用担任国家工商局企业注册局外资管理处副处长、注册指导处处长的职务便利，为一家大型民营燃气企业上市审批一事进行咨询和指导，收受该公司给予的劳力士手表一块，价值 5.2 万元，另收受人民币 5 万元。2002 年，刘伟还利用担任国家工商总局外商投资企业注册局注册指导处处长的职务便利，伙同郭京毅为首创公司设立外资公司一事提供帮助。事成之后，郭京毅和刘伟以 5 折价格，从首创公司下属房地产公司开发的西三旗雪梨澳乡小区各买了一套别墅，郭京毅获利 123 万余元，刘伟获利 124 万余元。[①] 具体情节是，2003 年，一家经营房地产的合资公司准备以股权出资方式，重新注册上市公司，需要经过国家工商总局审批。这家公司人员通过郭京毅，认识了在国家工商总局担任要职的刘伟，刘伟主要负责管理外资企业审批注册工作。在饭桌上，这家公司人员说起由于没有现金出资，想以股权出资，可是法律当时没有明确规定。最终，在刘伟的帮助下，国家工商总局相关部门认可该公司以股权方式出资。在案发期间，郭京毅对刘伟说，该公司有个房地产项目不错，提议让刘伟跟着自己去看看房子，后来，刘伟以五折多的价格买到一套别墅。[②] 显然，在当时的条件下，刘伟既可以认可该公司以股权方式出资，也可以不认可其以股权方式出资。

---

① 裴晓兰：《工商总局一名副局长遭郭京毅检举获刑 11 年》，《京华时报》2010 年 6 月 8 日。

② 武新、李惠明：《工商总局副局长受贿逾百万　检察院披露案情细节》，《北京晨报》2011 年 6 月 3 日。

国家外汇管理局原综合司司长邹林，2004—2005 年利用担任国家外汇管理局资本司司长职务的便利，在外管局陕西分局资本处对西安亨通光华生物制药公司外汇管理审批事宜上，为该公司提供帮助，收受该公司分两次给予的人民币 32 万元。2007—2008 年，邹林利用担任外管局资本司司长职务的便利，在外管局广东分局对广东元邦房地产公司补办外汇手续事宜上，为该公司提供帮助，收受该公司分 3 次给予的港币 25 万元，折合人民币 23.1 万元。①

二是利用职务便利，在许可证、资质审批中收受贿赂。相关部门许可证、资质审批行为不规范，不严格执行资质标准和审批程序，为关系户“开绿灯”。

陈一平，2000 年 9 月起担任重庆市药品监督管理局市场监督处处长兼市医药行业管理处处长；2003 年 4 月起担任市药品技术评审认证中心主任；自 2004 年 1 月起担任市食品药品监督管理局市场监督处处长。法院查明，陈一平在担任上述职务期间，利用主管药品经营企业许可证核发、药品经营企业许可证项目内容变更审核、药品经营企业药品经营质量管理规范认证（GSP 认证）审核等职务便利，为他人谋取利益，多次非法收受 20 多家医药公司及个人钱财折合人民币 95 万余元。②

上海市环保局原副局长严舜钧利用分管环境监督管理、建设项目管理、环境辐射管理等职务便利为他人谋利，收受贿赂 86.4 万元人民币、2 万美元及 4000 欧元。2008 年 11 月底，上海市检察院二分院接到反映严舜钧的举报信。举报信反映严舜钧利用职权，帮助某跨国环境资源管理咨询（上海）有限公司的环评资质由乙级升为甲级，并指定这个公司、华东某研究中心承接重要的环评项目，从中分别收取几十万元贿赂。经检察院调查，2003 年某环境资源管理咨询（上海）有限公司王春将公司原来在北京的环评资质证书变更到上海，2007 年顺利通过甲级环评资质申请，是上海最早获得甲级资质的外资公司。取得甲级环评

---

① 裴晓兰：《外管局原新闻发言人邹林受贿 55 万　一审被判刑 6 年》，《京华时报》2010 年 6 月 8 日。

② 杨帆：《重庆食药监局原处长受贿 95 万　获刑 9 年》，《重庆晚报》2008 年 9 月 17 日。

资质不仅要通过上海市环保局的预审，还要获得国家环保总局的批准。此外，调查还发现严舜钧为跨国环境资源管理咨询（上海）有限公司承接了原本由上海环科院承揽的“上海市杭州湾沿岸化工石化集中区区域环境影响评价”等部分项目。国家环保总局环评中心主任吴波陆续收受环境资源管理咨询（上海）有限公司王春数次贿赂。①

三是利用职务便利，为企业减免应缴税费、申请财政补贴等提供帮助，收受企业贿赂。

北京市公安局经侦处四大队原副队长靳红利，2006—2008 年接受国美电器有限公司法定代表人黄光裕及北京中关村科技发展（控股）股份有限公司法定代表人许钟民的请托，利用其与国家税务总局稽查局和北京市国家税务局稽查局存在工作联系的便利条件，私下约请时任国税总局稽查局三处处长的孙海淳、北京国税局稽查局检查科科长梁丛林、检查科工作人员凌伟，分别与正在被税务机关调查的国美公司法定代表人黄光裕见面，并要求上述税务人员在对国美公司进行税务检查过程中给予关照，为国美公司及其法定代表人黄光裕谋取不正当利益。为此，被告人靳红利非法收受黄光裕及其委托许钟民给予的银行卡及现金共计人民币 150 万元。②

2011 年 6 月 30 日，湖南省茶陵县人民法院对湘潭市原副市长朱少中受贿、滥用职权案做出一审判决，认定朱少中犯受贿罪和滥用职权罪，两罪并罚，合并决定执行有期徒刑 13 年。经法院审理查明，2003—2009 年，被告人朱少中利用担任湘潭县县长、县委书记、湘潭市副市长的职务便利，为齐建平、李耀林等 14 人在变更土地规划、承揽工程、招商引资、金融贷款、职务升迁等方面谋取利益，先后多次收受相关人员的财物贿赂共计人民币 163.5 万元、美元 5.1 万元、价值 4.2 万元的住房一套，折合人民币总金额 201.475 万元。另查明，2005 年，朱少中利用职务便利，超越职权，擅自为湘潭“宏通御景湘·水

---

① 赵磊、罗剑华和曹小航：《上海市环保局原副局长受贿　获刑 11 年》，《新闻晨报》2009 年 12 月 26 日 A09 版。

② 朱燕：《北京公安局经侦处副队长涉黄光裕案获刑 12 年》，《新京报》2010 年 6 月 23 日。

印康桥”项目减免报建费 871.3279 万元。[①] 在朱少中一案中，地产商人李耀林扮演了至关重要的角色，可以说是他直接将朱少中拉下马。根据半月谈记者调查，李耀林通过自己一个与朱少中亲近的朋友，间接与当时在湘潭县主政的朱少中建立了联系。随后，在其运作位于湘潭县的地产开发项目时，李耀林向朱少中请托，希望能够减少缴纳报建费，并许下在事成之后给予相应回报的承诺。所谓报建费，是指地产商在进行地产项目运作时需要向管理部门缴纳的各种费用的汇总。据了解，当时湘潭县的报建费标准是每平方米 60 元。但是在李与朱勾结之后，朱少中利用自己的职权和关系，帮助李耀林打通了各方面的关节，最终李缴纳的报建费标准仅为每平方米 10 元。在朱少中落马的过程中，另一地产商人齐建平也起到了推波助澜的作用。2003—2009 年，朱少中为齐建平及其所在的南海公司在承接工程、置换土地时大开绿灯，并先后 9 次收受齐建平的贿赂，共计人民币 49.6 万元、美元 2 万元。[②]

海南省省财政厅综合处原副处长、法规处原处长陈立华受贿案，经公开开庭审理，琼海市法院以受贿罪判处陈立华有期徒刑十年。法院审理查明，2006 年 5 月至 2007 年 7 月，陈立华任海南省财政厅综合处副处长，负责管理中央财政补助海南省处置积压普通住宅专用资金。其间，其先后多次收受多家公司贿赂计 20.2 万元。2006 年，海南宁龙实业有限公司向海口市财政局申请补助专项资金，为尽快办妥审批手续，该公司副总经理周某送给陈立华 4 万元。2006 年下半年，海南天骄房地产公司总经理郑某为尽快获得金泉大厦项目财政补助专项资金，通过陈立华的妻子向其行贿 1 万元。2006 年，海南冶金矿山联合公司办理该公司拥有的矿冶大厦财政补助专项资金事项，史某负责具体事宜。当年下半年，陈立华以党校同学聚会活动的名义向史某索要赞助费 1.2 万元，后来史某又主动送给陈立华 14 万元。[③]

四是在企业申请国际贸易一些事项中索贿、受贿。

---

① 陈文广：《湖南湘潭市原副市长朱少中受贿滥用职权被判 13 年》，新华网，2011 年 7 月 2 日。

② 陈文广、刘良恒：《湖南一副市长受贿获刑　曾在父灵前竖“拒收礼金”牌》，《半月谈内部版》2011 年第 8 期。

③ 李轩甫、许俊：《收取 3 家公司贿赂 20 万元　海南省财政厅一处长获刑十年》，《检察日报》2009 年 1 月 6 日。

商务部条约法律司贸易法律处原副处长荣民因犯贪污罪、受贿罪，被北京市东城区法院一审判处有期徒刑十年六个月。受贿情形包括：2004 年 8 月，荣民利用担任中国常驻世界贸易组织代表团二等秘书的职务便利，为浙江汇信进出口股份有限公司打听该公司申请中国出口商品交易会品牌展位一事的进展情况，于 2005 年 8 月收取该公司副总经理给予的贿赂款人民币 7 万元；2006 年 4 月，新疆生产建设兵团商务局就兵团下属企业新疆亚鑫国际经贸股份有限公司出口焦炭业务涉及法规事项向商务部提出书面请示。荣民利用在贸易法律处工作、参与处理该事务的职务便利，出具了有利于新疆亚鑫公司的意见，并于事后收受该公司董事长给予的贿赂款人民币 5 万元；2006 年年底，黑龙江省饶河县经济贸易开发有限公司向商务部申请纺织品配额，荣民利用担任条法司贸易法律处副处长的职务便利，出具了有利于该公司的意见，于 2007 年 5 月收受该公司负责人给予的贿赂款人民币 31.5 万元；2007 年 10 月，荣民利用担任贸易法律处副处长的职务和地位形成的便利条件，请托上海商务委员会工作人员为北京阿尔法商务咨询有限公司项目审批提供帮助，于 2008 年 1 月收受该公司经理给予的贿赂款人民币 11 万元。[①]

二　工程建设领域

政府建设工程招投标制度的设立目的是引入市场竞争，实现资金的合理配置，对政府的招标行为进行法律层面的约束，实现公开公平公正。建设工程合同是指发包方（建设单位）和承包方（施工人）为完成商定的施工工程，明确相互权利、义务的协议。依照施工合同，施工单位应完成建设单位交给的施工任务，建设单位应按照规定提供必要条件并支付工程价款。建设工程合同的发包人是受计划约束的当事人，对需要建设的工程，根据性质需要经过规划、水利、交通等政府管理部门审批。建设工程合同的承包人是有资质从事工程建设的企业。我国实行严格的市场准入制度。工程施工合同的施工单位必须是国家主管部门审查、核定批准的专业建筑施工企业，具有法人资格和履约能力，所承揽的工程一般应与其建筑资质等级证书相符。例如，《中华人民共和国建

① 高鑫、刘博：《贪污受贿 50 余万　商务部条法司原副处长荣民获刑》，《检察日报》2010 年 7 月 6 日。

筑法》第13条规定：从事建筑活动的建筑施工企业、勘察单位、设计单位和工程监理单位，按照其拥有的注册资本、专业技术人员、技术装备和已完成的建筑工程业绩等资质条件，划分为不同的资质等级，经资质审查合格，取得相应等级的资质证书后，方可在其资质等级许可的范围内从事建筑活动。第26条规定，承包建筑工程的单位应当持有依法取得的资质证书，并在其资质等级许可业务范围内承揽工程。工程勘察、设计单位也必须获得工程勘察、设计资格证书。基于这样的制度设计，可能出现规划等部门的工作人员通过行使审批权而收受贿赂，从而为建设工程的建设单位、承包人大开方便之门，谋取不正当利益。

建设工程合同一般要经过招标投标订立。招标包括向不特定的勘察人、设计人、施工人或工程总承包公司发出。评标是在招投标管理机构监督下，由评标委员会评审，一般采取综合评估法。这种方法在评审因素的设置及其分值分配上没有统一标准，建设单位和招投标管理机构可能利用发包权、招投标管理权，采取有利于某些投标人的评标因素和标准，有意识地排挤另外一些投标人，甚至收受好处后强行指定承包方。一些企业通过贿赂其他企业进行陪标、串标，或向发包方、评标委员会成员、发包方委托的招标代理机构等直接行贿，谋取中标，有的又将承包的工程倒手转包，从中收受贿赂，出现“人情标”“假招标”的情形。

工程监理对工程建设工程质量实施监督管理，他有权在项目检查时因工程设计不符合要求或合同约定的质量而要求施工企业提出改正意见。因此，承包单位与工程监理之间必须和谐，监理方的管、卡、压现象不断发生，给予工程监理的打理费就必不可少。

招标投标制度是保证公平竞争、防范廉洁风险的一道“防火墙”。在政府建设工程招投标过程中，招标人一般是政府或政府部门，是建设工程的发包方和业主，也是后续拨付工程款的一方，因此在整个招投标活动中处于绝对强势的地位，同时也是最容易产生腐败问题的一方。原本为了防范政府财政资金在工程建设中腐败问题滋生的招投标制度，不但没有按照人们设想的那样正常运行，约束政府权力和防范腐败，在一些地方反而丧失了其本身的竞争优势和公开公平的属性，甚至成为招投标过程中“暗箱操作”的工具。因为多方面的原因，财政资金在政府建设工程招投标中成为“唐僧肉”，出现了种种腐败现象。由于工程建设项目投资金额大、利润空间高，市场自主决定能力较差，各环节的透明度不高，交易秩序的规范和约束还存在许多薄弱环节，在具体操作中招投标的决定权集中在招标人、代理人、评标专家等少数人手里，招投标的某些内容及过程不公开，不少招投标流于形式，表面上按程序公开进行，实际上“暗箱操作”，特别是一些领导干部违规插手干预招投标，一些掌握资金和项目审批权的部门或领导干部直接或变相推荐施工企业或供货商，容易滋生商业贿赂。尤其是业主方拥有政府投资款使用权，支出多少无须承担责任风险，责任主体和资金管理虚化，即使造成了国有资产流失或违反了法律法规，也很难追究具体的责任人。工程建设过程的环节多、工期长，涉及的每一个部门、环节都有产生腐败的机会和条件。其中的项目决策、规划、设计、监理、招投标以及工程施工、设计变更、计量、工程款结算、竣工验收等每一个环节都有寻租的空间，都有可能成为滋生贿赂的土壤，管理项目的领导干部可能利用职权插手干预工程建设，索贿受贿。企业通过贿赂建设单位、建设项目行政主管部门有关人员、评标专家等手段而中标，分包商通过贿赂承包商获得分包。相关监管部门难以对大量、分散的项目实施有效监督，责任追究不到人。

一是建设单位负责人及相关人员索贿受贿。单位负责人尤其是党政“一把手”受贿，使行贿者获得特权和稀缺资源，行贿者大发横财，随之带来的是国有资产的大量流失、工程项目质量大大下降。

2015 年中央纪委监察部网站公布的涉及高校反腐的数据显示，2015 年共通报了 34 所高校的 53 名领导，其中一本院校 33 人，约占总人数的 62%。2015 年密集通报和曝光了许多高校领导腐败案件，充分表明了教育领域尤其是高校反腐败形势的严峻性。高校腐败案件呈现多发态势，这一原来被认为是清水衙门的领域正在成为腐败蔓延的新领域。高校领导被密集通报说明，只要有权力就会有寻租的空间，对权力没有进行有效的监督和制约，就有可能滋生腐败。通过加大通报曝光力度，充分发挥震慑和警示教育作用，释放出强烈信号，对任何领域、任何形式的腐败，不管是老虎还是苍蝇，都必须坚决保持“零容忍”惩治的态度，任何部门、领域都不能忽视监管，教育系统绝不能允许腐败现象的存在。就在前些天，江西省南昌市中级人民法院对南昌大学原校长周文斌职务犯罪案作出一审宣判，引起社会高度关注。经法院审理查明，2002—2013 年，周文斌在担任校领导期间，利用职务之便，为工程承建商、合作办学商、设备供应商等方面谋取利益，非法收受他人的巨额财物，并挪用公款供他人盈利。高校领导容易在哪些方面“栽跟头”？哪些环节的监督缺失容易造成高校领导腐败？一些高校在基建工程、大宗物资设备采购、校办产业和后勤等领域及科研经费使用中出现了一系列问题，已成为社会舆论关注的热点。总的来看，高校领导腐败的风险点主要集中在基建工程、物资采购招投标、校办产业等领域，这些领域利益、资源较为集中，是容易滋生腐败的重点领域和关键环节，因而成为高校领导腐败行为的重灾区和“高发地带”。一些学校、学院的党政一把手权力过于集中，即便是集体讨论的决策，他们往往也可以顺利地将个人意志强加在集体决策上。“高校腐败现象也多发于权力监控薄弱处，特别是对重要岗位和关键环节的权力运行缺乏有力的制约与监督。”①

1997 年 11 月至 2006 年 6 月，谢锡禧担任广东省增城市林业局局长。自 2006 年 6 月起，谢锡禧担任广东省增城市农业局局长。期间，谢锡禧利用职务上的便利，多次收受陈某潮、尹某仔贿送的财物。1998—2006 年，陈某潮先后承接了增城市林业局发包的商住楼工程、林业文明小区建设工程、蕉石岭森林公园公路扩建工程、南门广场下水道工程、办公楼工程、环山公路工程、配电房工程、山顶平台工程、广汕路（增城段）两侧景观林带土方工程、大封门森林公园白水寨瀑布布景登山步行道第一期、第二期工程。其间，被告人谢锡禧利用担任增城市林业局局长的职务便利，在工程发包、管理及工程款支付等方面为陈某潮提供帮助，并先后收受了陈某潮贿送的现金 10 万元、增城市荔城街沙园中路 2 号 113 铺和增城市荔城街力源豪苑南一街 5 号地皮 1 块。经鉴定，前述商铺价值 170750 元，地皮价值 589938 元。2003 年 4 月和 2008 年 6 月、8 月，尹某仔先后承接了增城市林业局、农业局发包的广汕路（增城段）两侧景观林带绿化工程、增城市花卉苗木生产示范基地建设工程、增城市增江街白湖村中低产田建设工程。期间，被告人谢锡禧利用担任增城市林业局局长、农业局局长的职务便利，在工

① 赵秀红：《从教育部通报的高校违规违纪问题典型案例看出高校领导容易在哪“栽跟头”》，《中国教育报》2016 年 2 月 2 日第 001 版。

程发包、管理及工程款支付等方面为尹某仔提供帮助，并于2003年、2004年、2008年三次分别收受尹某仔贿送的现金10万元、23万元、10万元。①

重庆建筑商张坤平为揽工程，向重庆市公安局原副局长彭长健等人行贿74万元，被检察机关提起公诉。根据巫溪县检察院指控，2004年，在时任重庆市渝中区公安分局局长彭长健的关照下，张坤平承包了渝中区公安分局的一处工程。为表示感谢，张坤平于2005年2月至2007年2月，在彭长健的办公室先后4次共送给其人民币15万元。检方同时指控，2005年年底，张坤平为了承包重庆开县新华书店的开州书城及新华酒店装修工程，向开县新华书店经理贾尚春行贿，承诺按合同价款的5%给贾尚春好处费。贾尚春遂帮助张坤平挂靠的公司顺利中标。在施工过程中，贾尚春又在工程质量监督、拨付工程款、价格审计和竣工验收等方面给予张坤平关照。为感谢贾尚春，2006年至2008年8月，张坤平先后在开县新华书店办公室、重庆新华酒店、重庆创世纪宾馆停车场等处8次共向贾尚春送好处费59万元。②

陕西艺林实业有限责任公司总经理冯某、北京分公司执行总经理王某，先后5次向重庆市规划局原副局长，江北嘴中央商务区开发投资有限公司董事长、党委书记梁晓琦行贿680万元人民币，经重庆市永川区检察院提起公诉，法院以单位行贿罪判处该公司总经理冯某、北京分公司执行总经理王某各有期徒刑八个月，艺林公司被处罚金120万元人民币。永川区检察院查明，2007年10月，为了艺林公司在重庆大剧院玻璃幕墙工程招投标中顺利中标，王某将一张存有30万元人民币的银行卡装在一幅字画内送给了梁晓琦。事后，梁晓琦在决定参与投标单位时，将艺林公司纳入候选名单。此后，为了增大中标希望，王某又将两张内存100万元人民币的银行卡放进为梁定做的新西服口袋里送给梁。2008年1月初，艺林公司又将250万元银行卡送给梁晓琦。2008年1月22日，重庆大剧院玻璃幕墙工程招投标正式开始。冯、王二人了解到每家单位的报价后，估计艺林公司只能排在第二、第三位，因担心不

---

① 广东省广州市中级人民法院刑事判决书（2010）穗中法刑二初字第42号。

② 王晓磊：《重庆建筑商向彭长健等行贿74万　获刑2年》，新华社，2010年6月8日。

能中标，又将300万元划到梁晓琦的银行账户上。①

北京市地税局计财处副处长彭英斌负责具体经办地税局机关的政府采购项目，包括装备、设备、工程等。彭英斌于2005年，在担任北京市地方税务局税务档案馆工程甲方代表期间，利用负责工程监督、协调的职务便利，为北京市中原创业建筑工程有限公司在工程施工及结算过程中提供帮助，收受该公司总经理王福增送予的人民币40万元；2008—2009年，在担任北京市地方税务局计划财务处副处长期间，利用负责审计结算、政府采购等的职务便利，为北京北方建磊装饰装修有限公司、北京艺成园装修设计有限公司在政府采购招标及审计结算过程中提供帮助，分两次收受上述两公司项目负责人钟小春送予的人民币49万余元；2005—2009年，在担任北京市地方税务局计划财务处工作人员、副处长期间，利用负责政府采购的职务便利，为北京锐达伟信数码科技有限公司在政府采购、招投标等过程中提供帮助，分多次收受该公司负责人里大伟送予的好处费人民币97万余元。

彭英斌受贿案中，其中一笔49万元的受贿，就与领导的招呼有关。彭英斌在接受有关部门调查时承认，2006年，全市地税所装修改造工程招投标，招投标分为两个阶段，通过第一阶段资格预审后才有资格进入第二阶段。在预审阶段，他作为发包方代表主要负责这项工作。当时，他的老领导、原北京地税局局长王纪平特别跟他打招呼，让他关照一下钟小春的装修公司。在资格预审的评议过程中，彭英斌按照王纪平的指示，向评审专家推荐了钟小春的公司，并让其顺利通过了资格预审。通过预审后，钟小春的装修公司接到了多个地税局的装修工程。之后，作为“感谢”，钟小春分两次给了彭英斌49万元人民币。根据北京市相关规定，政府采购额超过100万元人民币的，必须通过招投标的方式公开选择供货方，北京市地税局也是按此执行的。但执行过程中，看似公开、公平、公正的招投标，其实存在问题。在提到在招投标和政府采购过程中受贿的原因时，彭英斌说，招标过程看着很公开，但领导会给负责人打招呼，负责人再向专家组推荐，结果也就基本内定了。提到与锐达伟信的合作时，他说：“如果两个公司条件差不多，我就会优

① 沈义、徐一村：《为中标工程行贿680万元　两高管被判刑公司被处罚金120万元》，《检察日报》2009年1月12日。

先选用锐达伟信。在公开招标的评标过程中，因为我是评委会的评委，而且是采购方代表，所以在评标过程中我发表评标意见时，就会发表一些倾向于让锐达伟信中标的意见。”①

湖南省煤矿安全监察局、省安全生产监督管理局原党组书记、局长谢光祥，1996—2008 年利用担任省煤炭工业管理局副局长、省煤炭工业局副局长、局长及省煤监局、省安监局党组书记、局长的职务便利，在工程承揽、事故处理、证照办理、设备采购等方面为他人谋取利益，单独或与其妻徐丙凤、其子谢琳峰共同收受邹某某、刘某某、陈某某等人以单位或个人名义送给的人民币共计 219 万余元。其中，2003 年下半年，谢光祥原来的下属邹某和湘潭双马建设工程有限公司董事长郭汉林（另案处理）向谢光祥提出请托，要谢为双马公司承揽省煤监局综合办公楼及融城小区一期商品房住宅区建设工程帮忙。邹某说自己能拿到一笔包干费，可按 5000 万元工程款 6% 的比例提成，事成之后与谢光祥对半平分。在利益刺激下，谢光祥利用职务之便，授意该局负责招投标工作的程某对双马公司给予关照，使双马公司于 2004 年 2 月顺利中标签订工程施工合同。2004 年 9 月，谢光祥又应邹某之托，拍板决定双马公司与另一家公司签订合作开发协议，为双马公司取得融城小区二、三期项目开发建设权铺平了道路。邹某于 2004 年 3 月至 2006 年 7 月，先后 5 次共计送给谢光祥及其子谢琳峰人民币 88 万元。②

二是工程建设主管部门索贿受贿。

海南省三亚市建设局原党委书记、局长欧桂芳利用职务之便，多次收受包工头的贿赂款多达 110 万元。经法院审理查明，2003—2006 年，欧桂芳利用担任三亚市建设局局长的职务便利，在支付工程款和工程监督管理的过程中，先后 13 次收受他人贿赂。案发后，欧桂芳退还了全部 110 万元赃款。2003 年，包工头杨某通过挂靠多家单位，先后承建了三亚市区沥青砼路面改造、一环路延伸段、迎宾路改造等工程。工程建设过程中，时任三亚市建设局局长的欧桂芳在工程款的拨付及工程的

---

① 李海霞：《原北京地税副处受贿百万　受审期揭政府招标内幕》，《北京晚报》2011 年 5 月 25 日。

② 李宁、何森玲：《湖南省煤矿安全监察局原党组书记谢光祥受贿案庭审纪实》，《湖南日报》2010 年 3 月 31 日。

监督管理上大开绿灯，杨某心存感激，为表示感谢，杨某先后送给欧桂芳贿赂款共计人民币60万元。2004年，包工头叶某通过挂靠上海某工程公司、天津某集团有限公司海南分公司，承建了三亚市迎宾路改造、迎宾路污水管道、凤凰路污水管道等工程。欧桂芳对叶某非常“照顾”，为了表示感谢，先后6次到欧桂芳家中，送给欧桂芳好处费共计人民币45万元。①

重庆巫山县交通局原局长晏大彬受贿案更有典型意义。晏大彬于2001年10月起担任巫山县交通局局长，同时兼任巫山县长江公路大桥建设领导小组成员兼建设办公室主任。2001年至2008年年初，被告人晏大彬利用主管巫山县交通建设和长江公路大桥建设的职务之便，在巫山县公路、桥梁等工程的发包、修建过程中，为他人谋取利益，多次收受他人送给的2218.4万元人民币以及1万美元，共计折合人民币2226万元。重庆二中院一审以受贿罪判处被告人晏大彬死刑，剥夺政治权利终身，并处没收个人全部财产，受贿所得赃款予以追缴上缴国库。被告人晏大彬不服，提起上诉。重庆市高级人民法院终审驳回上诉，维持原判。

根据判决书，晏大彬受贿主要方式和途径是，个体建筑承包商向其请求承揽工程，承诺给予好处费，晏大彬向下属及有关人员打招呼。其中一个情形是，2006—2007年，巫山县交通局决定对巫山县刘家垭至官阳镇、三合浦至三溪、小风口至梨子坪、抱龙镇至楂树坪（以下简称抱楂路）、长梁镇至莲花塘的公路进行油化改造。重庆广厦第一建筑集团公司项目经理周松向被告人晏大彬提出请求承建这些工程，并许诺给好处费。被告人晏大彬通过让周松自己引荐招投标代理公司以及向经办人员打招呼、透露标底等方式，致使周松承建了抱楂路、三三路、小梨路等路面油化工程，同时在工程款拨付等方面为周松提供帮助。在此期间，被告人晏大彬先后9次收受周松送给的人民币共计590万元。另一个情形是，2001—2007年，个体建筑承包商廖开学向被告人晏大彬请求承揽工程。被告人晏大彬通过向巫山县交通局副局长徐涛、李露太等人打招呼并具体安排，致使廖开学先后承接了龙王淌至花竹坪路面改造工程、刘家垭至官阳镇公路改扩建工程第二合同段、当阳至九湖坪新

① 胡友政：《建设局长“关照”包工头 受贿110万》，《检察日报》2011年1月24日。

建路基工程第四合同段工程、骡坪镇至竹贤公路改扩建工程第Ⅱ合同段、三合浦至三溪乡路面改建工程二标段等工程。为此，被告人晏大彬先后 10 次收受廖开学送给的人民币共计 348 万元。

此外，为工程承包企业增加工作量、工程款也是其受贿的重要途径。这方面的一个情形是，2004—2005 年，四川公路桥梁建设集团有限公司大桥分公司先后承建了巫山县长江大桥工程和大昌镇手扒岩大桥工程。该公司项目经理王明琪为增加长江大桥工程的工程款和承揽手扒岩大桥工程，多次找到被告人晏大彬，并许诺给予好处费。经过被告人晏大彬组织相关部门研究并上报后，确定追加工程款 1400 万元。被告人通过向经办人员打招呼并以透露标底方式，致使王明琪所在的公司承建了巫山县手扒岩大桥工程。在此期间，被告人晏大彬先后 4 次收受王明琪给予的人民币共计 300 万元。王明琪的庭审证言披露的细节是，2004 年四川路桥公司在承建巫山县长江大桥过程中，因工程亏损，他向晏大彬请求追加工程经费，并许诺给好处费，晏大彬表示同意。2004 年 7 月追加工程经费 1400 万元。同时，他又向晏大彬请求承揽巫山县手扒岩大桥工程。晏大彬安排李露太给予关照并透露工程标底，最终他所在的四川路桥公司承揽了该工程。2004 年 8 月、9 月至 2005 年春节，他分 4 次分别在晏大彬家中以及重庆大世界酒店送给晏人民币共计 300 万元，以感谢晏大彬的关照。时任巫山县交通局副局长李露太的庭审证言证实，在手扒岩大桥工程招标过程中，晏大彬向他打招呼并安排他将工程标底以及业主报价光盘交给王明琪，致使王明琪所在的四川路桥公司中标承揽了该工程。[①]

三是国有承建企业通过工程发包、转包索贿受贿。国有企业党政负责人尤其是“一把手”集部门人事权、财务权、工程审批权于一身，可能通过“打招呼”“批条子”“下指令”等方式干预正常的招投标，从中谋取巨额经济利益。2008 年 6 月 25 日，陕西省高级法院做出裁定，依法核准西安市中级人民法院以受贿罪判处陈双全死刑，缓期两年执行，剥夺政治权利终身，并处没收个人全部财产的刑事判决。庭审查明，2001 年 3 月，陈双全被任命为陕西省高速集团党委委员、书记，同年 4 月被任命为高速集团董事长。在任职期间，陈双全利用职务之

① 重庆市第二中级人民法院刑事判决书（2008）渝二中法刑初字第 64 号。

便，采用先给下属打招呼，让多家关系施工单位通过资格预审，后又由其内定名次，透露标底确保关系施工单位中标的手段，为多家施工单位或个人谋取利益，从中收取巨额财物，合计 912 万元人民币、93 万美元、1000 万日元。[①] 陈双全在任期间，陕西省高速集团先后承建了西安咸阳国际机场高速公路、阎良至禹门口高速公路、黄陵至延安高速公路以及西安至汉中高速公路等工程，集团投资总规模达 272 亿元，总里程 598 公里。陈双全对招投标的干预主要是两种方式。一是打招呼，让一些单位通过预审；二是内定中标单位，将报价透露给那些单位。[②]

三　土地领域

在国有土地使用权的转移上，我国采取以有偿出让为原则、以划拨为例外的双规制方式。具体出让方式有协议出让、招标出让、拍卖出让和挂牌出让等。其中，协议出让指县级人民政府及其土地行政主管部门代表国家与土地申请使用者就土地使用权价格、使用年限、用地条件等相互协商达成一致意见而进行的国有土地使用权出让。招标（拍卖、挂牌）出让是指市、县人民政府土地行政主管部门或者其委托的中介机构就国有土地的使用权发布招标（拍卖、挂牌）公告，并根据投标（出价）结果确定土地使用者的行为。

出于保护耕地及宏观调控政策等方面的考虑，法律规定由国务院国土资源部统一负责全国土地的管理和监督工作并通过编制土地利用总体规划实行土地用途管制制度。土地行政主管部门及其工作人员肩负着管理国家土地资源、切实保护耕地及巡查纠正土地违法行为等重要职责。现实生活中，容易发生土地行政主管部门行政执法不作为或其工作人员渎职包庇土地违法行为。

土地领域在土地使用权审批、土地出让、缓缴土地出让金、享受税收优惠政策、土地整治项目安排、项目竣工验收、土地证及时发放等环节存在较大的商业贿赂空间。由于协议出让不对外公开，更容易滋生“暗箱”操作、产生腐败现象。其中，最突出的一个问题是，土地出让价和市场拍卖价差额为地产商寻租活动预留了巨大空间，也为国家工作

---

① 倪建军、秦剑：《陕西高速原董事长终审仍死缓》，《检察日报》2008 年 6 月 27 日。

② 杨继斌：《陕西高速集团原董事长在任 1700 天受贿 1700 万》，《新京报》2008 年 7 月 11 日。

人员干预和插手土地使用权出让、谋取私利提供了机会。在履行土地使用权审批职权时，有些人擅自决定采取划拨、协议方式出让土地，擅自批准改变土地用途或者其他土地出让条件，违反经营性用地和工业用地使用权招标拍卖挂牌出让规定。一些开发商通过贿赂有关人员，通过主管部门量身定做设置前置条件取得土地使用权，使土地招拍挂流于形式。取得土地使用权后，再通过关系运作改变原规划，提高容积率，增加销售面积。一些不法商人为达到转换土地性质、减免出让费用、承接工程、协调关系等目的，往往采取不法手段以获取非法回报，出现人情工程、权钱交易工程，甚至擅自变更设计，追加工程量，增加工程投资，造成“工程黑洞”，给国家造成经济损失。

在国有经营性土地使用权出让和国有企事业单位土地使用权有偿转让的过程中，购地者与腐败官员和土地评估机构互相串通，故意压低土地价格，牟取暴利。土地评估一般以评估价格总额为基数来收取评估费，这就造成评估机构为多收取费用而对土地进行不实评估、虚假评估。在城镇房屋拆迁中，一些单位和个人，通过向评估机构行贿，抬高或压低评估价格，非法获利，损害业主利益。一些评估、代理等中介机构通过给回扣获取业务等。

一是党委、政府领导直接干预。这是该领域商业贿赂的典型形式之一。这些官员往往借口“改革”“发展”，以搞活经济和招商引资为幌子，利用权力或影响，通过直接出面或通过“打招呼”的方式，帮助打通关节，从中收取贿赂。1995 年 5 月至 2009 年 4 月，许迈永利用担任萧山市副市长，杭州市西湖区代区长、区长、区委书记，杭州市副市长等职务上的便利，为有关单位和个人在取得土地使用权、享受税收优惠政策、受让项目股权、承建工程、结算工程款等事项上谋取利益，收受、索取他人财物共计折合人民币 1.45 亿余元，侵吞国有资产共计人民币 5300 万余元。其中，许迈永利用担任主管城建工作的政府领导的影响，利用掌握的土地审批等行政权力在开发西湖科技产业园项目中受贿尤其具有典型意义。2002 年 8 月，杭州西湖区通过杭州西湖投资有限公司协议受让浙江科技学院老校区 102 亩土地使用权，用于开发西湖科技产业园项目，为了开发该项目，杭州西湖投资有限公司便与西湖区城市建设发展有限公司成立了两家国有投资公司。后因资金问题，这个项目一直没有启动。直到 2005 年，许迈永开始向坤和房产公司董事长李宝库推荐这个项目。2006 年，李宝库与这两家公司签订了国有股权转让协议，这样坤和公司就可以享受到“原用地单位享受省属高校土地出让金扶持等政策，用于支付征地、拆迁等补偿费用”等优惠政策。后因杭州市出台规定国有股权必须公开挂牌转让，原来的协议被中止。2007 年 11 月，许迈永用召开区委书记办公会议“协调”的方式，对两家国有公司挂牌转让设置了限制性条件，最终使坤和公司中标获得国有股权。李宝库许诺把由此可以享受到的“土地出让金返还优惠政策”相当于 2000 万美元的钱送给许迈永，其先后 8 次送给许迈永 830 万美元。许迈永还在坤和公司开发“和家园”项目时，利用公权，由政府出面协调，帮助“和家园”建设配套设施。①

二是行业管理部门接受企业请托，为其谋取不当利益。为了争夺国有土地使用权，用地企业之间会展开激烈寻租竞争。根据现行土地法律法规规定，任何单位和个人进行建设需要使用土地的，均可依法申请使用国有土地和征用集体土地。而国家依法分别采取行政划拨、出让、租赁或作价出资（入股）等方式向土地使用者提供国有土地使用权，由此形成了法律意义上的因供应方式不同而性质权能不尽相同的国有土地使用权，如划拨土地使用权、出让土地使用权等。同时，现行法律对土地实行用途管制制度，将土地分为农用地、建设用地和未利用地三大类，并进而进行了大类下的二级、三级分类。其中，建设用地二级类细分为商服、工矿仓储、公用设施、公共建筑、住宅、交通运输、水利设施及特殊八类用地。因此，建设用地的供应方式和土地用途成为国有土地使用权经济属性的最根本因素，并与土地利用强度指标共同决定了其单位面积的经济价值，改变土地用途可能存在巨大的行贿空间。上海市住房保障和房屋管理局原副局长陶校兴在 1998 年 9 月至 2010 年 8 月期间，先后接受孙镇跃等人请托，利用直接分管土地等职务便利，帮助上海兴跃房地产投资有限公司等单位为请托者批地、立项更改土地用途，用于开发房地产项目，并先后收受孙镇跃等人以及上海顺恒实业有限公司、上海尊显实业投资有限公司贿赂的现金、手表、商铺等财物，合计价值人民币 1045 万余元。经公诉机关查明，利用长期分管土地等要害

① 方益波、裘立华：《杭州原副市长许迈永涉贪 2 亿背后：用经营思路搞腐败》，《瞭望新闻周刊》2011 年 6 月 27 日。

部门的机会，陶校兴的一支笔在土地使用权出让以及土地使用性质变更等领域具有决定性作用。①

三是规划部门与企业相互勾结，在履行规划调整和土地利用规划职能时，擅自修改调整土地利用规划，帮助企业谋取不正当利益。一些企业拿到土地后，往往采取不正当手段，勾结城乡规划部门的某些领导干部，擅自修改规划方案，改变土地使用性质，或者提高容积率，谋取非法利润。对于开发商来说，容积率决定地价成本在房屋中占的比例，容积率增加零点几，楼层增加一两层，会给开发商带来上千万元的暴利。但增加容积率必须获得规划部门的审批，具有审批权限的官员大笔一挥可让开发商获得暴利，开发商则从中划出一部分来“知恩图报”。昆明市规划局原局长曾华在担任昆明市规划局建设处处长、副局长、局长期间，利用审批房地产开发项目的职务便利，于 2000 年至 2006 年 10 月分别收受云南省伦华房地产开发经营有限公司、云南金马源房地产开发有限公司、昆明昆川园林绿化有限公司等共计 17 家单位的多次贿赂，共计人民币 47 万元、美元 14.65 万元、港币 9.5 万元、欧元 8 千元、日元 16 万元及价值 9.056 万元人民币和价值 4.71 万港币的手表、项链、翡翠等贵重物品。曾华手中掌握着昆明市建设的方案审批、工程规划、土地规划的大权，其为房地产企业谋取不正当利益的方式包括：提高建筑规划设计的容积率，例如将一处房产项目的容积率从 0.6% 提高到 1.2%，这样销售面积就会增加一倍；改变规划用途，例如将市计委审批的青少年活动中心改变为农贸超市及会所，将公益性项目变成商业项目；通过给下属暗示、打招呼的方式，为某些给过他好处的公司加快审批程序，缩短审批时间，或对有瑕疵的公司网开一面，使其顺利过关。② 所谓容积率，即项目规划建设用地范围内全部建筑面积与规划建设用地的面积之比。房产项目调高容积率，也意味着单位面积土地出让金的降低，开发商为每平方米商品房支付的地价成本也随之降低。收入增加而成本减少，两者相加而得的额外收入，可算得上是房地产开发企

① 林中明：《上海市房管局原副局长受贿　一审获无期徒刑》，《检察日报》2011 年 6 月 24 日。

② 屈明光：《昆明市规划局原局长曾华受贿　一审被判刑 13 年》，《新华网云南频道》，http：//news. xinhuanet. com/legal/2007 - 04/06/content_ 5942307. htm。

业的“超额利润”。通俗地说容积率就是一个小区的总建筑面积与用地面积的比率。可见，容积率决定地价成本在房屋价格中的比例，决定被开发土地的含金量。容积率越高，开发商的利润就越大。而容积率的高低，决定权在规划部门手里。一般来说，开发商改变容积率的方式有多种。既可以在拿到地之后，通过各种手段贿赂规划部门，取得规划部门同意提高容积率的批文，也可以在验收环节，通过贿赂规划部门使其对范围之外超过容积率的部分处以补交地价的罚款，罚款往往远远小于提高容积率带来的收益。

四是利用职权为他人承揽土地整理、土地调查等项目，谋取利益。从有关案例看，国土部门一些人员所以能为他人承揽项目，主要在于该领域缺乏成熟规范的管理政策。与工程建设项目比较，土地调查、整理、聘用中介等领域项目的管理制度更薄弱，权力更集中，更缺少制约。不少项目是部门自己立项、自己监督、自己验收、自己拨付工程款，本应适当分解和相互制约的权力集中在职能部门、职能科室少数人身上，没有有效地引入权力分解和制约制度，没有建立有效的集体研究决定、相互监督制约的机制。

国土资源部地籍管理司监测与统计处原处长沙志刚涉嫌受贿千余万元一案很能说明以上分析。根据检察机关指控，2005 年 6 月至 2010 年 1 月，沙志刚利用担任国土资源部地籍管理司监测与统计处处长兼国务院第二次全国土地调查领导小组办公室基础图件组组长的职务便利，在第二次全国土地调查项目投标资格考试时，向参加考试的北京淘源科技有限公司泄露考试内容，并帮该公司承揽相关项目等。为此，沙志刚以股份收益为名，多次非法收受该公司法定代表人贾汛款项共计人民币 840 余万元。另外，2007 年 5 月至 2009 年 12 月，沙志刚还利用职务便利，接受北京天目创新科技有限公司法定代表人程晓阳的请托，在第二次全国土地调查过程中，为该公司违反规定承揽遥感数据及调查底图采购项目提供帮助。为表示感谢，程晓阳按照沙志刚的要求，以高出市场价人民币 200 万元的价格，将河北省的调查底图制作项目分包给沙志刚指定的北京淘源科技有限公司，沙志刚将该款非法占有。[①] 根据沙志刚

① 高鑫、李佳：《国土资源部一处长涉嫌受贿千万被诉》，《检察日报》2011 年 1 月 12 日。

供述，2005 年，他的大学同学贾汛找他商议开公司，注册成立北京淘源科技有限公司。虽然 90 万元注册资金没有体现沙志刚的任何作为，他也没有担任公司的任何职务，但他与贾汛有口头约定——沙志刚在这家公司里占有 65% 的股份。①

河北省饶阳县国土资源局职务犯罪窝案也很有代表性。安平县人民法院审理查明，2007 年年底，时任饶阳县国土资源局局长的魏国林，在拍卖饶阳县油棉厂和棉麻公司土地过程中，和时任副局长的胡志远等，与河北省泽融拍卖有限公司法定代表人苏建利商定，该公司如果能承揽该土地拍卖业务，拍卖成功后可以给付饶阳县国土资源局拍卖成交额 1% 的好处费。后由饶阳县国土资源局主办、河北省泽融拍卖有限公司承办对该宗土地进行了拍卖。河北省泽融拍卖有限公司收到拍卖佣金后，为了表示感谢以及日后能继续得到帮助，将 38 万元人民币好处费分两次送给了胡志远等人。其中，魏国林分得 10 万元，胡志远分得 16.5 万元，胡志远以拍卖公司给的感谢费名义分给了原副局长赵亚男、原耕地保护股股长程向维各 2.5 万元，原党组副书记艾广群、李庆忠、刘藏云各 1 万元。此后，河北省泽融拍卖有限公司又陆续与饶阳县国土资源局就两宗土地的拍卖签订过委托拍卖合同，但均流拍。②

五是利用职务便利，在征地拆迁补偿中收受贿赂。征地拆迁补偿受贿的犯罪主体包括基层组织人员、拆迁办人员、国土资源局等工作人员，尤其以基层组织人员犯罪居多，正所谓受贿不在位高低。重庆市沙坪坝区征地办公室原干部丁萌，采用虚增土地面积、提高补偿标准等方式为他人谋取利益，受贿 161 万余元，被该市第一中级人民法院以受贿罪一审判处有期徒刑十三年，剥夺政治权利三年，并处没收财产 8 万元。法院审理查明，2006 年年初，丁萌被沙坪坝区征地办公室安排到“西永微电园征地办公室”负责西永镇征地拆迁工作。2007 年 6 月底，沙坪坝区安平家禽养殖场法定代表人岑某找到丁萌，请其在拆迁补偿时给予照顾。丁萌利用职务之便，采取虚增养殖场鸭棚及土地面积、提高

---

① 杜萌：《国土部原处长受贿案曝智能犯罪特征》，《法制日报》2011 年 1 月 13 日。

② 马路：《饶阳县国土局职务犯罪窝案一审公开宣判：原局长获刑 10 年》，《燕赵都市报》2010 年 6 月 14 日。

补偿标准等方式，使岑某多获得近100万元的补偿费。岑某为此送给丁萌55万元以表感谢。另外，沙坪坝区赖家桥机械配件厂法定代表人胡某请丁萌在拆迁补偿时给予关照，丁萌在收取胡的20万元后，就采取认可该企业提供的机器设备非原始发票、增大办公区面积等方式，使其多获得补偿费50万元。2006—2007年，丁萌共收受他人贿赂161万余元，使他人多获得补偿款260余万元，国家财产受到严重损失。①

合肥市庐阳区海棠街道藕塘社区原党总支书记刘怀寅为一个社区干部，其受贿主要涉及征地、土地补偿款。合肥市检察院指控，浙江祥源投资集团公司董事长俞发祥为感谢刘怀寅在征地及土地补偿费等方面提供帮忙，两次以支付咨询费名义转入刘怀寅设立的合肥昊然投资咨询公司账户共计人民币340万元，这是刘怀寅被检察机关指控涉嫌受贿的11项犯罪中最高的一笔贿赂。此外，由于其在征地以及土地补偿费等方面获得帮助，安徽金宇房地产开发公司董事长彭守标分别于2007年春节前、2008年春节前，两次送给刘怀寅共计200万元。刘怀寅被指控涉嫌受贿的11项犯罪事实主要发生在2001—2008年，其中8项涉及征地、土地补偿款等，数额达903.6万元人民币、3万美元，占全部受贿数额95%以上。此外，刘怀寅还凭借其在工程承包、项目转让等方面为他人提供帮助收受贿赂25万元人民币、1000美元。在庭审过程中，刘怀寅对检察机关指控的11项涉嫌受贿的犯罪事实都没有表示异议。②

四　矿产资源领域

我国矿产资源领域一直被视作工业上游的一个原料提供车间，市场化改革明显滞后于下游工业领域各部门的市场化改革进程。近年来，我国积极探索建立矿业权有形交易市场，取得了一定成效，但问题还未真正厘清，矿业权市场建设仍处于起步阶段，通过市场实现公平、有效配置的体制尚不健全。矿产资源领域在矿产资源勘查、矿业权出让、矿产资源规划评估、开采审批、安全生产监管、大额资金使用、执法监察等

---

① 沈义：《收受贿赂　帮他人虚增土地面积　重庆市沙坪坝区征地办一干部获刑十三年》，《检察日报》2009年2月4日。

② 程士华：《安徽合肥一社区干部借征地敛财近千万受审》，《检察日报》2009年9月6日。

直接与企业打交道的环节和岗位容易滋生商业贿赂。从已经暴露的一些案件看，矿产资源领域商业贿赂犯罪往往涉及地方各级党政领导部门、国土资源、安全生产、矿产管理、财政税收、公安等行业主管、监管、执法执纪部门，以及国有矿山企业等多个单位部门及其领导干部、一般工作人员、农村基层组织工作人员等，由上至下、辐射面广、涉及人员众多。

在矿产资源勘查方面，有的不按国家规定和要求审批地址勘查单位资质。在矿业权出让方面，有的采用违反规定将应当通过招标、拍卖、挂牌出让等市场化方式出让的矿业开发权，采取协议出让等方式转让给请托人；有的在以法定方式出让矿业权过程中，采用不正当泄露交易信息、进行不公正评判等手段帮助请托人取得矿业开发权；有的采用为不具备探矿、采矿资质条件的申请人违法办理、颁发年检相关许可证书，或者在办理上述事项时，违法为申请人完善申请资料、缩短呈报时间、协调疏通关系等手段；有的通过向业主推荐相关规划设计、检测、评估机构，并向该机构按一定比例收取回扣牟取私利；有的接受行贿人以“信息费”“专家咨询费”等名目所给的财物。在矿产资源规划评估方面，有的不按规定要求选择矿产资源规划、评估和矿业权设置方案编制单位，利用职权干预规划和方案的编制、修编、调整和审查以谋取私利。在开采审批方面，有的对相关证照的审查、审批及验收中不严格把关，使这些工作流于形式，造成应该停产或关闭的矿继续违法进行生产。在安全生产监管方面，有的不认真履行监管职责，对存在的安全隐患不能及时采取果断措施，从而发生安全生产事故。在大额资金使用方面，有的不按规定使用土地整理、地质灾害治理、矿山环境治理等项目资金。相关的职能部门利用权力之便，索贿受贿致使审批手续流于形式，或者利用职务之便，在证照审批或安全监管、检查中，故意刁难当事人，索贿受贿。

一是党政领导等官员暗中保护应予整顿关停甚至缺乏合法手续的矿山，使其继续生产。2007 年 7 月山西省大同市原副市长王雁峰，通过北京金泽源农业生态有限责任公司经理金云康收受大同市南郊区高山镇段家小村东梁煤矿、大同市南郊区云岗镇窨顶沟联营煤矿矿主李克伟 1000 万元。王雁峰利用担任大同市副市长的职务便利，于 2007 年 8 月同意将大同市政府已报请山西省安委会关停的东梁煤矿予以置换保留，

2007年9月同意将大同市政府已报请山西省安委会关停的窨顶沟煤矿予以置换保留。[①] 王雁峰落马源于多年前的一场矿难。2004年12月17日，山西省左云县店湾镇红窑沟煤矿突发事故。矿主李克伟为瞒报此事，将井口封死。4年后，此事经矿工联名举报后获中央高层批示。2009年2月18日，大同市公安局发出B级通缉令以涉嫌“重大责任事故”通缉李克伟。2010年年初李克伟自首，随后供出包括王雁峰在内的一批涉案官员。[②]

陕西省神木县县委原常委、副县长高小明为请托人在资源开发过程中谋取利益收受贿赂。高小明收受的钱款，主要是其在工程修建及资源开发过程中一些当地民营企业老板所送。其中一笔受贿款为当地一工程老板所送的“感谢费”。该老板在神木县大柳塔一带，以修建河堤工程的名义长期“挖明盘”（当地群众所说的“挖黑煤”）。大柳塔一带煤层埋藏很浅，只需用推土机推掉地表覆盖的土层即有煤炭外露，该老板在高小明的“关照”下取得了当地政府的“河堤工程”手续，从而大肆开挖“黑煤”牟利。[③]

二是党政领导或部门负责人、工作人员自己或者亲属在矿山企业中入股，不少是干股。由于矿主保密并且不在账面上体现，这种贿赂形式不易被发现。云南省普洱市原副市长罗德忠利用其分管市国土资源局的职务便利，于2004年7月，将云南财经大学停薪留职人员姚思峤介绍、推荐给普洱市国土资源局原局长肖建伟，并安排肖为姚思峤在设置矿权和矿业开发等方面提供便利。肖建伟安排矿管科原科长赵吉才选择推荐几个矿点给姚思峤。2004年8月30日，姚思峤在普洱市注册成立了“思茅九鼎矿业有限公司”，注册资金50万元人民币全部由姚投入，公司股权登记时姚思峤将22%的股份记在罗德忠的名下。没过多久，普洱市国土资源局原局长肖建伟就利用职务之便，通过矿管科原科长赵吉才指使景谷县国土资源局矿管股原股长方世福，在没有办理合法手续的

① 郭超美、尹海义：《大同市原副市长王雁峰受贿案开庭》，《检察日报》2011年5月13日。

② 钱桂林：《山西煤矿矿主瞒报矿难　五年花上亿元与官员勾结》，《红网》2011年2月10日。

③ 倪建军、神晡：《“含金量”反成原罪　陕西神木原副县长高小明涉嫌受贿被捕》，《检察日报》2009年7月9日。

情况下，违规为姚思峤办理了景谷县凤山乡登海山、满坡—凉水箐两个铜矿的采矿权。之后，还利用负责矿产资源管理的职务便利为姚推荐矿点，为思茅九鼎矿业有限公司上报审批探矿权提供帮助，让思茅九鼎矿业有限公司轻易就取得了景谷县小正兴、景谷电站、思茅区（原翠云区）大兴坡铜矿和景谷县下武燕金矿共4个采矿权。拿到采矿权后，姚思峤的思茅九鼎矿业有限公司从未实际进行过勘探、开采，因为公司没有资金，姚便决定通过转让矿权牟取暴利。2007年1月，罗德忠授意姚将一块土地使用权及所有地上附着物作价45万元转让到其弟罗某某名下，在未付分文的情况下，姚写了一张50万元的假收条。此后，罗德忠分四次接受了姚思峤送来的80万元人民币。①

有的官员利用职权直接创办矿业企业，经营矿产资源开采。一般情况下，监管矿业的官员多是从企业索贿受贿。在官员直接经营企业情形下，还容易诱发其行贿行为。山西省蒲县煤炭局原局长郝鹏俊因犯逃税罪、非法买卖爆炸物罪、挪用公款罪、贪污罪，于2010年8月20日被山西省临汾市中级人民法院判处有期徒刑20年，并处罚金5万元。郝鹏俊1991年任蒲县地矿局长，2002年任蒲县安监局局长，2003年任蒲县煤炭局局长。身为地矿局长，郝鹏俊1993年借款2万元买下蒲县克城镇张公庄村后沟洼煤矿的采矿许可证，2000年出资成立蒲县成南岭煤业有限公司，并全面负责，是煤矿的实际控制人。2005年8月22日，国务院办公厅下发紧急通知，限期公职人员一个月内从煤矿中撤资清股。同年8月30日，中纪委、监察部、国资委、国家安监总局联合发出《关于清理纠正国家机关工作人员和国有企业负责人投资入股煤矿问题的通知》。明确规定，逾期不如实登记、撤资或隐瞒真相等，一经查出一律就地免职并严肃处理。2005年9月20日，郝鹏俊向蒲县纪委出示他与堂弟郝神锁、妻弟于小红当天签订的退股协议，协议称他将35.7万元的出资从成南岭煤矿撤出。郝鹏俊事发源于2008年9月8日临汾市襄汾溃坝事故后，临汾要求全市煤矿停工整顿，成南岭煤矿被查到涉嫌违规生产，郝鹏俊的妻弟于小红供出郝鹏俊夫妇是煤矿实际控制

---

①　储皖中：《云南省普洱市原副市长罗德忠受贿案庭审纪实》，《法制日报》2007年12月10日。

人，由此引出“山西煤焦反腐第一案”。①

2014 年 10 月，江西赣州市安远县原县委书记邝光华因犯受贿罪和滥用职权罪，被判处有期徒刑 17 年。他收受贿赂近 700 万元，并向下属打招呼“关照”非法开采稀土的亲属，造成国家巨额损失。法院审理认为，邝光华亲属的非法开采，最终造成当地矿产资源被破坏价值 1708 万余元。据邝光华供认：“2011 年以来，我妹夫、连襟相继参与非法开采稀土，自己不但没有安排人员去查处，还私下和人打过招呼，希望对他们能照顾就照顾一下。”在邝光华带头贪腐“示范”之下，安远县稀土腐败现象蔓延。2013 年以来，安远县先后有 20 余名公职人员因在稀土领域涉嫌贪污、贿赂、徇私枉法被移送司法机关处理。②

三是利用职权帮助违法项目办理合法手续。贵州省人大农业与农村委员会原主任委员、省林业厅原厅长张锦林受贿、违法发放林木采伐许可证。2006 年 10 月，贵州省林业科学研究院原院长于某（已判刑）到省林业厅找到时任厅长的张锦林，说明拟假借修建护林防火通道的名义，为福海生态园解决园区旅游观光道路建设中占用林地和采伐林木的问题。张锦林明知福海生态园项目系未批先占、未批先建的违法项目，不仅不予以制止，反而先后向省林业厅的其他有关领导打招呼要求予以办理，最终导致贵州省林科院实验林场修建场部工区和八里屯工区面积 43.86 亩、总蓄积 775.49 立方米的森林被采伐。③

2015 年 7 月，云南省国土资源厅原厅长、党组副书记林耘埜以滥用职权罪判处有期徒刑 4 年，受贿罪判处有期徒刑 15 年，数罪并罚，决定执行有期徒刑 17 年，并处没收个人财产 100 万元人民币。法院审理查明，2008—2011 年，林耘埜在担任云南省国土资源厅副厅长，分管全省矿产资源矿政管理工作期间，滥用职权，违规审批转让文山州麻栗坡县某钨矿采矿权，违规审批转让玉溪市华宁县某铅锌矿探矿权，违规审批变更玉溪市华宁县某铅锌矿探矿权勘查矿种为磷矿，导致国家财

---

① 涂重航：《山西蒲县家财数亿　煤炭官员案发始末》，《新京报》2010 年 6 月 23 日。

② 《2015 矿业反腐攻坚战开打　赣晋陕等省现权力寻租》，《中国经济周刊》2015 年 3 月 3 日。

③ 周以明：《贵州省林业厅原厅长张锦林被三罪并罚》，《检察日报》2009 年 10 月 12 日。

产损失共计 11147 万余元人民币。[①]

五　政府采购领域

政府采购是指各级国家机关、事业单位和团体组织，使用财政性资金采购依法制定的集中采购目录以内的或者采购限额标准以上的货物、工程和服务的行为。实施政府采购制度，采购市场的利益主体增加到五方，除原有的政府部门和供应商外，增加了采购机构（集中采购机构或社会中介机构）、评审专家和政府监督职能部门，后三方是给采购市场引入的外界监督制约，采购市场形成了相对独立的利益制衡关系，从制度上具有抑制腐败的功能，再加上政府采购规模大，理论上可以使生产商或供应商利用规模经济效应，通过经营活动规模递增、成本递减提供相同质量但价格更为低廉的产品或服务，有效地节约财政资金，提高财政资金的使用效益。但是，政府采购上述效果的实现，不仅要求科学设定具体的采购流程，而且要求健全采购政策、采购程序、采购过程及采购管理等方面的制度。

政府采购一般有三种方式：集中采购方式，即由一个专门的政府采购机构负责本级政府的全部采购任务；分散采购方式，即由各支出采购单位自行采购；半集中半分散采购方式，即由专门的政府采购机构负责部分项目的采购，而其他的则由各单位自行采购。我国主要实行集中采购方式，列入集中采购目录和达到一定采购金额以上的项目必须进行集中采购。

自 20 世纪 90 年代中期开始试行政府采购制度以来，全国绝大部分省、设区市成立了政府采购中心，专门负责本级政府采购事宜。政府采购在节约财政资金，保护本国企业发展，以及保证国家机关、事业单位和社会团体的正常运转等方面的优势逐渐显现出来。但是，政府采购使用的资金是财政资金，而不是自然人或公司法人的资金。政府采购的采购方系以公有产权代理人的身份来行使职权，掌控着挑选供应商的权力。在政府采购制度不完善，又缺少有效法律制约和行政监督的情况下，采购人员可能利用权力进行设租，限制其他经济主体进入某些含有租金的活动，限制供给造成人为的稀缺，能够决定和影响政府采购进程

---

① 《云南省国土资源厅原厅长林耘埜一审被判 17 年》，2015 年 7 月 24 日，http：//news. xinhuanet. com/legal/2015 -07/24/c_ 1116034609. htm。

和结果的单位和个人自然就成为供应商寻租的对象。因此，政府采购可能成为寻租行为发生频率非常高的领域之一。

政府采购中的寻租行为包含两个方面的内容，一是指采购方利用手中掌握的采购特权进行设租，二是供应方向负责采购的人员进行寻租，以寻求采购合同或工程项目的订单的活动。采购方的设租活动主要是人为设置需求障碍，进而制造一个获取租金的条件。而寻租方则利用合法或非法的活动向采购方进行游说，与其合谋获得供应特权以获取租金。由此可见，政府采购寻租活动实际就是一个“权—钱”交易的过程，设租是以权换钱，而寻租则是一个用钱买权再获得更多金钱的过程。尤其是我国采购管理、财政资金和公共审计制度不健全，缺乏公众和新闻媒介的监督，从事和管理采购职能的人员可能在采购中谋取私利。由于我国的政府采购还处于成长阶段，政府采购制度不够健全，法制和监管不够完善，政府采购领域滋生的商业贿赂等腐败问题比较突出。采购人、采购代理机构和政府采购监管部门中的一些人，可能利用权力对采购过程进行控制，与一些供应商相互勾结，搞权钱交易，设定条件排斥其他供应商，倾向于特定的供应商和商品，营造供应商行贿的动机与条件。一些不法供应商为了在政府采购中获得交易机会、达成交易或者改变采购结果等不正当利益，往往不顾商业道德、法律和市场竞争规则的约束，利用少数人贪财爱利的心理，拉拢腐蚀采购单位、采购代理机构和采购评审专家及其他工作人员。

从我国来看，采购项目审批后，由采购单位委托采购中心组织采购。政府采购一般要经过下面的基本程序。

第一步，明确采购需求。用户根据工作需要明确采购项目、数量、规格及技术需求等，由用户报财政部门和政府领导审批。

第二步，编制采购预算。用户就所需采购项目做市场调查，并编制单项及采购总预算。金额不大或标的特殊，无法按照正常的采购程序进行的小规模采购、车辆购置和价值较高的办公自动化高端设备购置等，由采购中心会同采购单位组成询价小组通过网上、电话或通过市场考察等方式进行询价，询价人员应出具询价报告。

第三步，落实采购资金。用户按照采购资金审批权限和来源，落实采购资金。采购资金属财政性拨款的，向各级财政部门申请；采购资金属自有收入的，由用户单位支出。

第四步，办理采购登记。用户向采购中心提交需求申请。

第五步，确定采购方式。采购方式分公开招标、邀请招标、竞争性谈判、询价采购、单一来源采购，采购中心根据政府采购有关规定、项目特点和预算金额等，确定采购方式。《政府采购法》规定采购限额标准以上的采购项目必须采用公开招标方式进行采购，限额标准以下的采购项目可采取非公开招标方式进行。每一具体项目的非公开招标采购方式多由采购管理部门和监管部门决定，如果缺乏规范完善的采购方式审批制度，这个环节就容易发生违规行为。例如，一些供应商与采购单位串通，以时间紧、周期长、专业性强等理由，拉拢政府采购监管人员，申请单一来源采购方式。

第六步，组织实施采购。公开招标、邀请招标统一由采购中心组织实施，竞争性谈判、询价采购及单一来源采购，根据采购项目特点及预算金额，由采购中心统一组织或用户自行组织。

第七步，划拨采购资金。自筹资金由用户单位将采购资金划拨到采购中心，即政府采购资金专户。

第八步，确定中标人。经过评审确定中标人。采购中心和采购人通过组织谈判、市场考察确定采购价格后，将该项目的信息进行网上公示，包括单一来源采购理由、采购项目的具体内容、供货单位及价格等。

第九步，签订合同。公示期满无质疑时，采购中心签署“采购项目确认表”，采购办对其审核同意后，由采购中心向成交人签发“成交通知书”，中标人与用户签订采购合同。招标项目及预算价超过招标门槛价但采用其他方式采购的采购合同，需由采购中心鉴证。

第十步，资金支付。采购办依据“政府采购项目审批表”“成交通知书”“采购项目确认表”等，对采购单位的原始发票、合同（工程、服务类）或验收单（货物类）等进行审核后出具“政府采购审核单”作为各单位申请资金拨付的依据。

在政府采购过程中，行为主体包括采购管理机构、采购部门、供应商、采购代理机构、社会中介机构、资金管理部门和监管部门。其中，采购管理机构是指财政部门的内设机构，制定政府采购政策和制度，规范政府采购行为的行政管理机构。采购部门即政府采购中货物工程和服务等产品的直接需求者。供应商是指提供货物、工程等产品和服务的自然人或法人。采购代理机构是指具体执行政府采购政策，组织实施政府采购的机构。社会中介机构是指取得政府采购业务代理资格，接受采购部门委托，代理政府采购业务的中介组织。资金管理部门是指编制政府采购资金预算、监督采购资金使用的部门，包括各级政府财政部门和各采购单位的财务部门。监管部门是指在政府采购过程中行使监督的部门，包括纪检监察和审计部门。

在政府采购领域，政府机关作为采购人，享有采购主动权、采购代理机构选择权、资质审查权、中标供应商的决定权、价格决定权、合同验收权等。政府采购的本意是通过公开招标的方式选择物美价廉的供应商，但在实际操作中，供应商为了获得合格投标人的资格、唯一合格的供应商资格以及更高的报价或更低的质量要求等，一句话为了谋求自己的最大利益，往往想方设法规避法律，将公开招投标的方式转变为其他有利于自己的采购方式，政府采购的诸多环节因此存在大量的寻租机会。制造企业和销售企业为了中标政府采购项目，可能向对采购有影响或有决定性作用的人，包括采购人、采购代理机构、评标专家等政府采购相关人员提供或许诺某种利益。采购人及其他相关人员接受贿赂以后，就会利用自己手中的权力，以种种理由为行贿人大开方便之门。或在政府采购预算编制、采购代理机构选择、供应商资质审核等关键环节，为某个供应商“量身定做”采购项目，规避集中采购的规定；或在招标投标过程中，泄露标底或评标秘密，“明招暗定”，与供应商进行暗箱交易；或在评审过程中表达明显的倾向性意见，误导评委做出不公正的评定；或是在合同验收环节，对产品质量、品牌、功能等问题视而不见；或在合同验收不合格、付款手续不全的情况下，为资金支付提供便利，协助中标成交商获得非法利益。

一是采购单位有关人员在采购谈判、招标中向个别潜在供货商提供帮助，收受贿赂。因采购人有资格审查权、中标成交供应商的决定权、合同验收与付款权等，这就使采购人成为供应商商业贿赂的重点对象之一。采购前，受部门利益或个人利益的驱动，少数采购人可能不公开应披露的采购信息，只为个别供应商设置特定采购项目，搞徇私舞弊，收受贿赂。采购单位在委托采购代理机构组织采购时，可能要求代理机构编制出带有倾向性需求的招标文件，最终实现意向供应商中标的目的。更有甚者在招标投标过程中，由于收受贿赂，他们在直接参与采购项目公开招标的全过程中，设定有利于行贿者的采购标准，使招标走过场，与供应商做背后交易。

2010年9月21日，由仪征市检察院提起公诉的原扬州市政府采购中心主任科员刘加平受贿案一审宣判，仪征市人民法院判处其有期徒刑11年，同时并处没收财产20万元人民币。2006年年初至2010年2月，刘加平利用其在扬州市政府采购中心担任主任科员的职务便利，先后非法收受他人贿赂30次，金额近56万元人民币。刘加平在主持竞争性谈判、公开招标等政府采购活动中握有大权，只要他点头答应帮忙，指点有关竞标需要注意的问题，供应商基本上都能如愿中标。当然，供应商对刘加平“投桃报李”也是少不了的。这种轻松“交易”，使刘加平看到了自己的“财路”。[①] 对于刘加平这样一位政府部门普通科员，手中并未掌握较大的权力，为什么能收受如此巨额的贿赂?《扬州晚报》刊文对此进行了分析。该文透露，刘加平对某个供应商说过这样的话：“我要想让谁中标不一定能做到，但是，要想让谁不中标却是很容易做到的。”虽然刘加平负责的是政府采购事项的具体操作，但是，供应商要参加政府采购，就不能不买他的账，就必须要打通他的关节。有的供应商希望他“对招标文件中的瑕疵通融通融，不把我们的标书废掉”，就要给他送上好处费；还有的供应商即使没有中标，仍要请他吃饭：就是希望通过他了解没有中标的原因，错在什么地方，以便下次注意。因为只有刘加平可以看到原始的资料、方案、技术参数、售后服务等方面出现的问题。[②]

2015年1月12日，深圳中院作出终审裁定，深圳市政府采购中心原副主任李子华因受贿罪被判处有期徒刑10年，违法所得上缴国库。据法院审理查明，深圳市政府采购中心采购一部的业务主要是负责市一级行政事业单位采购项目的申报工作，包括人民币20万元以上的采购项目或人民币40万元以上的工程需要通过采购一部进行申报。申报后，采购一部也负责定点采购，如汽车、电脑品牌的入围。只有入围的单位和品牌，才能进行采购。李子华于2002年6月至2013年5月担任深圳

---

① 孙宗杰、阚立青：《扬州市政府采购中心科员受贿30次近56万被判11年》，《检察日报》2010年9月25日。

② 冀剑：《小贪官为何能收受巨贿》，《扬州晚报》2011年3月20日。

市政府采购中心采购一部副部长、部长及中心副主任，在任职的11年里，他利用职权进行权力寻租，分别接受他人共计现金人民币37.5万元、现金港币10万元及价值5.2万元的物品。他权力寻租的对象主要是汽车销售商，为了使自己代理、经销的车辆能够入围政府公务用车的采购名单，这些汽车经销商纷纷给李子华塞钱。这些向李子华行贿，进入了深圳市政府公务用车采购名单的车型，包括丰田考斯特中巴、丰田皇冠品牌某车型、东风本田汽车某车型等。[①]

二是在选择政府采购中介机构中索贿受贿。在政府采购活动中，政府采购代理等中介机构可以获得利益。一些中介机构为获得业务，可能向能够影响或决定中介机构选择结果的人员行贿。中介机构的利润一般和标的中标成交价格正相关，成交价格越高，中标成交服务费也就越高。采购代理机构为了自身利益，在行贿后往往蓄意抬高中标成交价格，对招标或谈判过程中的供应商的各种违法行为置之不理，甚至与供应商合谋串通，利用编制招标文件的便利条件，有意向该供应商透露其他供应商或本属于保密范围的采购信息，协助供应商违法中标，从中标成交供应商处获得最大利益。《瞭望东方周刊》追踪报道的广州市一起政府采购"明招暗定"窝案十分典型。该案涉及广州市政府采购中心、财政局、教育局、交通局等多个部门、多个环节的负责人和工作人员。广州市政府采购中心曾曝出腐败窝案，原采购中心主任将1.6亿元人民币的项目发包给老同学。根据《瞭望东方周刊》记者的调查，广州市这起政府采购窝案的引爆，源于民营招标代理机构——广州市正阳招标采购服务中心东窗事发。"正阳"女老板黄绮梅被查时交出了一个本子，纪检部门围绕本子上记录的"行贿清单"顺藤摸瓜，广州市政府采购中心原主任张以权、原副主任陈建科、原审核部副部长何辉、广州市财政局原主任科员吴一峰、天河区采购办原主任池立武、白云区教育局信息化采购办原主任刘秉新、天河区交通局交管科原科长张益湘等数名官员卷入其中。以上人员均被判刑。其中，广州市政府采购中心原主任张以权在2003—2006年，收受黄绮梅和广州市五家负责公务用车维修的汽车修配厂负责人贿赂19.1万元。黄绮梅为感谢张以权的长期

① 蔡佩琼：《深圳市政府采购中心原副主任李子华犯受贿罪获刑十年》，《深圳特区报》2015年1月13日。

“关照”，于 2003—2006 年，送给张以权现金 15 万元人民币。张以权因受贿罪被判处有期徒刑 3 年，缓刑 5 年，没收个人财产 15 万元人民币，非法所得 19.1 万元人民币予以追缴后上缴国库。黄绮梅与张以权是中学同学。2000 年之前，黄绮梅是广州一家摩托车行的老板。广州“禁摩”后，黄绮梅在张以权的帮助下，于 2000—2003 年成立了正阳招标采购服务中心，张以权的小舅子出任了这个中心的业务部长。公诉机关的指控说：因为政府采购中心有权将采购业务委托给招标代理公司，张以权就利用职权擅自将采购项目中数额较大又容易做的招标项目委托“正阳”代理。据统计，广州市政府采购中心委托“正阳”招标代理项目共 74 项，金额约 1.6 亿元人民币。在此期间，张以权还常与黄绮梅一起吃饭、唱歌，并将大量的政府采购信息向其透露。①

三是在货款支付环节索贿受贿。货款支付环节拥有票据审核权、付款决定权的当事人，如果利用审核支付申请、延迟拨付资金等权力，有意识地设定难题，就容易滋生商业贿赂。郑州市教育局财务处工作人员满涛利用负责教育局及局属学校与相关供应商之间办公、科教设备购销货款支付审核的职务之便收受贿赂 8 万元人民币，犯受贿罪，被判处有期徒刑三年，缓刑五年。经法院审理查明，自 2008 年春节至 2009 年 5 月，被告人满涛利用其在郑州市教育局财务处工作期间，负责郑州市教育局及局属学校与相关供应商之间办公、科教设备购销货款支付审核的职务之便，先后收受供应商郑州宏博科教有限公司、河南伟业实业有限公司经理王某现金 5 万元人民币和郑州云长电子有限公司经理孙某某现金 3 万元人民币。庭审证言还原了受贿具体情形。证人王某证言，证实郑州宏博科教有限公司、河南伟业实业有限公司为郑州市教育局局属机关学校供应实验室设备、课桌椅等，在 2008 年春节至 2009 年 5 月，其给教育局负责上述业务的资金支付审核的满涛，分三次送了 5 万元人民币。被告人满涛的供述与该陈述相印证。证人孙某某的证言，证实郑州云长电子有限公司于 2008 年 7 月在郑州市市教育局中标投影机和维护除尘工程，在快要付款时，其到满涛家中给满涛 1 万元人民币；2009 年 5 月，满涛有孩子时，其又送去 2 万元人民币。被告人满涛的供述与

① 王启广：《广州政府采购窝案涉案成员服刑期内重新任职》，《瞭望东方周刊》2009 年 3 月 23 日。

该陈述相印证。①

四是监管人员受贿。由于监管部门对政府采购全过程实施监督，供应商可能对监管部门进行商业贿赂，促使少数监管人员不严格履行监管职能，变成聋子、瞎子，为不法供应商大开方便之门。有的滥用职权，甚至于执法犯法，为其出点子、弄虚作假，协助其获得非法利益，或与供应商暗中勾结为其谋取利益。

上述案例表明，我国现行政府采购制度存在采购选择余地大、透明度低、监督缺位、问责乏力等明显的制度缺陷，容易诱发灰色交易和奢侈浪费，政府采购因此成为腐败多发和高发领域。完善政府采购制度，不仅要细化政府采购权力运作的标准要求和具体规范，最大限度地压缩采购人、中介机构、监管人、供货人等可能腐败的空间，更要强调政府采购的透明度原则。

六　医疗卫生领域

医疗卫生服务业是一个事关生命和健康保障的特殊行业，由医护人员向患者提供诊断、手术、护理、卫生和保健等技术服务，并辅以销售药品、医疗器械、医用卫生材料等医药产品。在这种医患关系中，医院领导和医生因为拥有对病情诊断的专有知识和治理技术，在药品和医疗器材采购中处于优势地位，或拥有处方权（用药权）、采购权，或通过药品技术指标、医疗器械参数等影响采购结果。医疗贿赂现象主要存在于医疗卫生服务和药品与医疗器材采购环节。在医疗卫生服务环节，表现为患者或患者家属为了能治好病而向医生行贿和医生受贿或索贿。在药品和医疗器材采购环节，表现为医药产品的生产厂家和销售公司为了牟取利益，向有审批权的官员、拥有购买和使用权的医院管理者和医生行贿。

随着医疗体制变化，医疗设备、耗材采购以及药品采购成为商业贿赂治理的重点领域。医疗设备、耗材采购以及药品从进入医院到销售给患者的各个环节，涉案主体多为拥有对人、财、物管理权和支配权的院长、副院长和部门主管人员，尤其是医院领导、药剂科、药房、库房、科室主任、医生等人员具有受贿的空间。受贿环节相对稳定，主要发生在药品、医疗器械的采购和使用领域。在采购过程中，医院的采购领导

---

① 河南省郑州市中原区人民法院刑事判决书（2009）中刑初字第760号。

小组主要根据业务部门的建议来决定哪个厂家生产的仪器设备、试剂符合要求，这时业务权威的建议几乎决定了采购方向。

一是卫生行政部门及医疗卫生单位人员在药品招标采购和临床活动中，收受药品、医用设备、医用耗材等生产、经营企业或经销人员的贿赂。重庆市江北区第一人民医院院长周荣福及医务人员在药品采购中大肆收受贿赂被举报案发，由此引爆了重庆迄今最大的医保窝案。2011年1月以来，重庆市人力资源和社会保障局医保处原处长蔡岩、原调研员吕杰，重庆市医疗保险管理中心主任王宏、副主任康晓晴，重庆市药品集中采购服务中心主任邓先碧等一众官员，先后被检方带走。吕杰因犯受贿罪于2011年7月被重庆市江北区人民法院判处有期徒刑10年。重庆医保窝案显示，医药市场已形成一个巨大的利益输送的黑色链条，药品从跻身医保目录到进入医院销售，每一环都可能存在权力寻租和官商勾结。第一个环节是进入医保目录。对于药商们而言，医保目录是他们扩大市场的金字招牌。生产或代理的药品只有挤进目录才能获得大量、稳定的订单。因此，药商都想方设法挤进国家或省市医保目录。第二个环节是招标采购。药品进入医保目录后，要顺利进入医院，还必须跨过集中招标采购这个门槛。招标办、评标委员会成员、卫生部门等都是公关对象。第三个环节是医院采购。首先要给院长进门费，然后再公关药剂科主任和科室主任。由科室主任向药剂科提用药计划，药剂科主任再转给院长后，药品就可进医院了。

吕杰是2010年重庆医保目录调整工作的后勤保障（会议组织）人员。公诉机关指控，在重庆市召开三次医保药品评审专家会议期间，吕杰将专家名单和座次表都一一提供给重庆市衡世医药公司负责人蓝建洪。经过公关，蓝建洪代理的药品终于入围。2010年5月，吕杰笑纳蓝送上的贿赂现金10万元人民币。在医保目录调整过程中，吕杰还将手中评审专家名单提供给重庆市华烨医药有限公司总经理肖永健、重庆晟大医药公司负责人张兵，并收受贿赂。重庆江北区法院最近审理认定，吕杰先后接受以上三家药商的贿赂共计14万元人民币。

公诉机关指控，2010年3月，重庆泰宇医药公司总经理王德志、重庆乾元医药公司法人代表李宛若和重庆中豪药业公司总经理赵斌为了让自己公司代理的药品“血必净注射液”“心脉隆注射液”“氟氯西林注射液”等药品顺利进入“药品目录”，多次找到王宏，请其帮忙，并承诺事成后给予“感谢”。随后，王宏利用参与“药品目录”调整工作的职务便利，将上述药品写在小纸条上，交给重庆市人力资源和社会保障局医保处处长蔡岩，由蔡出面找到专家组组长史某，请其在评审时关照上述药品。这些药品最终均通过了专家评审，上报人力资源和社会保障部审批。同年10月，它们正式进入重庆医保目录并开始执行。2010年7月，上述三家医药公司负责人共计送给王宏现金75万元人民币。但几个月后，重庆泰宇医药公司总经理王德志在一起医院受贿窝案中，向检察机关交代了王宏受贿事实。

重庆江北区第一人民医院院长周荣福受贿案发起因在于2010年8月30日，重庆市江北区纪委接到群众举报，反映周涉嫌受贿。在双规期间，周荣福交代了部分受贿事实。2009年9月19日，检察机关立案侦查并对周刑事拘留，同月30日依法逮捕。随后，江北区第一人民医院药剂科主任左筠、内一科主任彭力也因涉嫌受贿被捕。法院的判决书显示，行贿者均为药商或其代理人，这些人的证言都证实向周荣福三人行贿，是为了能在药品销售上得到他们照顾，获得医院更多的药品配送额。这些行贿者包括重庆泰宇医药公司、重庆海森医疗设备公司、重庆四环医药公司、重庆市医药股份公司、重庆浩瀚医药公司的相关负责人或代理者。他们每次行贿数额从1000元至20万元人民币不等，行贿地点大部分在以上医院人员办公室或他们所居住的小区。①

可见，在利益的驱使下，医务人员与推销商可以建立合作关系和“信任关系”，保持长期“经营”，形成稳定的利益共同体，作案时间少则三五年，多则上十年。窝串案多，多头行贿、多头受贿所占比例很大，一个医疗销售商往往牵出一批医务人员受贿，一个医务人员又带出一批行贿的医疗销售商。

二是医疗卫生单位领导及有关工作人员在药品、医用设备、医用耗材等采购活动中，收受生产、经营企业及其经销人员以各种名义给予的财物或回扣。北京市大兴区卫生局副局长王克军利用审批购销医疗设备的职务之便，非法收受他人财物合计人民币35.5万元，犯受贿罪，2007年8月31日被判有期徒刑十一年，并处没收个人财产人民币5万

---

① 邓全伦：《重庆医保系统爆最大窝案　数十名官员落马》，《时代周报》2011年8月4日。

元。法院审理查明的受贿有3项。一是在2002年8月、9月，被告人王克军担任北京市大兴区人民医院院长期间，在北京市大兴区人民医院采购北京远东德尔医疗器械有限公司医疗设备两台麻醉机的经济往来中，违反国家规定，利用职务之便为北京远东德尔医疗器械有限公司谋取利益，分两次非法收受北京远东德尔医疗器械有限公司赵冬辉给予的人民币共计3万元，归个人所有。二是2006年5—8月，被告人王克军在担任北京市大兴区卫生局副局长期间，利用审批北京市大兴区黄村医院购买麻醉机申请的职务之便为北京远东德尔医疗器械有限公司谋取利益，非法收受北京远东德尔医疗器械有限公司赵冬辉给予的人民币2.5万元，归个人所有。三是2005年年初至2006年9月，被告人王克军在担任北京市大兴区人民医院院长和担任北京市大兴区卫生局副局长期间，在北京市大兴区人民医院采购北京远东德尔医疗器械有限公司新建病房医疗设备的经济往来中，利用职务之便为北京远东德尔医疗器械有限公司谋取利益，在为北京远东德尔医疗器械有限公司协调工程款并结算后非法收受北京远东德尔医疗器械有限公司赵冬辉给予的人民币30万元，归个人所有。判决书以证人证言和被告人供述形式披露了行贿和受贿细节。

行贿人赵冬辉证言称：其公司通过招标中得了大兴区医院的麻醉机，在2002年8月、9月，第一台麻醉机安装完后，价款是30多万元人民币，结款后我跟崔玉普到王克军的办公室给他送了1万元人民币的回扣，钱装在一个信封里，由崔总交给了王克军。王克军把钱放在抽屉里了，我当时根据信封的厚度猜测是1万元人民币；在这之后不久又安装了第二台麻醉机，价款是20多万元人民币，结款后由我到新办公楼的四层院长办公室给王克军送了2.2万元人民币；2005年我们还卖给大兴区医院吊塔和手术灯8套，总价款300万元人民币，等到2006年9月货款结清后，崔玉普给了我30万元人民币，让我给王克军送去，我自己到了王克军的办公室把30万元人民币的回扣给了王克军；2006年年初，王克军给孙静打电话说黄村卫生院要购买一台麻醉机，报到卫生局，我已经批了，这个业务你们来做，你们直接到黄村卫生院找丁院长联系吧。这样孙静就去找丁院长联系了。到2006年7月、8月货款结清，共计20多万元人民币。2006年8月我自己去王克军的办公室给他送了约2.5万元人民币，感谢他帮助我们做了这单生意。

被告人王克军供述如下：我 2002—2005 年在大兴区医院任院长，2005 年 12 月 26 日调大兴卫生局任副局长至今。2002 年秋天，大兴区医院要购买麻醉机。远东德尔公司的赵冬辉找到我，在我的办公室跟我说他们公司代理的产品性能不错，希望能够采购他们公司的产品，如果采购他们的产品就按合同标的额给我 10% 的学术支持费用，以后的都按这个比例参考。我把我们医院需要采购的麻醉机的型号和大概的价位跟赵冬辉讲了，还跟他说中不中标你们自己跑去，你们要中标就尽量把价格压低。之后远东德尔公司就中标了。2002 年 8 月、9 月第一台麻醉机交付，价格为 37 万多元人民币，这台机器安装完后，赵冬辉到了我的办公室跟我说：机器安装完了，表示感谢，希望以后多关照，这是给你的技术支持费。然后赵冬辉就给了我 3 万元人民币现金，我把钱收起来放在抽屉里了。过了没多久就安装了第二台，第二台麻醉机价款为 22 万多元人民币，安装完后，也是赵冬辉去的我的办公室找到我，给我技术支持费 2 万元现金，我把钱收起来放在抽屉里了。2006 年 4 月、5 月的一天上午，远东德尔公司的业务经理孙静给我打电话说，黄村镇卫生院是不是要买一台麻醉机，我说是，报告刚报到我这儿，定的也是你们远东德尔的产品，我这就把报告批了，然后给局长圈阅，你自己找黄村卫生院联系吧。到了 2006 年 7 月、8 月的一天，赵冬辉去我办公室找我说，黄村镇卫生院的项目做完了，谢谢你，这是给你的技术支持费用。然后他就给了我 2. 5 万元现金，我把钱收起来放在抽屉里了。大兴区医院建设病房楼，远东德尔公司中标了 300 万元的设备。到了 2006 年 6 月，赵冬辉跟孙静多次找我说设备款迟迟不付，请我给协调一下。这样我就跟兴展公司、区医院、代建方中技集团开了协调会，让它们落实资金问题。到了 2006 年 9 月，远东德尔的设备款付清了。9 月的一天下午赵冬辉给我打电话，得知我在办公室就到办公室找我说，我们的项目已经做完了，谢谢你。然后他就给了一个纸袋走了，我打开纸袋后发现是 30 万元现金，我就把钱拿回家了。赵冬辉给我的钱我没有跟别人说过，一部分花了，另一部分放在家里了。我对这个问题的认识是我忽视了学习，放松了世界观的改造，有时过于追求享乐，因为这些把自己害了，党培养我这么多年，对不起党和人民，我现在也在反省，十分懊悔。如果给我改正的机会，绝对不会再做这些事情。①

前述赵冬辉证言王克军受贿 30 万元人民币的缘由中有一个判决书没有披露的一个细节。2005—2006 年，大兴区人民医院兴建病房楼，病房楼的手术室内需要手术灯、手术床等设备。赵冬辉再次请王克军出马，并顺利地向承包工程的公司售出了远东德尔公司 300 万元人民币的产品。但是，直到 2006 年 6 月，这笔货款仍没有结清。尽管当时王克军已经调任大兴区卫生局副局长，但为了拿回钱，赵冬辉还是找到了他。王克军跟大兴人民医院和建设方开协调会，让他们落实资金。在他的一再督促下，3 个月后，资金结清，王克军则拿到了 30 万元人民币的回扣。

北京远东德尔医疗器械有限公司一审被判处罚金人民币 500 万元，该公司原副总经理赵冬辉被判处有期徒刑 1 年 6 个月。赵冬辉在 2002 年 7 月到 2006 年 9 月期间，为了向各家医院推销公司的医疗器械，以公司的名义先后数次向本市 10 家大中型医院的院长、科室主任等 17 人行贿，总数额共计 160 万余元人民币。该案受贿人有 17 人，分别为北京电力医院院长赵某、呼吸科副主任周某、物资采购中心主任齐某，北京航天总医院院长马某、ICU 室主任赵某、设备处处长李某，北京市大兴区人民医院院长、大兴区卫生局副局长王克军，北京市大兴区妇幼保健医院院长修某，北京市大兴区中医院院长王某、骨科主任张某，北京市大兴区黄村医院院长丁某，北京市海淀区航天中心医院综合计划处副处长白某，北京市平谷区医院院长王某、副院长杨某、原麻醉科主任杨某，通州区潞河医院党委书记邱振环，通州区妇幼保健院院长顾某。②赵冬辉一案暴露了干他们这行送回扣的“门道”：要给有采购决定权的负责人和医院领导送钱，建立长期业务联系。一般情况下，都是由销售经理和客户谈好回扣数额，再向总经理汇报，最终的回扣数额都是由公司的总经理确定的。而且，按照“行规”，回扣一般都是以“学术支持费”的名义送去，送回扣时一般为两人，主要是为防止一个人在此过程中私自截留回扣款。业务员和销售经理一般能拿到销售额 2% 的

---

① 北京市大兴区人民法院刑事判决书（2007）大刑初字第 489 号。

② 陈新颖：《北京最大医疗贿赂案主犯获刑涉案者名单公布》，《北京晨报》2007 年 9 月 1 日。

提成。

2014 年 8 月 16 日，昌平妇幼保健院采购办原主任王立终审以受贿罪判处有期徒刑 10 年。据检方指控，2010—2013 年，王立利用职务便利，为本院外科主任张爱民及多名医药产品销售代表朱小华、赵建辉（均另案处理）等人谋取不正当利益，并收受贿赂 28 万余元人民币。2008 年，医院成立采购办，她担任主任，负责为该院采购药品。2009 年年底、2010 年年初政府药品采购"网上平台"正式启用后，医院采购药品必须通过网上平台购进。医院进药需要填写购药申请单，相关人员签字、审批，购入新药需要医院药事委员会审批确认。王立供述，"需要紧急用药除外，比如刚好有一个大出血病人需要的某种药医院没有，科室主任会口头要求采购办马上购买，我们会去附近医院或者药店购买。这种情况不要求科室主任补新药购入单，也不需要药事委员会确认"。王立说，这使一些并不在网上平台的药品有了进入医院的渠道，即科室主任点名购药。2010 年，外科主任和门诊部主任、药事委员会委员张爱民找到王立，希望可以从他熟悉的医药公司进药。王立在选择其指定的医药公司进药后，张爱民按每单一两千元的价格，先后给王立 2 万余元人民币的回扣。此外，王立还接受多名医药代表的回扣。其中。王立先后收受代理阿奇霉素分散片、产后逐淤片等药物的赵某给予的好处费 25 万余元人民币。法院一审以受贿罪判处王立有期徒刑 10 年。王立不服上诉，她称进药需经院领导审批，她虽然收受了钱款，但不具有职务上的便利，请求二审法院改判。一中院二审认为，王立的行为构成受贿罪，其在进药时是否最终需经院领导审批同意，不影响对王立国家工作人员身份的认定，法院终审驳回上诉维持原判。[①]

七　国有企业与非国有企业经济往来领域

国有企业治理结构形式上和实质上都不健全，没有形成有效的治理控制机制，业务决策控制方面缺乏对高管层重大决策行为的及时有效监督，导致国有企业控制权容易掌握在高管层手中，形成较严重的内部人控制问题。在国有企业与非国有企业往来领域，尤其是企业改制、资产出售、产权交易、资本运营、工程建设、物资购销、合作经营等环节存在商业贿赂的空间与可能。具体形式主要表现在，国有企业及其上级主

---

① 王巍：《吃药品回扣，主任终审判 10 年》，《法制晚报》2014 年 8 月 16 日。

管部门的有关人员，尤其是主要领导，利用与非国有企业经济往来的机会，低价出售国有企业资产，高价采购产品和服务，优先出售紧俏产品，将国有企业利益不正当地转移到非国有企业，再向交易对方索贿受贿。在国有产权转让中，受让方采用拖欠转让价款的途径，延期支付或不支付，而转让方对受让方的违约行为睁一只眼闭一只眼，在支付形式不全的情况之下完成产权过户手续。在企业改制过程中故意对某些国有资产不进行评估或低估，或是只对有形资产进行评估，对无形资产和资源性国有资产不进行评估或低估，导致国有资产低价转让或被无偿占用，造成国有资产流失。

一是将国有企业产权低价转让给私有企业。四川省犍为县原县委书记田玉飞与奸商联手，低价或超低价甩卖国有资产是这方面的一个典型例证。根据检察机关指控，1999—2004 年，田玉飞在担任乐山市沙湾区区长、犍为县县委书记期间，先后多次收受乐山东能集团董事长王德军、四川某集团董事局主席宋某人的钱物，共计折合人民币 1859 万余元。在检察机关查证的田玉飞受贿金额中，其中有一笔竟高达人民币 1200 万元。该笔贿金系田玉飞在任犍为县县委书记期间获得，乐山东能集团公司欲收购一国有电站，该公司董事长王德军找到田玉飞，许诺如果收购成功将给他 1500 万元人民币的好处费。在随后的电站收购过程中，田玉飞通过对其他公司设置障碍等方法，协助东能集团达到目的。由于最终的收购价比两人预计的要高些，田玉飞主动提出少要 300 万元人民币。[①] 王德军许诺给田玉飞 1500 万元人民币的好处后，虽然其他企业出价 8000 万元人民币拟参与竞买犍为县电力公司股权，田玉飞竟不经公开拍卖，就将 1. 9 亿元人民币净资产的犍为县电力公司仅作价 4000 万元人民币低价出让。这充分反映出，在国有资产转让中，如果对手握党政领导权、企业管理权的关键人物缺乏监督制约，他们很容易拿手中的公共权力进行寻租，以谋取私利。

法院审理认为，被告单位东能集团在收购四川省大渡河电力公司、四川省犍为县电力公司国有股股权以及公司经营、工程施工的过程中，谋取不正当利益，公司党委书记、董事长、法定代表人王德军犯单位行

---

① 任硌：《涉案 3189 万，犍为原县委书记田玉飞案一审判决死缓》，新华网，2006 年 7 月 13 日。

贿罪，一审被成都中院判处有期徒刑五年，东能集团被判处罚金 500 万元人民币。法院审理查明的行贿过程是，东能集团因在收购四川省犍为县电力公司、四川省大渡河电力公司等国有股股权过程中，向当地党政官员和金融部门负责人行贿，共计人民币 2826 万元、美元 6 万元，致使国有资产严重流失。其中，被告单位东能集团为能购买四川省犍为县电力国有股股权，王德军找到时任犍为县县委书记田玉飞和犍为县电力公司董事长、总经理官平，请他们给予帮助和支持，并与田玉飞商定事后送给其人民币 1500 万元，又与田玉飞、官平二人商定事后送给官平犍为县电力公司 20% 的股份。通过田玉飞、官平的帮助和支持，东能集团最终以 4000 万元人民币的低价购买了犍为县电力公司国有股股权。为此，被告人王德军从 2002 年 9 月至 2004 年 9 月，先后 17 次送给田玉飞现金 940 万元人民币、5 万美元、银行储蓄卡 50 万元人民币、乐山名都花园住房一套（价值 113 万余元人民币）以及价值 53. 8 万余元人民币的房屋装修、奥迪 A6 轿车和广州本田轿车各 1 辆，以上财物共计价值人民币 1265. 3 万余元人民币。①

二是高价购买私人所有的资产、股权。2010 年 11 月 12 日，辽宁省高级法院终审判决，认定皮黔生在 1995—2005 年，利用担任天津经济技术开发区管理委员会主任、天津滨海新区管理委员会主任之便，皮黔生为他人谋取利益，犯受贿罪和滥用职权罪。皮黔生受贿、滥用职权一案行贿人只有天津星运（集团）公司董事长一人。1995—2005 年，利用担任天津经济技术开发区管理委员会主任、天津滨海新区管理委员会主任的职务便利，为他人谋取利益，索取、非法收受他人财物共计折合人民币 755 万余元。1996 年至 1998 年 2 月，皮黔生在担任天津市经济技术开发区管理委员会主任期间，滥用职权擅自决定由天津经济技术开发区投资有限公司出资购买无实际资产的天津星运（集团）有限公司股权，造成国有资产 2. 2 亿元人民币的损失。②

三是国有企业采购人员索贿受贿。国有企业采购，其实质是国有企

---

① 陈台荣、程兴驰：《行贿 2000 余万　四川东能集团董事长被判 5 年》，《人民法院报》2008 年 1 月 24 日。

② 霍仕明、张国强：《原天津市委常委皮黔生曾为还人情债索贿百万》，《法制日报》2011 年 2 月 23 日。

业与非国有企业存在交易关系，非国有企业具有向国有企业有关人员行贿，谋取交易机会或有利交易条件的动机。大庆宏启抽油杆有限公司董事长张国利受贿、行贿一案是这方面的一个例证。大庆宏启抽油杆有限公司采购钢材、抽油杆、接箍等产品，再销售给大庆采油四厂（为国有企业）。该公司董事长张国利一方面在采购中向供货企业收受贿赂，另一方面向与其有经济往来的国有企业人员行贿。[①] 张国利收受贿赂的情况如下：

1999 年 5 月至 2002 年 6 月，被告人张国利在任大庆宏启抽油杆有限公司经理、董事长期间，河北省丰南市庆丰钢材有限公司经理、唐山市唐丰轧钢厂销售员张建河，代表上述两家企业共销售给大庆宏启抽油杆有限公司钢材 9799.45 吨和抽油杆、接箍 408753 个。上述两家企业为达到多销售钢材和接箍的目的，向张国利承诺销售每吨钢材给张国利好处费 50—100 元人民币、每个接箍给张国利好处费 1—2 元人民币，张国利表示同意。张建河代表上述两家企业，自 1999 年 8 月至 2002 年 5 月先后 14 次送给张国利好处费人民币 101 万元。张国利收下后据为己有。

1999 年 5 月，天津市大港区港庆贸易公司经理、河北沧州市享达物资回收中心销售员王国强，代表上述两家公司，为了使张国利在担任大庆宏启抽油杆有限公司经理后，继续购买上述两家公司的钢材和接箍，向张国利承诺销售每吨钢材给张国利 50—100 元人民币、每个接箍 1 元人民币的好处费，张国利表示同意。1999 年 5 月至 2002 年 5 月，上述两家公司共销售给大庆宏启抽油杆有限公司钢材 13198.426 吨、接箍 4 万个。被告人王国强代表上述两家公司自 2000 年 8 月至 2002 年 4 月先后 9 次送给张国利好处费人民币 49 万元。被告人张国利收下后据为己有。

1999 年年底至 2001 年 5 月，江苏扬州邗江星海石油机械公司共向大庆宏启抽油杆有限公司销售接箍 172778 个，该公司经理杨延恭代表公司先后 5 次送给张国利好处费人民币 15 万元。被告人张国利收下后据为己有。

1999 年年底，齐齐哈尔市振兴石油机械制造有限公司经理杨华找

---

① 大庆市中级人民法院刑事判决书（2003）庆刑二初字第 2 号。

到张国利，要为大庆宏启抽油杆有限公司加工接箍。杨华承诺每个接箍给张国利1元人民币的好处费，张国利表示同意。自1999年年底至2002年，该公司加工并销售给大庆宏启抽油杆有限公司接箍6万个，杨华分三次共送给张国利好处费6万元人民币。被告人张国利收下后据为己有。

张国利向国有企业人员行贿的情况如下：

2001年7月，被告人张国利为了使大庆宏启抽油杆有限公司少交电费，找到大庆油田有限公司采油一厂能源大队电费收费班班长安平，又由安平找到宋文波、陈磊等人，利用改变微机参数等手段少收大庆宏启抽油杆有限公司电费425790.72元人民币。被告人张国利从本单位套取现金后，先后6次向安平行贿共计305100万元人民币（安平分给陈磊5万元人民币、宋文波3万元人民币、刘亚莉1万元人民币，其余赃款被安平占有）。

2000年年底至2002年5月，因大庆油田有限公司采油四厂作业大队一直大量使用大庆宏启抽油杆有限公司生产的抽油杆，被告人张国利为表示感谢，从本单位套取现金后，送给该大队大队长罗国棣人民币1万元、器材站副站长石继瑜12.4万元。

2000年6—11月，被告人张国利为了使大庆油田有限公司采油九厂购买大庆宏启抽油杆有限公司生产的超强型抽油杆，先后三次向采油九厂总工程师张志超行贿人民币5万元。

古井集团原董事长王效金，1991年10月至2007年3月利用职务便利，为他人在原材料采购、合股经营、企业收购、企业经营、资金拆借、广告承揽等方面谋取利益或承诺谋取利益，收受他人贿赂共计人民币507万元、美元67万余元、港币5万元。以行贿行为发生时的外币兑换人民币汇率折算，王效金受贿总额为1000多万元人民币。① 起诉书指控的一起贿赂细节为，1998年5月，四川省君乐酒厂厂长李宗义和王效金达成口头协议，根据君乐酒厂向古井集团供应的散酒数量，按每吨提人民币500元好处费给王效金。李宗义还同王效金约定：计提的好处费折算成美元先放在李宗义处，王效金什么时候需要什么时候拿

① 程士华：《古井集团原董事长王效金受贿千万元　终审被判处无期徒刑》，新华网，2009年2月6日。

去，李每年向王报一次账。1998 年至 2006 年 12 月，李宗义累计提给王效金好处费共计 55 万多美元，李宗义在自己的笔记本上均做了记录。①

许昌烟草机械有限责任公司（为国有企业）采购中心原外购管理员杨福增因犯贪污罪、受贿罪，被法院数罪并罚，判处有期徒刑十二年。检察机关指控，2004 年下半年至 2014 年 5 月，杨福增利用担任许昌烟草机械有限责任公司外协管理员、外购管理员的职务便利，先后收受该公司 16 家供应商所送 28.9 万元的钱款和价值 1.5 万元人民币的购物卡，为这些供应商在分订单、货物入库、挂账时提供便利和帮助。此外，2005 年至 2011 年 10 月，杨福增利用其担任许昌烟草机械有限责任公司外协管理员的职务便利，以低价在不知名的小厂采购机器零部件，却按照公司与合格供应商签订的采购价格及合格供应商的名义报账，从中赚取差价，套取公款 273 万余元人民币。②

四是合作经营、紧缺商品经销中索贿受贿。为能与云铜集团控股的云南云铜锌业股份有限公司合作，一起投资开发维西康普铅锌矿，刘跃绕过云铜锌业股份有限公司，直接找到云铜集团原董事长兼总经理邹韶禄。邹韶禄从中牵线搭桥，介绍刘跃与有关负责人认识，并成功促成这次合作。2007 年 7—8 月，邹韶禄收受刘跃送给的 200 万元人民币现金。邹韶禄在云铜集团与昆明自更集团有限公司土地使用权转让过程中，为自更集团谋取利益，2003 年 5 月，收受该集团董事长郑自更送给的价值人民币 100 万元的干股，2006 年 9—10 月，又收受郑自更送给的人民币 800 万元，合计 900 万元。③

贵州茅台酒股份公司原总经理乔洪受贿、巨额财产来源不明一案，经贵州省遵义市中级人民法院审理，2010 年 1 月 15 日依法进行一审公开宣判。被告人乔洪犯受贿罪，判处死刑，缓期两年执行，剥夺政治权利终身，并处没收个人全部财产；犯巨额财产来源不明罪，判处有期徒刑五年，决定执行死刑，缓期两年执行，剥夺政治权利终身，并处没收

---

① 吴贻伙、王绍智、王红旗：《古井集团原董事长王效金受审》，《检察日报》2008 年 8 月 12 日。

② 胡宽阳、赵亮：《手握采购权捞尽好处》，《检察日报》2015 年 10 月 13 日。

③ 储皖中、高慧：《云铜腐败窝案庭审纪实原老总被控 18 桩受贿案》，《法制日报》2008 年 12 月 25 日。

个人全部财产。据检察机关指控，2000 年年底至 2007 年 3 月，乔洪利用担任贵州茅台酒厂有限责任公司负责人、贵州茅台酒股份有限公司总经理，分管广告、供应、销售的职务之便，为贵州茅台酒股份有限公司供应商、广告商、经销商谋取利益。单独或伙同其弟乔建华收受 21 人共计 114 次贿赂，受贿财物折合人民币 1442 万余元，其中包括有经销商提供 1 万英镑供其子乔木到英国上学；此外，乔洪尚有折合人民币 840 万余元的财产不能说明合法来源，其行为构成巨额财产来源不明罪。① 根据《财经》杂志的分析，从行贿人员类别看，21 个行贿者中，有 30% 左右是茅台的广告代理商，其余 70% 左右主要是茅台经销商；从行贿金额看，来自广告代理商的最多，乔洪收到的贿款约半数来自广告代理商。一位茅台中层人员告诉《财经》记者，乔洪作为总经理，主要分管销售及广告业务。对于茅台酒的销售，公司几位重要领导都可批字；对于广告发放及代理权的审批，则以乔洪审核为主。② 根据《每日经济新闻》报道，多名茅台集团内部人士对《每日经济新闻》表示，在茅台提价前囤酒，再通过主要由乔洪胞弟乔建华经营的贵阳三森贸易有限公司出售敛财，是乔建华等乔氏家族成员牟利的主要手段。根据记者了解，从 2001 年 8 月到 2007 年 3 月，茅台普通高度酒的出厂价提过 4 次，从 218 元/瓶提高到 345 元/瓶；年份茅台提价频率也从以前的两年左右提一次，逐渐演变到一年左右提一次。③

吉林省白山市中级人民法院 2009 年 6 月 26 日以受贿罪、挪用公款罪，判处吉林粮食集团原董事长刘宪鲁无期徒刑，剥夺政治权利终身，并处没收个人全部财产。吉粮集团是吉林省政府出资的农业产业化重点龙头企业。法院审理查明：刘宪鲁利用担任吉林粮食集团有限责任公司董事长、总经理的职务之便，与刘庆中一起及个人共收受他人人民币 878 万余元，其行为已构成受贿罪。其中一起受贿行为发生在 1995 年。当时长春市新三合公司法人东方为得到时任吉林省粮食厅副厅长的刘宪鲁在其生意上的帮助，由东方出资人民币 155 万元，为刘宪鲁的女儿及

---

① 李忠将：《贵州茅台原总经理乔洪受贿千万被判死缓》，新华网，2010 年 1 月 15 日。

② 周琼：《茅台乔洪案详解》，《财经》2008 年第 24 期。

③ 杨墨：《乔洪受贿案一审庭审 9 小时供认受贿 1200 万》，《每日经济新闻》2010 年 1 月 15 日。

女婿办理移民加拿大的手续。1999 年，东方向刘宪鲁借款人民币 1000 万元投资房地产，刘宪鲁表示同意，并委托时任双龙粮库主任李某，与大连运销公司签订了联合收粮的假协议，从大连运销公司调入双龙粮库人民币 1000 万元，并存入了李某新开的账户中，东方找到李某要求转款，被李某以刘宪鲁未同意为由拒绝，经多次沟通后未果。东方扬言欲举报为刘宪鲁女儿夫妇办理移民加拿大一事，刘宪鲁无奈，同意将 500 万元人民币转借给东方用于个人经营，至今未还。①

五是在设备和工程招标中索贿受贿。河南中原大化集团有限责任公司（为国有企业）原董事长、总经理兼党委书记陈留栓，1998—2007 年利用担任河南中原大化集团有限责任公司董事长、总经理兼党委书记的职务便利，先后收受李某等 7 人多笔贿赂共计价值 297 万元人民币，为行贿人在设备供应、产品销售、工程招标、财产保险等方面提供帮助，谋取利益。② 一审认定的具体情节包括：2000—2007 年，被告人陈留栓在担任中原大化集团公司董事长、总经理期间，利用职务上的便利，为郑州自阀东锅阀门有限公司、河南省伯特利阀门有限公司经理李金某在中原大化集团公司三聚氰胺、60 万吨甲醇等工程阀门招标中中标提供帮助，先后 7 次收受李金某人民币 45 万元、美元 5000 元；1998—2007 年，被告人陈留栓在担任中原大化集团公司董事长、总经理期间，利用职务上的便利，将中原大化集团公司的企业财产保险交由李某燕所在的保险公司承保或交由李某燕所在保险经纪公司负责投保，先后 7 次收受李某燕现金 52 万元人民币；在担任中原大化集团公司董事长、总经理、中原煤业化工公司副董事长、总裁期间，利用职务上的便利，决定由张桂某所在的中国化学建设总公司国际招标公司代理引进中原大化集团公司的三聚氰胺项目、复合肥项目、煤化工项目和中原煤业化工集团的 60 万吨甲醇项目，先后 5 次收受张桂某人民币 60 万元、欧元 1 万元和美元 1 万元。1999—2007 年，被告人陈留栓在担任中原大化集团公司董事长、总经理期间，利用职务上的便利，先后 7 次收受

---

① 刘源源：《吉林粮食集团原董事长刘宪鲁被判无期徒刑》，中广网，2009 年 6 月 30 日。

② 赵晨光、韩火青：《国企老总受贿落马　河南一公司董事长一审获刑十四年》，《检察日报》2009 年 6 月 9 日。

濮阳市宏亚瑞方建设有限公司、濮阳市晨翔装饰有限公司经理王玉某现金13.5万元人民币。在陈留栓的帮助下，1999—2006年，王玉某共承接了中原大化集团有限责任公司1857.9万元人民币的建设工程。2004—2007年，被告人陈留栓在担任中原大化集团有限责任公司董事长、总经理期间，利用职务上的便利，先后5次收受濮阳市兴隆防腐安装有限公司经理王善某现金68万元人民币。在陈留栓帮助下，王善某承接了中原大化集团公司合成胺厂、尿素厂、三胺公司约2076万元人民币的防腐维修工程。2002—2007年，被告人陈留栓在担任中原大化集团有限责任公司董事长、总经理期间，利用职务上的便利，先后11次收受郑州市昌源农资公司经理王喜某、董事长时群某24万元人民币。在陈留栓的帮助下，2001—2007年的7年中，王喜某、时群某所在的公司共从中原大化集团公司购进化肥约74.6万吨，并在化肥销售旺季得到关照，具有优先采购权，获得人民币300万元左右的利润。①

原任广州市白云城市建设投资有限公司（为国有独资企业，以下简称白云城投）董事长兼总经理彭华昌利用工程项目对外招标承包之际，受贿、索贿600余万人民币，法院一审以受贿罪对彭判处有期徒刑14年。据检方指控，彭华昌在担任白云城投董事长兼总经理期间，在该企业负责的4个项目中，收受工程承包商送给的贿赂款近400万元人民币，并索贿200多万元，共计人民币571万元、港币40万元、美元1万元。检方对彭华昌的指控均和工程承包有关。2010—2012年，白云城投作为代业主方，负责白云机场第三跑道安置区工程的招投标及施工管理，彭华昌为周某（另案处理）、黄某辉（另案处理）承接该工程及施工提供便利，从中收取两人贿送的人民币共计210万元。2012年年初，白云城投负责白云区人民医院迁建项目，王某俊有意投标。彭华昌答应王某俊的请求，帮忙指定招标代理公司、设定招标条件，为王某俊的各项工程投标提供帮助。为了保证王某俊挂靠的公司中标，彭华昌还与王合谋以组织有资质的施工单位进行围标的非法手段来投标。此后，王某俊挂靠的公司顺利中标。在此期间，彭华昌向王某俊索取人民币共计170万元。2011—2013年，彭华昌利用职务便利，为卢某冲承接"广州市六十五中学校安工程"提供帮助，分5次共受贿人民币11万

① 河南省安阳市中级人民法院刑事判决书（2009）安刑初字第11号。

元以及面值 2 万元的购物卡。此外，彭华昌还被指控，其多次承诺可以帮商人郑某承接工程，向郑某索贿共计人民币 180 万元、港币 40 万元、美元 1 万元。[①]

六是国有金融机构人员在贷款审批、发放中索贿、受贿。国家开发银行企业局风险管理处原副处长胡汉成利用多家企业向国家开发银行申请项目贷款之机，以提供贷款咨询为名，采取签订虚假咨询协议的手段，收受贿赂共计人民币 550 万元。[②] 具体情节是，2002 年秋天河南中原气化股份有限公司（后更名为河南蓝天集团有限公司）为了承建西气东输河南段的建设，向国家开发银行提出贷款。时任河南中原气化股份有限公司副总经理的李向军为获得贷款向胡汉成行贿，李向军对胡汉成说："你找一家中介咨询公司，搞一份咨询协议，我们公司以此为名目支付 600 万元咨询费，钱到账后咱俩平分。"于是，两人一拍即合。胡汉成找到当画廊老板的高中同学任和生要来身份证，用任和生的名字注册了北京天中兰德投资咨询有限公司。2002 年 11 月 20 日，国开行与中原气化公司签订贷款合同，金额为 2.8 亿元人民币。2003 年 6 月 24 日，国开行与中原气化公司控股子公司河南省豫南燃气管道有限公司签订贷款合同，金额为 9.3 亿元人民币。在这两笔贷款审批过程中，胡汉成担任贷款项目评审小组组长、评审报告执笔人。贷款审批之后，胡汉成拟定了一份天中兰德公司与中原气化公司的咨询协议，签上胡汉成书写的法人任和生的名字。事后，中原气化公司支付了 600 万元人民币的咨询费，胡汉成得到了其中的 300 万元。后来，国开行与中原气化公司控股的子公司河南中原燃气电力有限公司签订贷款合同，数额 19.58 亿元人民币。已尝过甜头的两人故伎重演，收取了 300 万元人民币的咨询费，胡汉成从中分成 100 万元人民币。[③]

中国农业银行原副行长杨琨用其职务便利，在贷款、产品销售等事项上为有关企业和个人谋取利益，先后收受他人给予的财物折合人民币 3079 万余元。根据庭审披露，2006 年前后，杨琨的一个开发商朋友先

---

① 郭海燕：《我每天都想着怎么弄钱去赌球》，《新快报》2014 年 3 月 25 日。

② 王文波：《国开行一副处长受贿被判无期》，《检察日报》2009 年 3 月 3 日。

③ 马青、一鹤：《国开行原副处长受贿案调查：将风险转嫁情人》，《法律与生活》2009 年第 3 期。

后在成都和重庆开发地产项目遇到资金问题，向农行贷款但农行未予放款。在该开发商找到杨琨后，都得到顺利解决。之后，杨琨让该开发商“带着”他的小舅子陈某某一起炒股。在该开发商运作下，陈某某以极低的价格买了某公司900万股股票。炒了一阵子过后，该股票停牌了，陈某某手里的股票也被套牢了。杨琨得知此事后，让该开发商帮陈某某解套，开发商提出按照停牌前的价格回购陈某某手中的所有股票，但不知什么原因被拒绝了。之后，开发商又提出了几种方案，都被拒绝了。最终，开发商干脆给陈某某汇了1000万港元。汇了钱之后，陈某某终于没意见了。对此，开发商也说，他领会了杨琨的意思，这钱就是送给他的。这是检方指控杨琨的第一笔受贿。检方指控杨琨的第二笔受贿800余万元人民币也是如此。此次的行贿人是开发商杨某某。2010年，杨某某在上海的一个地产项目，通过杨琨帮忙顺利融资。之后，杨琨就让杨某某帮小舅子陈某某出资买股票，杨某某给了陈某某300万元人民币，杨琨嫌少，让陈某某找杨某某多要一些，杨某某立即又掏了500万人民币。2011年，开发商余某某需要贷款，在常州开发一个地产项目，找到杨琨帮忙。杨琨随即在农行的贷款审批会上，为余某某的项目大力说话，使余某某顺利得到了贷款。之后，余某某约杨琨在其居住地附近的酒吧见面，将一个拉杆箱给了杨琨，杨琨看都没看，就让小舅子陈某某把拉杆箱放在车子上带走了。事后经查，该拉杆箱中装的是100万美元现金，按当时的人民币兑美元比率，折合人民币630万余元，这是检方指控的第三笔受贿。检方指控的第四笔受贿发生在2006年。开发商王某某为了获得北京某地产项目的开发贷款，分三次向杨琨行贿。第一次装了一纸袋子港币现金，约200万元人民币，第二次装了一布袋子大金条，4公斤，第三次送了一幅齐白石的《荷花图》，价值180万元人民币，三次行贿总价值478万余元人民币。这些款物，杨琨全都交给自己的小舅子陈某某代为保管。而收受这些钱物后，杨琨也启动了“特事特办”程序，帮助并不符合特事特办要求的王某某顺利拿到了十多亿元人民币贷款。①

上述案例暴露出一些国有企业还没有从源头上解决影响企业领导人

① 罗双江：《农行原副行长杨琨案庭审披露：一笔受贿千万港元》，《扬子晚报》2014年6月19日。

员廉洁从业的突出问题，生产经营管理的重点部位和关键环节，尤其是风险管理、组织机构、权责配置、授权审批控制、反舞弊机制等内控制度不健全、不落实。

第六节　治理商业贿赂，促进公平竞争

商业贿赂成因复杂多样，治理商业贿赂需要采取综合性对策措施。国内外经验表明，治理商业贿赂与建设完善的市场经济体制具有内在一致性。公平竞争、公开透明，这两个市场经济体制有效运行的必要条件与治理商业贿赂的基本要求完全一致。市场体制改革要解决的许多问题，也是治理商业贿赂要解决的深层次问题。只有建立和完善市场经济体制，才能割断权力参与公共资源配置、牟取不当利益的途径，从根本上治理商业贿赂。同样，只有根除商业贿赂和其他腐败现象，完善的市场经济体制才能真正建立起来。

从商业贿赂滋生、蔓延机理和国内外经验看，市场配置资源可以极大地限制行政权力在经济领域的滥用，大大压缩官员利用手中的经济权力设租寻租的空间，因而能够在很大程度上减少腐败滋生的机会。治理商业贿赂应该以制度建设为重点，从贿赂需求和供给两方面，采取压缩贿赂空间、提高贿赂被发现的概率和加大惩罚等措施，纠正制度缺陷和不当激励。压缩贿赂空间，釜底抽薪式地减少行贿受贿的能力和用于行贿受贿的资源，要继续深化改革，完善社会主义市场经济体制，消除政策法规制度等方面漏洞，最大限度压缩权力参与公共资源配置可以牟取的不当利益，从体制上清除滋生商业贿赂的土壤。提高贿赂被发现的概率，使行贿者、受贿者被揭发和惩罚的风险提高到令人望而却步的程度，要求改革和完善权力配置、运行，强化私有部门责任，更好地发挥群众监督作用。加大惩罚力度，使行贿、受贿者付出震慑力足够高的成本和代价，要求更严厉地打击行贿者，加大对行贿、受贿各方的财产惩罚力度。

一　深化改革，压缩商业贿赂空间

贿赂空间在经济学上被称为租金，就是行贿者、受贿者可以动用的用于贿赂的最大资源量，其值一般小于行贿者期望获得的行贿收益。租

金在经济学里原意是指一种生产要素的所有者获得的收入中，超过这种要素的机会成本的剩余。按照经典的总体均衡理论，只要市场是自由竞争的，要素流动在各产业之间不受阻碍，任何要素在任何产业中的超额收入（租）都不可能长久稳定地存在，因为市场这只“看不见的”配置资源之“手”会将机会成本与现实收益拉平。一般把对市场要素天然存在租金的追求称为寻利。但如果通过人为设置流通障碍，形成对既定租金的垄断、提高或保护，其活动的性质就变成了寻租。作为一个制度问题，贿赂空间大小受多种因素影响，但概括起来可以归结为制度缺陷和漏洞。从宏观视角看，与一个国家的政治体制、经济体制、行政管理体制、法律健全程度密切相关；从微观视角看，与自由裁量权、管制的模糊和复杂程度、执法行为、公共资源出让方式、行业垄断和政务透明、公开程度等因素密切相关。企业在与竞争对手争夺稀缺资源中面临竞争压力。如果在合法竞争中面临死亡威胁，企业更倾向于采取非法措施谋取利益。

压缩贿赂空间是社会主义市场经济条件下铲除滋生商业贿赂的土壤和条件，是从源头上治理商业贿赂的根本途径。压缩贿赂空间，除了要求构建和完善适应社会主义市场经济体制的反腐倡廉法规制度体系，堵塞管理和制度上的漏洞，还要完善稀缺资源市场化配置的制度，畅通企业从市场上而不是政府部门获取稀缺资源的渠道，本质上减少设租、寻租的空间。

（1）深化市场经济体制改革，充分发挥市场机制作用，使经济资源远离能够动用政府垄断权力寻租者的干预，主要由公开、透明的市场来配置。对企业而言，政府首要职责是建立一个平等的法律和管制框架，并且公正和无差别地实施。在这个环境下，私有部门获得平等的发展机会。这个环境的关键要素在于设计良好的法律系统，能够保护诚实的企业不因竞争对手腐败而处于不利地位。政府对经济社会事务的过分干预，为行政机关滥用权力和腐败提供了空间。我国目前商业贿赂空间较大，很大程度上归因于市场体系不健全、市场资源配置作用发挥不充分、市场竞争受限制、审批过多过滥等。为此，要减少政府配置资源的类别和范围，将政府配置资源的范围降到最低限度，以市场手段取代行政手段，减少直至杜绝公职人员的权力寻租空间，从根本上铲除商业贿赂产生的土壤。

（2）推进行政管理体制改革。关键是转变政府职能和深化行政审批制度改革。转变政府职能，必须明确行政权力介入市场的界限、条件和程序，通过转变政府职能实现社会管理的科学化，将政府的基本职能定位为服务社会、服务民众，从宏观上为整个社会提供平等的竞争平台，通过提供各种信息来指导人们的经济行为。深化行政审批制度改革，要求最大限度地减少权力对具体经济活动的干预和渗透，切实规范行政审批行为，强化对权力运行的制约和监督。

（3）全面推行政务公开，确保政府和群众信息对称。商业贿赂空间经常与组织结构及决策体系形成一种与外界隔绝的封闭状态有关。一般而言，决策及作业程序越公开，发生弊端的可能性越低。因为，越是封闭的组织结构，外界越不易于了解、觉察，在内部又缺乏适当监督机制的情况下，相关人员越可能滥用职权为所欲为。在缺乏透明度、可以暗箱操作的制度下，交易在幕后进行，利益相关方无法评估决策标准，企业和公共部门人员容易隐匿商业贿赂行为，容易滋生商业贿赂存在。在透明、公开的环境中，即使公共部门人员掌握过多的自由裁量权，其贿赂行为会受到容易被发现和追究责任等因素的制约。推行公共部门透明化、公开化，关键是加大政务公开力度，大力推行办事公开，全面推行土地使用权、矿业权出让招拍挂制度，逐步形成统一规范、程序科学、公开透明的土地、矿业权交易有形市场，将公共政策决策、公共资源配置、公共资产交易、公共产品采购置于阳光之下，接受社会监督和详细审查。

（4）提高市场可竞争程度。垄断或卡特尔型市场具有为获取商业利益谋求政府支持的更大空间和强烈动机，尤其是谋求政府支持其垄断地位。在充分竞争的市场环境下，把成本控制在最合理状态成为决定企业经营成败的最重要因素。在此机制下，不太可能出现企业采购和营业销售人员通过商业贿赂舍弃低价产品和服务转而购买高价商品和服务的情况，因为这将导致企业的产品和服务无人问津和公司无法生存。无论企业领导层还是股东都不会允许这种情况出现。这是压缩商业行贿空间的又一个重要因素。提高市场可竞争程度，要求废止各种限制竞争、待遇歧视的法律法规政策，促进公平准入和平等竞争。为了打破地方和部门保护导致的市场分割竞争受限制的局面，需要根据反垄断法的要求全面审查和清理抽象行政行为和相关政策法规，坚决纠正和制止违反反垄断法的行政行为。还需根据平等保护物权、平等竞争的精神，消除妨碍民营企业和中小企业获得公共资源、公平税负、合理融资、公平准入的体制性障碍和歧视性规定，减少中小企业和私企依靠商业贿赂进行竞争的动力。

（5）决策、执行、监督相协调，科学设置政府机构和配置权力。按照决策、执行、监督相协调的要求，科学规范部门职能，合理设置机构，强化政府的经济调节、市场监管、社会管理和公共服务职能，解决政府职能“缺位”“错位”“越位”问题。既要合理调整中央、省（自治区、直辖市）、市、县（区）、乡镇事权配置，理顺政府纵向关系，也要注重同级政府部门权力的科学分解和配置，规范每项职权的权限、授权范围和行使的程序，推行政务公开增强权力运行的透明度，优化横向关系。目前，关键是制约好一个地方、一个单位“一把手”的权力，杜绝“绝对权力”和家长式人物的产生，从根本上削弱和摧毁“权力寻租”和“权钱交易”的根基。

二 强化企业和产业部门的责任与作用

商业贿赂的供给方是私有部门，该部门向政府官员或其交易对方人员提供贿赂。多年来，商业贿赂治理措施集中在需求方，注重限制政府官员接受贿赂的能力，规范招投标和执照发放。尽管这些措施十分重要，但商业贿赂的存在与私有部门相关，私有部门既是商业贿赂的参与者也是牺牲者，商业贿赂治理经常忽视私有部门作用。防治商业贿赂不仅要求政府而且要求企业和产业整体采取应对措施，限制其从事行贿的能力。

商业贿赂增加了企业的交易成本，忽视生产、技术和产品质量等因素的作用，恶化企业资源的配置效率，背离了市场经济对公平竞争的要求。一个靠商业贿赂发展壮大的企业必然缺乏核心竞争力，经受不起市场竞争的考验。商业贿赂一旦盛行，必将成为企业文化的一部分，对企业影响深远，不易根除。企业制定严格的反商业贿赂行动准则，与其他企业、商业合作伙伴、主管部门、贸易组织以及民间社会共同打击行贿受贿，不仅能推动商业贿赂治理工作，而且有利于自己的长期可持续发展。

企业及其代表可能为获得合同和其他短期利益而行贿。如果不行贿，它们就因为无法与其他行贿的竞争者竞争而成为腐败的牺牲者。这就要求企业个别地和整体地采取措施减少行贿行为。企业防治商业贿赂需求源于其长期可持续发展利益。原因在于，企业通过贿赂可能赢得短期利益，但会损害长期声誉和优势。行贿后，企业难以通过投诉等合法方式主张自己的利益，企业利益难以通过正常渠道保障。随着时间变化，接受贿赂的官员可能升迁、暴露或死亡，其继任者可能不接受企业以腐败谋取的利益。遵守道德和法律是其获取长期利益和可持续经营的基本前提条件。

为确保企业采取严格的防治商业贿赂措施而不在竞争中处于不利地位，企业和产业部门应该整体采取措施对抗商业贿赂。除了在公共部门促进立法和管制改革，提高政府透明度，还要在企业和产业部门内部采取措施。

（1）改善企业治理，建立防治商业贿赂的适当规程。尽管商业贿赂损害企业利益，但个别企业可以通过贿赂获取短期利益。为此，应该按照公正、透明、可追究责任的原则，改善企业治理，加强董事会的独立性和监督作用，保证董事会的组织结构安排合理，能保证权力的正确行使和有效发挥。着力规范非公有制企业的市场行为，积极引导非公有制企业不断改善治理，建立自律机制，促进依法诚信经营。建立适当规程，增加企业从事行贿的难度，使企业不能轻易地行贿，这有助于发现和追究责任。这里规程包括预防贿赂的政策及其实施程序。适当规程可以最有效地减轻公司违反贿赂法的风险，对避免商业组织未能防止商业贿赂犯罪具有重要意义。违反贿赂法可能由相关人员在世界任何地方行贿引起。

（2）建立有效的内部财务控制系统和会计系统，准确反映与企业资产有关的交易。企业雇员为谋取利益如政府合同、减免税或违反管制向公共官员行贿。行贿方往往不按照财务会计制度的规定在依法设立的财务账上明确如实记载购销价款，一般使用账外现金，或将贿赂资金通过合法支出计入经营成本，账面上很难发现犯罪痕迹。会计对单位资金运用进行监督和控制，会计制度的不健全使商业贿赂埋藏得更深。尽管商业贿赂具有隐蔽性，但商业贿赂做假账多表现为表面合规与实质违法的结合。只要资金从单位流出，会计就能客观反映财务上的问题，加强会计制度建设是防治商业贿赂发生的基础性措施。我国法律规定了提供虚假财务报告罪的罪条，但将其作为防治商业贿赂的会计基础远远不够，需要完善会计法以建立更加严格的、便于监督的财会制度。

商业贿赂可以通过增加企业利润使企业受益，只要期望惩罚足够低，企业就会从事这种腐败交易，不能指望企业所有者和高级管理人员控制行贿。如果贿赂可以帮助企业获得业务，高级管理人员和所有者可能希望采取措施便利贿赂款支付，甚至使用精心设计的财务结构和会计技术隐匿贿赂交易。如果行贿面临犯罪危险，企业高级管理人员、雇员和代理人可能不支持有效的监督系统。企业必须建立有效的内部财务控制系统和会计系统，加强内部预算编制和预算管理制度，加强单位负责人对本单位的会计工作和会计资料的真实性、完整性的责任，明确各层经营管理人员和部门的授权范围，健全并严格执行财务支出的审批程序，严格审核非生产经营性开支，准确反映与企业资产有关的交易，使各个岗位之间能够互相监督制约，各项职责权限在严格规范的控制下得以履行。上市公司应全面提高财务透明度，将各项交易的合法凭据和明确账册资料供股东或其他有权人通过一定程序阅览或核实。无法公开的商业行贿及商业收贿不可能有合法的收据，更不可能将商业行贿支出明列在账簿中，行贿受贿很容易被发现。

（3）加重企业及其高级管理人员从事商业贿赂行为的责任。尽管个人责任在防治商业贿赂中特别关键，刑法传统上关注个人犯罪，但个人接受经济处罚的能力有限。为使惩罚有效、成比例，商业贿赂治理应该加重企业责任，让企业在治理商业贿赂中发挥更重要作用。大型跨国公司活动涉及复杂决策程序，其权力结构在向分权化方向发展，公司管理者将实际决策权留给一线销售人员。对于采取非法手段提高销售业绩的贿赂犯罪，确定公司高层领导应该承担的责任很困难。公司雇员和政府官员相互串通欺骗公司和政府机构，将贿赂清晰地记录在账面的情况十分罕见。企业或多或少地容忍贿赂行为，为贿赂犯罪提供必要的手段或创造一种气候。在这种环境下，只是低级别人员的责任得到追究。加重企业和高层管理人员商业贿赂犯罪的责任，加大惩罚力度，有助于遏制商业贿赂。

（4）创造并维护对贿赂“零容忍”的企业文化和自律机制。企业应该清晰表达一个商业组织反贿赂立场，表明要创建和维持一种反贿赂文化，在适当和不适当的行为之间确定明确的界限，并因此采取相应措施预防贿赂。商业组织应该督促企业高层认真监督管理企业的诚信状况，减少商业贿赂发生的可能性。最高层管理人员应该公开承诺防治商业贿赂，在组织内建立一种对商业贿赂“零容忍”的文化，采取措施保证组织内各管理层级、雇员和相关外部人员拒绝商业贿赂。鼓励企业和行业协会制定本企业、本行业员工行为准则或商业道德守则，并设立道德诚信机构负责解释和执行有关规定并指导有关的员工培训工作。准则或守则应当禁止员工接受礼品、从事兼职、泄露公司机密信息、伪造票据等，要求员工定期填写利益冲突调查表、礼品调查表、宴请报告表、娱乐活动报告表等。

三　加大力度惩治行贿方

行贿罪和受贿罪属于“对合犯”，即俗称的“一对一”关系，有行贿必有受贿，而受贿则须有人行贿。行贿者往往能够比受贿者获得更大的不当经济利益，一旦行贿人通过行贿获得了不正当经济利益，行贿人就会维持或加强行贿动机，变本加厉地采用这种不正当的方式来实现自身利益的最大化。其他竞争者或社会主体受他们的影响也会萌生行贿动机，以消除他人行贿对自己造成的不利影响。行贿人不是贿赂链条中的被动者，行贿方往往有更大经济动机实施商业贿赂行为。

但是，在当前的治理商业贿赂工作中，锋芒主要指向受贿者。其中一个理由是，只有贿赂参与者了解腐败交易，从严惩罚行贿者，会导致受贿者与行贿者形成“攻守同盟”来对抗司法机关，使司法机关难以获得相关证据。在这种情形下，贿赂被发现概率是参与者告发动机的函数。提高贿赂被发现的概率需要降低对告发者的惩罚，甚至提供奖励。但是，在商业贿赂活动中，起积极主动作用的多是行贿方，如果只注重打击受贿者而轻视惩治行贿者，虽然有利于一些案件的侦破，但容易滋生更多的商业贿赂，不利于商业贿赂治理取得长期成效，也与惩治和预防腐败的目标相冲突。

与行贿者的期望收益相比，现行法律尚不能产生足够的刑罚威慑力。因为商业贿赂犯罪最直接的后果就是给行贿人带来巨大的经济收益，但不能根据现有立法有效、成比例地惩罚行贿人，无法摧毁其再次进行商业贿赂犯罪的经济基础。加重打击行贿方，可以使企业家与经营者因畏惧行贿暴露而放弃通过行贿谋求不当利益的错误经营理念，树立培育技术、管理等核心竞争力的正确经营理念。另外，加大对行贿方的打击，从而堵死官员的受贿空间，使官员受贿空间大为减少。加大力度惩治行贿方，重点加重对行贿行为的刑事处罚、经济处罚和资格处罚力度，提高商业贿赂行贿方的受惩成本。

一是对行贿方的处罚不仅要根据其社会危害而且要根据其受益情况。行贿者和受益者可能根据每一方面临的预期惩罚函数就贿赂金额进行讨价还价。贿赂对支付者而言属于一种成本，罚金对行贿者而言不应与贿赂额而应该和行贿者获得的收益相联系，预期惩罚取决于被发现概率和发现后的惩罚。为防治商业贿赂，至少贿赂交易一方需要面对超过其收益的处罚。因为贿赂被发现的概率远远低于100%，对贿赂的处罚应该远远高于其预期收益。

二是重视打击行业协会和市场中介组织贿赂行为。随着改革推进，在工程建设、国土和矿产资源交易、国有企业改制、公司上市审批中，招投标代理机构、勘察设计机构、资产评估机构、财务顾问等市场中介组织逐渐兴起，在很多领域中介组织已经成为一支不可缺少的重要力量。中介组织具有提供真实信息、促进市场有效运行、保障公平交易的作用，如果其通过行贿受贿等不法手段承揽业务、牟取利益、腐蚀官员，不仅使其行为失去公正性，而且会造成国有资产流失和不公平竞争等问题，其危害具有乘数效应。必须通过完善立法和加强监管，加重中介组织及其工作人员的责任，加重对违法违规行为的刑事处罚、经济处罚和行政处罚。

四　加强信息公开制度，解决信息不对称问题

反商业贿赂立法的实施不仅是政府部门的责任，还要求利益相关者和社会公众广泛参与。利益相关者和社会公众广泛参与面临的一个困难就是信息不对称问题。信息不对称是用来说明相关信息在交易双方的不对称分布对于市场交易行为和市场运行效率所产生的一系列重要影响的一个概念。从商业贿赂治理角度看，信息不对称包括内部的不对称和内部与外部之间的不对称。内部不对称，包括同一部门、同一个环节领导干部和一般工作人员的信息不对称，不同部门、不同环节的信息不对称。内部与外部之间的不对称，是指各项监督制度的制定者与执行者所掌握的实际信息不及外部被监督者更为全面、真实和充分。在信息不对称的环境中，由于交易一方比另一方占有较多的相关信息，信息优势方（如领导干部、直接办事人员）可能以此掩盖商业贿赂行为，信息劣势方（如一般人员、利益相关者、社会公众）则可能难以发现行贿受贿

行为及其证据。这就是在交易完成前代理人利用委托人对信息的无知而隐瞒相关信息，获得额外利益的“逆向选择”行为，在签订合同后，产生代理人在使自身效用最大化的同时损害委托人利益的“败德行为”。逆向选择和败德行为使整个市场在低于信息较完备的均衡状态下运行，偏离帕累托最优状态，在极端情况下甚至会导致市场的萎缩和失灵。

信息公开有利于人民知悉公共事务，保障人民参与和公众监督。如果信息不公开或者公开不够，就容易形成政府部门和官员的信息垄断和信息不对称，使其利用信息优势和信息不对称，通过信息寻租谋取不正当利益。完善信息采集和发布制度，扩大信息公开领域，解决信息不对称问题，是防治商业贿赂的重要机制。建立这一机制的前提是实现信息公开和透明，让社会公众和利益相关者拥有知情权。2008 年 5 月出台的《中华人民共和国政府信息公开条例》规定政府必须主动公开的信息范围包括政府集中采购项目的目录、标准及实施情况，重大建设项目的批准和实施情况，城乡建设和管理的重大事项，征收或者征用土地、房屋拆迁及其补偿、补助费用的发放、使用情况等。2009 年全国开展工程建设领域突出问题专项治理工作以来，政府投资建设项目信息公开的渠道不断拓宽，公开的内容不断丰富。2011 年工业和信息化部、监察部等单位制定了《工程建设领域项目信息公开和诚信体系建设工作实施意见》，初步确立了工程建设信息公开制度，为利益相关者和社会公众了解有关信息提供了渠道。

但是，政府信息公开依然存在一些地方和部门重视不足、内容简单、进展不平衡、社会公众获取信息不便等问题，利益相关者和社会公众了解的信息极为有限，与社会公众的要求和愿望之间也还存在不小的差距，不能满足防治商业贿赂的要求。信息公开必须适应市场经济体制公开性和开放性的要求，改革政府机关、执法部门、司法部门从计划体制沿袭下来的封闭的工作方法，加快推进和落实政府信息公开制度，凡是关涉公共权力行使、公共资金使用和公共资源配置的领域，尤其是公共财政、国土资源审批、工程建设、政府采购、国有资产处置等领域，更需要加大信息公开力度，形成透明的权力运作过程，以防止权力寻租。治理商业贿赂重点领域和环节的信息公开，既要公开决策结果，也要公开决策过程。

五　发挥各方面作用，强化内部制约和外部监督

内部制约和外部制衡能够制造一种互相制衡的局面，这种局面是制约商业贿赂的重要机制。从内部制约看，如果受托权力或职能行使只涉及极少环节、极少数人，商业贿赂行为就容易掩盖和发生。如果受托权力或职能行使涉及多个环节、较多人，商业贿赂行为人可能因为担心暴露而不敢实施。因此，内部制约的关键是科学配置权力，使权力的行使涉及多个环节的多个人。从外部制衡看，利益相关者和社会公众的监督，将增加商业贿赂行为人隐匿信息的难度和被发现的概率。从这个角度看，治理商业贿赂，需要根据我国社会结构、社会组织形式、社会利益格局的变化，构建不同利益方之间的制约和制衡机制。

构建内部制约机制，关键是按照既相互分离又高效协调运转的原则，进行行政决策、执行与监督职能的合理配置，科学界定和配置政府职能。一是根据集体领导与个人分工负责相结合的原则，将主要领导拥有的过分集中的权力适当分解，坚持重大问题集体讨论，形成决议后由分工领导组织实施。二是对掌管人、财、物的实权部门及其关键岗位和行业重点部门，实行必要的权力分解和制约措施，提高透明度。只有如此，才能解决权力分配过于集中、民主集中制得不到体现、重大问题少数人决策执行等问题，控制利用自由裁量权索贿受贿。

构建外部制衡机制，除发挥纪检、监察、人大代表、政协委员的作用之外，还要注重支持和保护不同利益方监督，提高知情人、利益相关者举报的积极性，尤其是利益相关者属于直接的利益受害者。知情人和利益相关者举报是增加商业贿赂行为人风险，震慑、发现和惩治商业贿赂行为的重要机制。一是建立利益相关人的监督机制。利益相关人，出于维护自身利益的需要，更加关心商业贿赂给自己带来的影响，因为贿赂行为导致利益受到损害的公民或企业更有动机对贿赂行为进行举报。建立利益相关人的监督机制，重点是拓宽提出质询、建议和反映情况的渠道。二是建立和完善商业贿赂举报人保护和激励机制。完善和落实制度，给潜在举报人提供安全保障，避免举报人受到打击报复。同时设立专项资金，对举报商业贿赂的单位和个人给予奖励，奖励金额可以根据举报涉及贿赂金额按一定比例计算。

第七章　境外统一市场建设实践

第一节　北美自由贸易区统一市场建设

一　北美自由贸易区统一市场建设现状

美国是北美自由贸易区的倡导者和发起人，在《北美自由贸易协定》谈判过程中起到推动作用。第二次世界大战后美国经济迎来了扩张的黄金时期，世界头号经济强国的地位得到巩固。然而，到了20世纪七八十年代，美国经济进入滞胀阶段，高通货膨胀率、高失业率与低经济增长并存，美国经济增长趋缓。同时期的欧盟和日本，在第三次科技革命的推动下，迅速恢复战争创伤，经济实力日益增强。美国世界经济霸主地位不断受到欧盟和日本的挑战。在“内忧外患”的背景下，建立北美自由贸易区的设想逐渐浮出水面。1985年美国、加拿大首次提出要加强两国经济合作、实现自由贸易，于1988年1月两国签订《美加自由贸易协定》，并于次年正式生效。在美加达成自由贸易谈判的过程中，美国与墨西哥间的自由贸易问题也提上议事日程。经过多次谈判，美墨两国于1990年7月正式达成美墨贸易协定，随后加拿大也参与三国自由贸易协定谈判，最终于1992年达成《北美自由贸易协定》（简称为NAFTA）。该协定于1994年正式生效，标志着北美自由贸易区的诞生。

自NAFTA生效以来，美国与墨西哥、加拿大伙伴国间的经济贸易快速增长。2011年，NAFTA成员国三边贸易额突破10万亿美元大关。1993年以来，美国与墨西哥贸易总额快速增长，增长速度超过美国与加拿大、非NAFTA成员国之间的贸易额。2014年，加拿大是美国最大的出口市场，墨西哥紧随其后居于第二位，美国对两国出口额占其全部出口总额的34%。在进口方面，加拿大、墨西哥是美国主要进口市场，美国对加拿大和墨西哥的进口额分别居于第二、第三位，美国从两国进口额占其进口总额的27%。

受益于自由贸易协定，美国、加拿大贸易长期呈增长态势。在达成自由贸易协定后，美国与加拿大贸易额从1989年的1665亿美元增加到1999年的3622亿美元，增长了一倍多。1993年美国从加拿大的进口额为1109亿美元，2014年则增长到3461亿美元，增长了212%。在经历了2001年的衰退之后，美国与加拿大贸易总额在2008年达到5965亿美元，受制于2008年国际金融危机的拖累，双边贸易额在2009年降至4296亿美元。2011年，两国双边贸易额再次回到2008年的水平。自两国达成自由贸易协定以来，美国在与加拿大的贸易中一直处于贸易逆差。1989—2008年，贸易逆差规模呈上升趋势，从99亿美元扩大至747亿美元。随后贸易逆差幅度有所减少，2014年缩减至339亿美元（见表7-1）。在服务贸易领域，美国在与加拿大的贸易中居于顺差地位。2013年美国对加拿大服务贸易盈余328亿美元，向加拿大私人服务贸易出口由1993年的170亿美元增至633亿美元，进口服务贸易由91亿美元增至305亿美元（见表7-2）。

表7-1　1993—2014年美国与NAFTA成员国间商品贸易情况

单位：亿美元

年份	加拿大			墨西哥			NAFTA总计		
	出口	进口	盈余	出口	进口	盈余	出口	进口	盈余
1993	1002	1109	-107	416	399	17	1418	1508	-90
1994	1143	1289	-146	508	495	13	1651	1784	-133
1995	1260	1451	-191	463	617	-154	1723	2068	-345
1996	1326	1565	-239	568	730	-162	1894	2295	-401
1997	1501	1681	-180	714	859	-145	2215	2540	-325
1998	1542	1748	-206	790	947	-157	2332	2695	-363
1999	1639	1983	-344	870	1097	-227	2509	3080	-571
2000	1764	2292	-528	1117	1359	-242	2881	3651	-770
2001	1637	2170	-533	1015	1314	-299	2652	3484	-832
2002	1608	2106	-498	975	1347	-372	2583	3453	-870

续表

年份	加拿大			墨西哥			NAFTA 总计		
	出口	进口	盈余	出口	进口	盈余	出口	进口	盈余
2003	1695	2242	-547	975	1381	-406	2670	3623	-953
2004	1877	2559	-682	1108	1558	-450	2985	4117	-1132
2005	2114	2879	-765	1200	1702	-502	3314	4581	-1267
2006	2303	3034	-731	1342	1983	-641	3645	5017	-1372
2007	2484	3131	-647	1365	2108	-743	3849	5239	-1390
2008	2609	3356	-747	1515	2159	-644	4124	5515	-1391
2009	2047	2249	-202	1290	1765	-475	3337	4014	-677
2010	2482	2765	-283	1643	2297	-654	4125	5062	-937
2011	2808	3165	-357	1975	2631	-656	4783	5796	-1013
2012	2918	3242	-324	2163	2777	-614	5081	6019	-938
2013	3002	3321	-319	2262	2805	-543	5264	6125	-861
2014	3121	3461	-339	2403	2942	-538	5525	6402	-878

资料来源：根据 http：//dataweb. ustitc. gov 网站数据整理。

目前，墨西哥是美国商品贸易的主要进口市场。自 NAFTA 签订以来，美国向墨西哥商品贸易出口额大幅增长，由 1993 年的 416 亿美元增至 2014 年的 2403 亿美元，增长了 478%。美国从墨西哥的进口贸易额增势迅猛，由 1993 年的 399 亿美元增至 2014 年的 2942 亿美元，增长了 637%。美国与墨西哥进出口贸易由顺差转变为逆差，1993 年贸易顺差 17 亿美元，2007 年贸易逆差高达 743 亿美元。此后，美墨贸易逆差规模逐渐缩小，2014 年降至 538 亿美元（见表 7 - 1）。在服务贸易方面，2013 年美国实现对墨西哥贸易顺差 121 亿美元。其中，私人服务贸易出口由 1993 年的 104 亿美元增至 2013 年的 299 亿美元，进口则从 74 亿美元增至 178 亿美元（见表 7 - 2）。

外商直接投资是美国与墨西哥间经济联系不可分割的一部分。自 NAFTA 生效以来，两国双边投资额大幅增长。美国是墨西哥最大的外商直接投资来源国。美国对墨西哥的外商直接投资存量由 1993 年的 152 亿美元增长至 2013 年的 1010 亿美元，增长了 564%。墨西哥对美国的外商直接投资规模相对较小，但增长速度较快，由 1993 年的 12 亿美元增长至 2013 年的 176 亿美元，增长幅度超过 1000%（见表 7－3）。此外，NAFTA 对美国和加拿大在墨西哥的投资给予公平对待，并对其在墨西哥的投资活动给予保护，对促进墨西哥改革、提升投资者信心起到积极作用。

表 7－2　1993—2013 年美国与 NAFTA 成员国间私人服务贸易情况

单位：亿美元

年份	加拿大			墨西哥			NAFTA 总计		
	出口	进口	盈余	出口	进口	盈余	出口	进口	盈余
1993	170	91	79	104	74	30	274	165	109
1994	172	99	73	113	79	34	285	178	107
1995	179	110	69	87	79	8	266	189	77
1996	195	124	71	94	89	5	289	213	76
1997	205	137	68	108	99	9	313	236	77
1998	194	150	44	117	98	19	311	248	63
1999	229	166	63	142	97	45	371	263	108
2000	248	182	66	158	112	46	406	294	112
2001	247	178	69	167	109	58	414	287	127
2002	252	184	68	179	123	56	431	307	124
2003	276	200	76	185	125	60	461	325	136
2004	295	212	83	195	139	56	490	351	139
2005	328	226	102	225	144	81	553	370	183
2006	379	239	140	238	149	89	617	388	229
2007	427	257	170	250	153	97	677	410	267
2008	454	260	194	262	159	103	716	419	297
2009	435	237	198	229	140	89	664	377	287
2010	531	274	257	246	140	106	777	414	363
2011	583	305	278	264	147	117	847	452	395
2012	615	308	307	282	155	127	897	463	434
2013	633	305	328	299	178	121	932	483	449

资料来源：根据 http：//dataweb. ustitc. gov 网站数据整理。

表7-3　1993—2013年美国与加拿大、墨西哥外商直接投资情况

单位：亿美元

年份	加拿大对美国	美国对加拿大	墨西哥对美国	美国对墨西哥
1993	404	699	12	152
1994	412	742	21	170
1995	456	835	19	169
1996	548	896	16	194
1997	652	966	31	241
1998	727	982	21	267
1999	906	1196	20	372
2000	1143	1325	75	394
2001	924	1526	66	525
2002	925	1665	78	563
2003	957	1880	90	569
2004	1253	2149	76	634
2005	1657	2318	36	737
2006	1653	2051	53	830
2007	2019	2506	85	910
2008	1687	2464	84	874
2009	1889	2748	111	840
2010	1925	2952	110	858
2011	2052	3300	125	856
2012	2178	3461	145	984
2013	2379	3683	176	1010

资料来源：根据 http：//dataweb. ustitc. gov 网站数据整理。

二　北美统一市场建设的影响

（一）对美国的影响

总体而言，因美国与加拿大、墨西哥间贸易总额仅为其 GDP 的5%，NAFTA 对美国经济影响较小。评价 NAFTA 对美国经济的影响面临诸多挑战，必须剥离其他影响因素。在 NAFTA 签订之前，美国与加拿大、墨西哥间双边贸易已经趋于增长态势。即使没有达成这 协定，美国与加拿大、墨西哥间的贸易额也将会持续增长。2003 年美国国会

预算办公会的一份研究报告指出，准确衡量 NAFTA 的影响极其困难。该报告估计，NAFTA 在很大程度上对美国 GDP 增长做出了贡献，但贡献数量有限（Congressional Budget Office of the United States，2003）。取消关税壁垒或非关税壁垒，对不同行业造成的影响是有明显差异的。例如，在纺织、服装、汽车、农业等部门影响较大。

许多经济学家和观察家认为 NAFTA 有助于美国制造业的发展，尤其是美国汽车工业，受益于供应链的发展，增强了其在全球市场的竞争力。大多数美墨贸易发展归功于专业化分工，充分利用制造厂和组装厂的规模经济带来了成本的节约和效率的提高。因此，供应链跨越国界，以最有效率的方式重新组合。降低关税税率，不仅直接影响特定部门产品价格，而且影响到以该产品为中间要素投入的产出品的市场价格。这些直接或间接的影响，通常引起研究者的足够重视。Caliendo 和 Parro（2014）的一项研究指出，当产品结构没有考虑到中间产品或者是投入产出关系时，可能会低估因关税税率降低所带来的福利增加。

随着美国与 NAFTA 伙伴国间贸易的扩张，纵向垂直分工关系日益紧密，特别是在美国与墨西哥边境地区。中间产品在美国境内生产并出口至墨西哥，经过加工成为最终产品，并回流至美国，这一过程大大提高了美国、墨西哥边境地区在两国商品贸易中的地位（Hanson，1998）。美国制造业，包括汽车、电子、电器、机械等，离不开墨西哥制造商的支持。一项研究报告估计，美国从墨西哥进口额的 40% 以及从加拿大进口额的 20%，其原产地均来自美国，而美国从中国进口的产品的 4% 产自美国。

NAFTA 在整合北美汽车工业中发挥了重要作用。美国生产商从 NAFTA 伙伴国进口其生产的元器件，进行零件组合后出口至另外一个 NAFTA 成员国，由其组装成汽车并在三国内销售。NAFTA 实施后，美国汽车及汽车零部件贸易增势迅猛。墨西哥成为美国机动车辆贸易的重要市场。与 1993 年相比，2014 年美国向墨西哥出口汽车总额增长了 251%，进口增长了 679%。

（二）对墨西哥的影响

大量研究发现，NAFTA 总体上有助于墨西哥经济发展。NAFTA 对提高墨西哥劳动生产率水平有积极影响。2011 年世界银行的一份研究报告表明，自 NAFTA 签订以来，贸易一体化提高了墨西哥工厂的效率。

还有一些研究表明，NAFTA 对墨西哥经济的影响是积极的，但影响程度比较温和。NAFTA 生效以来，墨西哥经济经历了一段时间的负增长，无法精确度量 NAFTA 对其经济变化的影响程度。不过，NAFTA 拉近了墨西哥与美国和加拿大的发展水平，有助于墨西哥企业更快地适应美国技术创新的步伐，对于增加就业岗位、提高工作质量有积极影响，降低了墨西哥经济波动，增强了与美国、加拿大商业周期的同步性（Lederman，Maloney and Servén，2005）。当然，一些研究指出，NAFTA 并未大幅度提高墨西哥的经济水平，也没有缩小墨西哥与美国和加拿大的收入差距（Blecker and Esquivel，2010）。

（三）对加拿大的影响

加拿大是美国主要进出口市场。在 NAFTA 生效前，加拿大是美国最大的出口市场。1987 年加拿大购买了美国出口总额的 23.5% 的产品，但在 2012 年这一比重跌至 18.9%。加拿大曾经是美国最大的进口市场，在 1984 年达到顶峰，当年美国从加拿大的进口额相当于其进口总额的 20.4%，但在 2013 年这一数值滑落至 14.6%。2007 年中国取代加拿大成为美国第一大进口国。

三 北美统一市场发展前景

与欧盟相比，北美自由贸易区统一市场建设仍处于起步阶段。北美自由贸易区内仅在成员国间开展跨境贸易方面取消或降低了关税壁垒，离建立关税同盟还存在一定差距，而欧盟早在 1968 年 7 月 1 日就已经全面取消成员国间的关税，并宣告关税同盟正式建成。NAFTA 成员国间主要就产品跨境贸易自由流动达成协议，跨境服务贸易壁垒依然存在，人口、资本自由流动也受到严格管制，更未实现货币统一。完善的法律制度保障是建成统一市场的基本前提，而北美自由贸易区在法律制度、立法保障方面明显不足，如法律文件单薄，缺乏欧盟那种所谓的“条例”“指令”“决定”等立法形式，也缺乏像欧盟委员会和理事会那种具有立法权的机构，由此导致了北美自由贸易区统一市场法律制度体系不健全，其运行仅在 NAFTA 的框架下进行，而 NAFTA 本身较多的是一些原则性规定。因此，北美自由贸易区统一市场建设目标的实现任重而道远。

为了提高北美自由贸易区经济一体化水平，推进区域统一市场建设，近期举措主要有以下几点。一是学习借鉴欧盟统一市场建设经验，在北美地区建立关税同盟，制定统一的对外关税水平，进一步促进区域贸易，加快北美一体化建设进程。二是一些专家从北美中间品贸易及供应链的角度，要求三国政府提高边境地区的合作水平，增加边境地区基础设施建设投资，以处理“9·11”事件以来不断升级的边境地区安全检查所导致的生产链条的中断，期望成员国当局采取措施改善边境贸易状况，提高跨境贸易的合作水平与效率。还有一些专家指出，应采取一些积极措施应对不断出现的区域贸易问题，增强北美工业的竞争性。例如，设立北美投资基金，以缩小墨西哥与美国和加拿大的收入差距。同时，建议北美投资基金由世界银行进行管理，资金主要用来支持基础设施项目建设，将墨西哥南部地区与美国和加拿大联结成为一个整体。

第二节　处于发展期的欧盟统一市场

欧盟统一市场（Single Market）旨在欧盟成员国内部建立一个没有地域边界和法律障碍的统一区域，成员国之间的商品、服务、人员、资本能够自由流动。欧盟统一市场是欧盟发展过程中的伟大成就，对推动欧洲经济增长、改善企业经营状况、便利消费者日常生活意义重大。为建立欧盟统一市场，取消了数百种限制成员国间自由贸易与自由流动的技术壁垒、法律壁垒以及行政壁垒。因此，企业生产业务规模得以扩大，竞争机制加速产品、服务价格下降，消费者福利增加并享有更多的选择权。欧盟统一市场战略实施以来，在一定程度上实现了商品、服务、人员、资本在欧盟范围内的自由流动。但是，许多障碍依然存在。例如，新技术带来潜在的贸易壁垒；服务部门统一市场建设程度远远滞后于商品市场；在能源、交通等基础设施领域，统一市场仅限于成员国内部，欧盟层面的统一市场尚未真正建立；在电子商务领域，成员国间的线上交易水平远低于成员国内部；职业资格认证规则需要简化以便利工人在他国就业；等等。因此，欧盟统一市场建设的广度与深度有待进一步发展。

一　商品市场

商品贸易在欧盟内部市场贸易中占75%，对提升欧盟竞争力、促进经济增长意义重大。目前，欧盟内部商品贸易一体化障碍基本清除。

然而，产品不统一现象依然存在，相互承认会员国的立法条款尚未正确运用。在安全与国防等领域，欧盟内部统一市场建设进程较为缓慢。尽管欧盟已经实施了防御“一揽子”计划，成员国国防部门出于保持国家自主性的考虑，也不愿意在此领域提高开放程度。欧盟层面的研发与创新合作也仅限于民用安全领域。在技术规则、拒绝采用相互认可原则以及税收规则设置不匹配等政策领域，由各个成员国自行控制，从而对内部市场治理与管制产生障碍。成员国间技术规则、标识体系的差异与不匹配，在个体活动影响下，导致消费者选择困难，并给产品与服务在内部市场的自由流动带来障碍。成员国间在医药产品定价方法与标准制定方面缺乏有效配合，导致新药品上市时间延后。全球化、专业化和创新对生产工艺产生了深刻影响，产品与服务之间的区别日益模糊，这种变化将会制造新的壁垒和障碍，对实施欧盟统一市场规则造成严重挑战。因此，欧盟统一市场规则必须与时俱进，适时调整，以适应这些新情况。

为进一步提高欧盟统一市场运作效率，欧盟委员会修改了有关指令，并于2008年开始实施新的“一揽子”法律框架。新法律框架旨在落实内部市场法律。主要有五方面任务：一是改善市场监管规则，以更好地保护消费者和企业免遭不安全产品的伤害，对于那些产品威胁消费者健康、破坏生态环境的生产商，要重点监控。二是为合格评审机构认证设置明确、透明的规则。三是提升产品合格认证的质量与可信任度。四是阐明欧盟认证的意义并提升其公信力。五是为工业品建立统一的法律框架，包括在产品立法中使用统一的术语，在实施程序中应更加具有一致性和可操作性。“一揽子”法律框架主要由以下几部法律组成：（1）《欧盟委员会第765/2008号条例》（Regulation［EC］No 765/2008），确定有关产品市场销售的认可资格与市场监管要求。（2）《欧盟委员会第768/2008号决定》（Decision No 768/2008/EC），制定产品在市场上销售的一般框架。（3）《欧盟委员会第764/2008号条例》（Regulation［EC］No 764/2008），制定若干全国技术条例的应用程序，以使产品能够在另一成员国合法销售。

为使产品统一立法符合《决议第768/2008/EC号》的有关规定，2014年2月欧盟委员会通过了调整方案（Alignment Package），出台了八项指令。这八项指令分别是：（1）《低电压指令2014/35/EU》（Low

Voltage Directive［LVD］2014/35/EU）；（2）《电磁兼容性指令 2014/30/EU》（EMC Directive 2014/30/EU）；（3）《防爆指令 2014/34/EU》（ATEX Directive 2014/34/EU）；（4）《升降梯指令 2014/33/EU》（Lifts Directive – 2014/33/EU）；（5）《简单压力容器指令 2014/29/EU》（Simple Pressure Vessels Directive – 2014/29/EU）；（6）《计量器具指令 2014/32/EU》（Measuring Instruments Directive – 2014/32/EU）；（7）《非自动称量工具指令 2014/31/EU》（Non – Automatic Weighing Instruments Directive – 2014/31/EU）；（8）《民用炸药指令 2014/28/EU》（Civil Explosives Directive – 2014/28/EU）。此外，产品统一立法还适用于《烟火用品指令》（2013/29/EU）、《玩具安全指令》（2009/48/EU）、《电气和电子设备有害物质禁用指令》（2011/65/EU）、《娱乐用船只指令》（2013/53/EU）、《无线电设备指令》（2014/53/EU）、《压力设备指令》（2014/68/EU）和《船用设备指令》（2014/90/EU）。下一步指令调整建议涉及医疗设备、燃气装置、索道和个人防护设备等。

促进欧盟工业品统一市场建设也是当前欧盟委员会重点工作之一。2012 年 10 月，欧盟委员会向欧洲议会、欧盟理事会、欧盟经济和社会委员会以及欧盟区域委员会发出了题为“一个强大的欧盟工业有利于增长和经济复苏”（A Stronger European Industry for Growth and Economic Recovery）的工业政策沟通版报告（以下简称“新工业政策”），并于同年 12 月通过欧盟理事会的审核。促进欧盟工业品统一市场建设是该沟通报告的主要内容之一，重点改善商品内部市场运作效率，培养企业家精神使内部市场更具活力，加大内部市场技术、专利、知识产权的保护力度，完善市场准入。

一方面，促进创业使内部市场更具活力。尽管欧盟 1/3 以上的新增就业来自小型高成长性企业，但欧盟的小企业的发展速度却赶不上美国。欧盟委员会在《小企业法》（*Small Business Act*）的基础上实施《创业行动计划》（*Entrepreneurship Action Plan*），以鼓励创业企业的成长，制定有效的破产程序，给创业者第二次机会。欧盟委员会已通过“欧洲数字议程”（Digital Agenda for Europe）计划，将互联网和数字技术的发展视为“欧洲 2020 战略”的核心。欧盟委员会及会员国必须加快全面实施数字化统一市场战略，须简化增值税登记手续，打造“一站式”的电子注册，以便利小企业开展跨界电子商务。欧洲企业网（Enterprise

Europe Network）也将为有意发展在线业务的中小企业提供培训机会。然而，通过制定一系列框架条件并不能真正鼓励创业者运用数字化统一市场，需要在数字化经济自身方面解除企业家创新精神的束缚和羁绊。

另一方面，加强内部市场技术和专利的知识产权保护。保护知识产权对企业的创新和发展至关重要。知识产权是企业创新体系的核心，并为技术转移奠定了基础。引进统一专利（Unitary Patent）、形成统一专利诉讼体系（Unified Patent Litigation System）可减少欧盟统一市场专利保护成本，进而避免不必要的诉讼成本，并提高法律的确定性。在工业领域，技术进步步伐不断加快，专利丛林（Patent Thickets）和专利埋伏（Patent Ambushes）给知识产权保护带来一定风险。在 30 项技术领域，有关研究已经发现了 9 项专利丛林行为。欧盟委员会将更新技术转移协定方面的有关规则。现存的诸如公平、合理、非歧视性的专利保护原则将得到进一步发展。

二　服务市场

服务业对欧盟经济至关重要，是欧盟经济增长的发动机之一。服务业在欧盟 GDP 中比重超过 70%，并吸纳了大多数欧盟成员国的就业人口。分裂的欧盟服务业市场，不仅对欧盟整体经济发展尤其是小企业竞争力和劳动力自由流动产生消极影响，还限制了消费者的选择权。值得一提的是，服务业是解决妇女就业的重要渠道，使其能够从服务统一市场中获得更多的就业机会。然而，与商品自由流动相比，欧盟在实现服务贸易领域完全自由跨境流动的步伐相对缓慢，仅有 1/5 的服务贸易是跨境交易。执行欧盟服务业统一政策，促进服务自由流动，消除制约欧盟内部服务贸易壁垒，是建设欧盟统一市场的重要内容。

2006 年欧盟颁布《服务业指令》（欧盟委员会第 2006/123 号指令），并于2009 年在欧盟所有成员国实施，旨在消除阻碍欧盟内部服务贸易自由流动的法律及行政壁垒。企业自由建立原则（The Freedom of Establishment）和跨境服务提供自由原则（The Freedom to Provide Cross Border Services）是《服务业指令》的两条基本原则，要求欧盟各成员国确保其服务市场的自由进入和非歧视待遇，取消了跨境经营企业须在营业地设立独立分支机构的要求，取消了对企业在其他成员国进行服务性经营需要向当地政府报批的要求。

欧盟服务业统一市场法律体系主要包括两部分：《服务业指令》和

特定部门次级法规。二者具有同等法律效力，处于并列地位。《服务业指令》所涵盖的服务业经济总量占据欧盟 GDP 的 46%，管辖范围包括零售业、旅游业、建筑业、商业服务、教育、手工艺、体育健康、文化相关服务等，未涵盖金融、电子通信及互联网、交通、临时工代理、医疗保健、视听业务、博彩业、社会服务、私人安保、公证等服务业。这些未管辖到的部门也必须遵守《欧盟运行条约》第 49 条和第 56 条所规定的两个基本自由原则："企业自由建立"和"跨境服务提供自由"。同时，要执行特定部门的次级法规。

《服务业指令》提出以下措施，促进欧盟服务业统一市场建设。一是简化行政审批程序。成员国应对提供者提供服务活动所需要的各种程序及手续进行认真检查，对于那些烦琐的审批程序，应尽可能进行简化。每个成员国应确保服务提供者通过单一联系点（Points of Single Contact）获取所需信息，完成审批程序，并能通过网络开展业务。二是保障服务提供者自由建立。成员国不得阻止服务提供者提供服务活动，只有在涉及公共利益且在无歧视性条件下，才需要获得所在国的授权。服务提供者向其他成员国提供服务时，也无须在该成员国设立经营场所。三是保护服务接受者权利。禁止基于国籍或居住地对服务接受者设置歧视性要求，确保通常情况下服务接受者能够公平地获取所需服务。同时，成员国当局应确保本国服务接受者获取相关信息，如消费者保护、争议处置、协会及组织联系方式、服务提供者信息等。四是加强成员国之间相互支持与合作，以确保对服务贸易的有效监督。采取措施，提高服务贸易质量，例如对服务贸易活动进行自愿认证、完善质量保障体系、加强贸易协会和手工业协会的合作等。

三　网络性产业

铁路、电力、石油、天然气、航空运输、海上运输等产业具有很强的网络性特征，依据某种固定网络（或节点）完成产品或服务的生产、传输、消费等环节，具有显著的规模经济效应和范围经济效应。高效、统一、可持续的交通、能源基础设施网络是网络性基础设施统一市场建设的前提条件。网络性基础设施为大多数欧盟市民提供日常服务，尤其在公共交通、能源供应领域。然而，尽管在这两大网络性基础设施领域的统一市场建设取得一定进展，但任务尚未完成，离统一市场目标还存在一定距离。尤其在铁路、航空、海上运输领域，以及电力和天然气领域，基础设施建设难以得到高效整合，运输、能源市场分割，市场运作效率低下，使欧盟企业和消费者不得不承受高昂价格，无形中阻碍了跨境交易的效率。欧盟网络性基础设施统一市场建设，旨在基于平等，确保欧盟市民或消费者具有随时随地能够享受产品或服务的选择权，确保企业能够在任何地方、任何时间向任何消费者提供相应的产品或服务。为此，欧盟委员会确定将采取四项行动计划。

（一）铁路运输

第一项行动计划针对铁路运输领域。向欧盟其他成员国开放本国国内铁路客运服务，能够有效改善铁路客运服务质量和成本效率。在铁路运输领域，他国运营商不能在某国国内线路上提供铁路客运服务。与此同时，公共运输服务也可以不经公开程序直接获得。经验表明，开放国内铁路客运市场，允许铁路公司自由竞争，能够显著提升效率，尤其对于那些处于运营状态的铁路行业组织。这将有助于大幅节省政府采购铁路运输服务合同支出，估计减少幅度可达20%—30%。

基于这些积极判断，欧盟委员会制订了铁路“一揽子”计划，使所有获得欧盟经营执照的铁路组织有权自由进入铁路客运服务市场，能够公平参与公共服务合同招投标活动。该“一揽子”计划将会加剧欧盟铁路客运服务市场竞争，提高其运营效率，同时为欧盟市民提供质高价廉的铁路运输服务。为此，也会吸引乘坐其他运输工具的乘客，有助于提升客运服务的上座率。“一揽子”计划加强政府基础设施管理，合理分配运能，做好维护与发展工作，以最大化使用现有铁路网路资源。同时，加大安全与互联互通规则执行力度，避免歧视性接入，以确保真正公平竞争的实现。

（二）海上运输

第二项行动计划针对海上运输领域。建立一个真正的单一海上运输市场，使货物在欧盟港口之间自由运输，取消不必要的货物运输管理及海关手续。对于海外货物抵达欧盟某一港口时，也适用于同样运输规则。

据估计，40%的货物运输通过欧盟港口间近海航运完成。当前，欧盟港口之间的船只航行被认为已经离开欧盟海关领土。因此，按照正常程序，欧盟不同成员国港口之间的货物运输，如同海外港口船只抵达欧盟港口一样，必须办理十分复杂的行政手续。即使欧盟已出台相关法律法规简化成员国之间的海上运输行政手续，船只在欧盟港口间航行依旧面临数量众多的复杂审批程序。相对于其他运输方式，这种限制使欧盟成员国间的海上运输市场陷入不利竞争境地。

为建立一个真正的海上货物运输统一市场，促进海上运输市场快速发展，欧盟委员会制订“蓝带”（Blue Belt）计划，用于降低成员国内部海上运输行政负担，使之达到航空、铁路、公路等其他运输方式水平。这一目标的实现，将借助于现代通信与信息技术，以便于船只在欧盟港口之间运输时，对货物及船只进行可靠跟踪。

海上运输的吸引力得益于港口服务的高效率、可靠性及可获得性。港口方面发挥着至关重要的作用。欧盟委员会在提高自身工作效率的同时，努力提高港口服务质量的整体水平，处理成员国之间相关义务问题，如港口与内陆腹地连接规划、公共资金透明度及港口费用、简化港口行政手续、审查港口服务供应限制等。

（三）航空运输

第三项行动计划针对航空运输领域。空中交通在欧盟经济社会中起到重要作用，是增强欧盟凝聚力、促进经济增长的重要元素，每年对欧盟 GDP 的贡献高达 2200 亿欧元，雇用了 300 多万名劳动力。空中交通管理系统（简称 ATM）是一种网络性产业，对于空中交通安全、高效运营至关重要。基于保护本国空域主权的考虑，欧洲 ATM 处于分割状态，受成员国垄断服务条款控制。空域分割、空中管理系统不完善等对空域用户造成巨大负面影响，如飞机被迫绕道飞行、航班延误等造成高昂运输成本。据欧盟估计，每年造成的额外成本支出约 50 亿欧元，航班平均绕飞历程 4200 千米，导致过多的能源消耗，并由此产生更多的温室气体排放。

随着空中交通需求量的持续增长，基于安全、运能及成本的考虑，现有空中交通管理系统缺乏可持续性。为了打破欧洲空域分割状态，提高航空运输安全性、运输能力及运输效率，欧盟有关机构通过法律制度建设，逐步建立欧洲统一空域。为此，欧盟提出建立单一欧洲天空计划（Single European Sky），通过法律制度建设，逐步建立单一欧洲天空计划的基本框架、空中导航服务条例和统一收费方案、空域分类和使用、安全和互操作性标准，以及空域和空中交通流量管理规则等（见表 7－4）。通过制度建设，建立欧洲统一的空域使用规则及管理框架，从整体上提高欧洲航空运输的效率及市场竞争力。

表 7 – 4　　单一欧洲天空计划有关条例、建议及沟通意见情况

年份	法律名称	主要内容
2004	《欧洲议会和理事会 549/2004 号条例》	单一欧洲天空计划的框架
2004	《欧洲议会和理事会 550/2004 号条例》	单一欧洲天空空中导航服务提供条例
2004	《欧洲议会和理事会 551/2004 号条例》	单一欧洲天空空域组织及使用
2004	《欧洲议会和理事会 552/2004 号条例》	欧洲航空交通管理网络互操作性条例
2005	《欧洲议会和理事会 2150/2005 号条例》	灵活使用空域统一规则
2006	《欧洲议会和理事会 730/2006 号条例》	空域分类
2006	《欧洲议会和理事会 1794/2006 号条例》	欧洲空中导航服务统一收费方案
2007	《欧洲议会和理事会 219/2007 号条例》	建立合营企业开发新一代欧洲航空交通管理系统
2009	《欧洲议会和理事会 1070/2009 号条例》	提高欧洲航空系统的绩效与可持续性
2010	《欧盟委员会 255/2010 号条例》	制定欧盟空中交通流量管理统一规则
2013	《欧盟委员会与欧洲议会、欧洲理事会、欧洲社会委员会和地区委员会的沟通意见》	加快推进欧洲 ATM 改革步伐
2013	《欧洲议会、欧洲理事会修订 216/2008 号条例建议》	机场、空中交通管理及空中导航服务

资料来源：笔者自行整理。

（四）能源市场

第四项行动计划针对能源市场领域。统一的能源市场有助于降低能源价格，促进能源设施投资。据估计，若所有消费者能够购买最便宜的能源供应服务，欧盟民众每年将节约 130 亿欧元支出。与分散的 28 个小规模能源市场相比，统一的能源市场能够确保欧盟获得更加安全的能源供应，也会以最低成本改善欧盟能源结构，使之朝低碳方向转型。然而，欧盟并没有建立一个完全整合的能源网络和能源市场，天然气和电力市场的互联互通尚未真正实现。

为完成单一能源市场目标，欧盟先后通过并实施了三次能源改革方案。第一次能源改革始于 20 世纪 90 年代，是欧盟能源统一市场的起步阶段，主要任务是渐进引入竞争，逐步开放电力和天然气市场；第二次能源改革始于 2000 年，所通过的系列指令主要包括加强对网络运营商的拆分要求、加强网络准入、消除排他性供应权以及建立独立监管机构；第三次能源改革以 2009 年欧洲理事会批准的能源内部市场改革方案

为开端，主要任务是拆分输送系统所有权、建立能源监管合作机构、建立天然气和电力输送系统统一网络、网络拥堵管理、系统准入等。

四　数字市场

互联网与数字技术正在改变世界。单一数字市场（Digital Single Market）能够促进商品、服务、人员、资本的自由流动。作为世界经济一体化程度最高的区域性组织，欧盟在单一数字市场建设方面长期处于停滞阶段。据欧盟统计，因单一数字市场尚未真正建立，网上交易困难重重，当前仅有15%的人在其他欧盟成员国的电商网站上进行消费，7%的中小企业进行线上跨境销售。对于当前蓬勃发展的电商营销模式，欧盟单一数字市场建设明显滞后了。

为打破欧盟成员国数字市场壁垒，加快欧盟统一市场建设的深度与广度，欧盟委员会于2015年5月6日发布了单一数字市场战略规划，旨在通过出台一系列举措，促进欧盟成员国间跨境交易。为此，该战略规划确定了三大支柱和十六项具体行动方案。第一大支柱是为个人和企业提供更好的跨境在线产品和服务。这包括制定消费者和企业能够信任的跨境电子商务规则；提供消费者能够负担得起的高质量跨境包裹投递服务；阻止不合理的地域壁垒；加强版权保护和跨境广播服务；减轻跨境销售增值税负担及障碍。第二大支柱是创造有利于数字网络和服务繁荣发展的有利条件。这包括制定目标统一的电信规则；确立21世纪媒体框架；为平台及中介机构创造一个合理的监管环境；强化数字化服务及个人信息安全管理。第三大支柱是最大化实现欧洲数字经济的增长潜力。这包括打造数字经济；通过互操作性和标准化增强竞争力；建设包容性互联网社会。

此外，为了全力推动欧盟单一数字市场建设，欧盟委员会制定了近期完成单一数字市场的路线（见表7－5）。

五　政府采购

欧盟政府和公用事业采购支出规模巨大。每年公共采购规模约占欧盟GDP的1/5，其中近20%适用于公共采购指令规定限额以上的项目。2013年，欧盟限额以上公共采购支出（不包括公用事业部门）总额高达17866.1亿欧元，同比增长0.67%；占欧盟GDP的比重为13.67%（见表7－6）。其中，德国、法国、英国、意大利等国政府限额以上公共采购支出超过千亿欧元。

表 7－5 欧盟近期完成的单一数字市场路线

年份	行动
使消费者和企业能够更好地获得跨境数字产品及服务	
2015	针对消费者和企业简单、有效跨境合同规则提出立法建议
2015	对处理不合理地域壁垒的法律提案进行大范围审查
2015	对在线商品贸易和在线服务条款的电子商务行业竞争进行调查
2015	版权制度改革提案
2015/2016	审查卫星转播及有线电视指令
2016	审查消费者保护合作条例
2016	制定保股投资业务措施
2016	降低不同增值税体制对企业造成行政负担的法律提案
创造有利于数字网络和服务繁荣发展的有利条件	
2015	全面分析包括非法网络在内的市场平台作用
2016	改革当前通信规则的法律提案
2016	审查试听媒体服务指令
2016	审查电子隐私指令
2016	建立契约型公私伙伴关系网络安全协议
最大化地实现欧洲数字经济的增长潜力	
2015	实施优先 ICT 标准计划、拓展欧洲公共服务互操作性框架
2015	实施新的电子政务行动计划
2016	在数据所有权、数据自由流动及欧洲云方面展开行动

资料来源：笔者自行整理。

公共采购市场化程度的高低体现了欧盟统一市场运作的水平。面对如此大规模的公共采购支出，成员国当局出于保护本国企业利益的考虑，采取各种限制措施阻止购买他国企业提供的产品或服务。当然，这一动机或行为严重背离了欧盟统一市场建设目标，不利于欧盟成员国内部商品、服务、人员与资本的自由流动。为此，约束成员国公共采购行为，提高公共采购的公平性与透明度，阻止任何形式的歧视性条款及商业贿赂行为，成为欧盟当局提高公共采购市场化水平的重要途径。

表 7－6 2013 年欧盟成员国公共采购支出规模（不含公共事业部门）

国家或地区	金额（亿欧元）	占本国 GDP 的比重（%）
比利时	520.1	13.59
保加利亚	48.1	12.03
捷克	214.8	14.37
丹麦	338.0	13.58
德国	4017.3	14.67
爱沙尼亚	24.5	13.14
爱尔兰	155.4	9.47
希腊	162.3	8.91
西班牙	996.0	9.74
法国	3069.8	14.90
克罗地亚	53.0	12.29
意大利	1572.3	10.08
塞浦路斯	10.9	6.63
拉脱维亚	26.6	11.38
立陶宛	34.2	9.87
卢森堡	54.7	12.02
匈牙利	137.3	14.02
马耳他	7.0	9.63
荷兰	1363.2	22.62
奥地利	351.8	11.24
波兰	469.7	12.05
葡萄牙	172.9	10.43
罗马尼亚	159.8	11.24
斯洛文尼亚	44.5	12.60
斯洛伐克	84.8	11.76
芬兰	344.6	17.81
瑞典	686.8	16.32
英国	2746.0	14.46
欧盟	17866.1（合计值）	13.67（平均值）

资料来源：《欧盟 2013 公共采购指标》。

制定统一的法律政策，约束成员国公共采购行为。2011 年 12 月，欧盟委员会提议修改《2004/17/EC 指令》（Directive 2004/17/EC）和《2004/18/EC 指令》（Directive 2004/18/EC），并采用新的特许权授予合同。经过欧洲议会投票表决，决定采用《2014/24/EU 指令》（Directive 2014/24/EU）、《2014/25/EU 指令》（Directive 2014/25/EU），分别取代之前的《2004/17/EC 指令》和《2004/18/EC 指令》。同时，采用特许权授予新指令——《2014/23/EU 指令》（Directive 2014/23/EU）。这些新指令旨在简化公共采购程序，提高公共采购灵活性以及法律确定性。这将有助于提高公共采购效率，尊重公平竞争规则，增强公共采购透明度，使公共采购实现双赢。特许权规则将为欧盟公共管理创造一个共同框架，有助于鼓励未来在公共服务领域的投资。《2014/24/EU 指令》和《2014/25/EU 指令》仅适用于其规定的限额以上的采购合同。限额以下的采购，必须依据《欧盟运作条约》以及欧盟法院建立的涉及潜在跨境利益的公共合同授予基本标准，一旦发现违规行为，将可能因违反欧盟法律被起诉。

提高公共采购透明度。按照欧盟采购指令的相关规定，所有限额以上的采购项目都要在每日电子标讯或官方每日电子标讯上公开发布信息，确保所有感兴趣的供应商能够无差别地获得采购信息。发布的采购信息主要有两类：一是采购公告（Contracts Notice），主要是向潜在投标人发出投标邀请；二是合同授予公告（Contracts Award Notice），主要是采购机构公布采购结果，包括合同金额和中标供应商的基本情况。近年来，公共采购市场的透明度不断提高，采购实体公开信息的行为不断规范，公告数量稳定增长，但各成员国执行透明度要求的程度不尽相同。

降低公共采购成本，促进公共采购领域市场竞争。欧盟委员会通过了公共采购电子发票指令，确保成员国电子发票系统的互通性。该指令将有助于消除跨境公共采购障碍，最终有益于统一市场的有效运转。这也意味着更加方便快捷的支付，供应商会因此获得更多的商业机会，最终大幅降低欧盟公共采购成本。

六　反垄断实践

遏制垄断是深化欧盟统一市场建设的有力抓手。近年来，欧盟委员会不断加大反垄断调查和惩处力度，涉及行业几乎无所不包，不仅有汽车、钢铁、医药和金融等传统行业，也有信息技术、电信网络等新兴产业，微软、英特尔、苹果、花旗集团、巴克莱银行等世界知名企业因涉嫌垄断接受欧盟反垄断调查并受到处罚。欧盟反垄断举措主要体现在打破非法卡特尔组织、禁止滥用市场支配地位和对企业并购实施反垄断审查等方面。

禁止企业滥用市场支配地位，开出反垄断罚单。《欧盟运作条约》第102条明确禁止滥用市场优势地位影响成员国间正常贸易的行为。2014年，欧盟委员会根据《欧盟委员会1/2003号条例》（Regulation［EC］No 1/2003）第7条的规定，对四起涉嫌滥用市场支配地位的案件进行反垄断调查。涉案企业主要分布在电力、电信、制药领域，它们滥用市场支配地位，排挤竞争对手，谋取不正当利润。欧盟委员会根据行为持续时间长短、危害程度，主要实施了经济处罚，罚款总额超过5亿欧元（见表7－7）。此外，欧盟委员会做出了三项具有法律约束力的承诺：一是接受欧洲Visa下调跨行手续费提议，其向零售商收取的每笔交易费用在该交易的价值中所占比例将会下调至0.3%，也就是缩减40%—60%，并将借记卡交易的跨行手续费下调至0.2%；二是接受三星电子关于标准关键专利禁令的法律承诺；三是声明反对保加利亚能源控股公司涉嫌滥用电力批发市场优势地位。

企业间以限制市场竞争为目的的合作协议均涉嫌违法。《欧盟运作条约》第101条广泛适用于任何在欧盟境内实施并影响欧盟成员国之间贸易的协议和协同行动。实际或潜在市场竞争者之间正式或非正式合作，只要以限制竞争为目的，或将产生限制竞争的结果，这种协议非法，将被禁止。2014年，欧盟委员会做出10个卡特尔协议处罚决定，罚款金额约17亿欧元（见表7－8）。

理性对待企业并购行为。并购是一把“双刃剑”。有些并购能够迅速提高企业的市场份额，快速推出新产品，降低生产销售成本，对消费者有利。有些并购可能增强企业的市场控制力，诱发企业滥用市场优势地位，妨碍市场竞争。这类并购对社会福利具有负面影响，产品价格过高导致消费者福利受损，企业数量减少降低消费者选择权，企业间竞争下降阻碍技术创新。欧盟委员会对待企业并购行为，并非采取“一刀切”式的处理意见，只要有助于提高消费者福利、不损害市场竞争的并购活动，就不会受到欧盟的阻碍。

表7-7　　　2014年欧盟委员会做出4项禁止性决定情况一览

企业	行为	处罚措施
OPCOM公司	OPCOM公司利用在罗马尼亚电力现货交易市场的支配优势，要求电力市场现货交易商必须在罗马尼亚进行增值税登记，实质上是一种基于国籍或机构所在地实施的歧视性行为，人为地对欧盟电力交易商进入罗马尼亚电力市场设置进入障碍，降低了电力批发市场的流动性	103万欧元罚金
摩托罗拉公司	摩托罗拉公司涉嫌滥用标准关键专利（Standard Essential Patent），阻止苹果公司使用对于手机行业而言的标准关键专利，违反了关键标准专利持有人应基于公平、合理和非歧视原则向第三方授权	责令消除对苹果公司的消极影响
6家制药企业	法国制药企业Servier公司生产的畅销降压药Perindopril专利到期后，为谋取市场支配地位，该公司涉嫌与5家仿制药生产商达成一系列交易，阻止更廉价的仿制药进入欧盟市场，以确保其畅销降压药不受价格竞争影响，其做法显然违反了欧盟反垄断规则，严重危害了患者和政府的利益	处以4.28亿欧元罚款
斯洛伐克电信	斯洛伐克电信及其母公司（德国电信）利用在斯洛伐克宽带市场的优势地位，通过实施不公平的批发价格来挤压竞争对手，使其竞争运营商在零售宽带市场上无法与其进行盈利竞争。这一行为违反了欧盟统一市场反竞争规则，也阻碍了互联网和数字经济在欧盟的发展	斯洛伐克电信被处以3884万欧元罚款，德国电信被罚款3107亿欧元

资料来源：笔者自行整理。

表7-8　　2014年欧盟委员会做出10项卡特尔协议处罚决定情况

企业	行为	罚金（欧元）
4家软质聚氨酯泡沫塑料生产商	2005年10月至2010年7月，4家主要的软质聚氨酯泡沫塑料生产商（Vita、Carpenter、Recticel、Eurofoam）达成协调各类型泡沫塑料销售价格的协议，以避免4家企业之间进行激烈的价格竞争，涉及10个欧盟成员国（奥地利、比利时、爱沙尼亚、法国、德国、匈牙利、荷兰、波兰、罗马尼亚和英国）	1.14亿
2家电力现货交易所	法国EPEX Spot和挪威Nord Pool Spot两家企业私下达成协议，在提供现货电力交易服务时避免与对方竞争	598万

续表

企业	行为	罚金（欧元）
3 家蘑菇生产巨头	Lutèce、Prochamp 和 Bonduelle 三家蘑菇生产企业私下达成协议，制定食用菌罐头价格	3223 万
6 家卡车与汽车轴承生产商	2 家欧洲公司（SKF 和 Schaeffler）和 4 家日本公司（JTEKT、NSK、NFC 和 NTN）私下协商汽车轴承产品价格，签署汽车轴承市场价格垄断协议，涉嫌密谋组建汽车轴承价格卡特尔联盟	9.53 亿
4 家钢丸磨料生产商	4 家钢丸磨料生产商（Ervin、Winoa、Metalltechnik Schmidt、Eisenwerk Würth）涉嫌协调钢丸磨料部件的关键价格——废钢附加费，彼此不进行价格战	3071 万
11 家高压电缆提供商	11 家电缆制造商就欧洲经济区重要高压电缆项目私下达成协议，分配客户、市场	3.01 亿
3 家智能卡芯片提供商	韩国三星、荷兰飞利浦、德国英飞凌 3 家智能卡芯片提供商通过不同方式串谋勾结，垄断欧洲智能卡芯片市场	1.38 亿
2 家银行	苏格兰皇家银行与摩根大通银行参与非法的双边卡特尔，以影响瑞士法郎伦敦银行间拆放款基准利率	6168 万
4 家银行	苏格兰皇家银行、瑞士银行、摩根大通银行、瑞士信贷银行在欧盟区域内结成卡特尔从事瑞士法郎利率衍生品交易	3230 万
5 家信封制造商	瑞士的 Bong、法国 GPV 和 Hamelin、德国 Mayer - Envelope 以及西班牙 Tompla 5 家公司涉嫌达成价格协议，消极竞争，人为抬高信封价格	1940 万

资料来源：笔者自行整理。

第三节　成熟期的美国国内统一市场建设

一　美国国内统一市场建设进程

美国国内市场统一、发达。但美国统一的国内市场的形成过程堪称曲折漫长。1776 年美利坚合众国诞生之前，已遭受多年的殖民统治。

殖民地时期，生产力水平比较落后，处于农耕社会，所生产的产品主要用于维持当地居民生存的需要，剩余产品较少，商品交换经济不够发达。尽管当时各个殖民地间存在一定程度的区际贸易和城乡贸易，但交换经济的数量及规模都十分有限，加之殖民地间地理分割，尚未形成一个统一的市场。

独立战争胜利后，北美13个殖民地正式摆脱英国的殖民统治，美国获得了政治独立，并于1787年通过《美利坚合众国宪法》（以下简称1787年宪法）。在统一市场建设方面，1787年宪法第8条赋予国会至高无上的权力。一是统一国内税收制度，由美国国会规定并征收直接税、间接税、进口税与货物税，但标准应全国统一；二是由国会处理国际贸易、跨州贸易；三是制定全国统一的归化条例和破产法；四是统一货币，确定本币与外币的价值，制定度量衡标准；五是保护知识产权，保障著作家和发明家对各自著作和发明在特定期限内的专有权利，促进科学与技术进步。此外，1787年宪法第9条对可能涉及的州际贸易壁垒问题进行了限制，规定"对于任何一州输出的货物，不得征收税金或关税"，"任何贸易条例或税收条例不得给予一州入港以优于另一港口的特惠；开往或来自一州的船舶不得强令其在另一州入港、出港或缴纳关税"。1787年宪法为美国国内统一市场的形成奠定了强有力的法律支撑。依据1787年宪法确立的联邦制政治体制，保证了联邦政府在美国的政治地位。这一切有力地促进了美国国内经济的统一和国内统一市场的形成。然而，此时的美国，在建立统一的国内市场进程中，依然面临诸多障碍。要进一步推动国内统一市场建设，必须尽快摆脱对欧洲的依赖，打破地方分割和贸易保护主义，将美国各个区域紧密地联系起来，实现商品、服务、人员、资本的自由流动。

美国南北战争结束了南北政治对立与经济矛盾。南北战争前，北方的资本主义工商业经济与南方的奴隶主种植园经济的对立已经达到白热化。在工业革命的推动下，矿山、钢铁、机械、纺织等行业得到迅速发展，北方资产阶级亟须保护国内市场，限制国外工业品进口，同时要求保障原材料稳定供应以及获得大量自由劳动力，迫切需要建立统一的国内市场，取消奴隶制。南方的种植园奴隶主坚持实行奴隶制，为谋取高额利润，竭力出口原材料、进口工业品。南方奴隶制严重束缚了劳动力的自由流动，南北地区割据限制了北方资本主义经济的发展。南北战争以北方取得胜利告终，废除了奴隶制，巩固了国家统一和北方资产阶级的统治地位，为美国工业革命的开展和资本主义工商业的发展提供了大量劳动力和原材料，同时也为工业品打开了国内市场，促进了美国国内统一市场的形成。

不过，美国南北战争结束并非意味着统一的国内市场已经完全形成。主要原因体现在：一是密西西比河以西大部分地区当时还没有进入美国经济的范围，只与东部有少量贸易联系；二是密西西比河移动的铁路线虽然不少，但各线的规矩、规格还不统一；三是西部的交通还处于小道、公路和马车时代，没有一条铁路线穿过大平原和落基山（何顺果，1986）。原材料市场、中间产品市场、最终产品销售市场之间处于封闭状态，原材料、中间产品、最终产品的自由流动受到极大限制。铁路作为一种高效的运输方式，在建立美国国内统一市场进程中发挥了至关重要的作用。到 1890 年，美国密西西比河以西的铁路线长达 72213 英里，约占全国铁路总长度的 43%（何顺果，1986）。美国铁路网的形成，使农产品、木材、铁矿石、煤炭等原材料通过铁路网运送出去，同时，西部大开发所需要的工业品也通过铁路网运送过来。一些乡镇、港口、矿山受益于铁路运输发展成为城镇。偏远地区通过铁路网与大城市建立起经济联系。由此可以看出，19 世纪末期，美国铁路网的形成，彻底改变了东西部地区过去那种孤立与半孤立状态，加强了工业与农业生产部门之间的合作，密切了城市与乡村之间的经济联系，促进了地区生产的专业化和分工协作，在推动美国国内统一市场的形成过程中起决定性作用。19 世纪末期，美国国内统一市场最终形成。

二　美国国内市场竞争政策

为维护、巩固美国国内统一市场，促进市场自由竞争、提高经济运行效率，美国政府主要采取以下举措：一是不断完善反垄断政策，对不正当竞争行为进行严厉打击；二是保护、支持中小企业发展，为美国经济注入活力；三是对国有企业行为进行严格限定，使之对自由市场的干预程度降到最低。

（一）反垄断

独立战争结束了英国的殖民统治，美国从此走上了独立发展的道路。《美国独立宣言》《邦联和永久联合条例》《美利坚合众国宪法》等政治、法律文件的出台，确立了美国的政治经济体制，政府权力受到严格控制，捍卫了社会民主与自由。反对政府干预、倡导市场竞争的经济自由主义，成为美国社会的基本经济思想。自由竞争机制极大地促进了美国生产力的发展，使美国超越英国成为世界上工业最为发达的国家。然而，自由竞争机制使在竞争中胜出的企业规模、实力不断增强，大公司凭借自身市场优势地位，使用各种手段对付中小企业，如交叉价格补贴、低于成本价格倾销以及搭售配售等。不公平的市场竞争，造成中小企业要么被兼并，要么破产，其结果是大公司的市场势力进一步膨胀，对自由竞争构成严重威胁。同时，为获取超额垄断利润，部分行业或部门联合起来，操纵价格、限制竞争。尤其在石油、铁路产业，托拉斯、合谋、联合、兼并、垄断等行为相当严重，对美国市场经济秩序构成重大挑战。

为了遏制垄断、促进竞争、增强市场活力，美国国会于 1890 年制定了世界上第一部专门反对垄断的法律——《谢尔曼法》，禁止垄断协议及滥用市场优势。然而，《谢尔曼法》条款过于原则化，缺乏可操作性，因而对垄断的威慑力不强。此后，美国国会于 1914 年通过了《克莱顿法》和《联邦贸易委员会法》。《克莱顿法》禁止价格歧视行为、限制企业合并，并对垄断违法行为进行了具体规定，同时还对诉讼程序、惩罚额度进行了说明，较之于《谢尔曼法》，操作性更强，更有利于打击垄断行为。《联邦贸易委员会法》进一步界定了垄断行为，重点在于打击不公平竞争、虚假广告，并对不公平竞争和虚假广告的范围进行明确阐述。同时，《联邦贸易委员会法》还创立了反垄断执法机构——联邦贸易委员会。联邦贸易委员会和司法部反垄断局，成为美国反垄断政策的实施组织，其司法管辖权在 1950 年《塞勒—基福弗法》中得到进一步扩展，拥有对企业股票和不动产交易进行调查的权力（陈甬军，2006）。在一套比较完善的反垄断法律政策体系下，20 世纪中期美国反垄断实践也得到了极大的发展。70 年代，鉴于美国企业在欧洲、日本的国际市场中竞争优势的消失，美国政府、产业界、法律界、经济学界人士对反垄断政策进行反思。里根政府时期，美国反垄断执法力度有所减弱。但在克林顿执掌白宫期间，这一趋势得到扭转。例如，轰动世界的微软公司反垄断审查事件。在不同时期、不同政党执政以及特殊经济环境下，美国反垄断的执法力度的口径并非完全一致，但基本方向始终未变，即维护自由竞争、促进技术创新、保证市场活力。

（二）保护小企业

小企业在美国的国民经济生活中，扮演着十分重要的角色。尤其是在创造就业机会、吸纳就业人口、增强市场竞争活力等方面，小企业的贡献异常重要。当前，美国共有2800万个小企业。据估计，在每三个新增就业岗位中，有两个是由小企业创造的。同时，美国小企业雇用了超过半数的美国劳动力。自由竞争是市场经济的精髓，只有通过自由竞争，才能捍卫自由市场，才能充分发挥市场在资源配置中的作用。然而，无论是在生产水平、市场份额、技术创新、品牌知名度，还是在抗风险能力等方面，小企业与大中型企业、跨国公司的差距相当明显，在市场竞争中处于劣势地位。充满竞争活力的市场，需要有大量小企业的积极参与，并通过企业间的市场竞争，才能捍卫市场经济制度。在小企业的成长过程中，对其提供必要的经济、技术支持，保持小企业的创新活力，对于维持自由竞争的美国市场经济体制意义重大。

1953年美国国会通过《小企业法》（*Small Business Act*）。《小企业法》是一部保护小企业发展的法律文件，它保证了小企业在美国经济中的法律地位，也确立了政府对于小企业制定基本政策和管理措施的方向。根据《小企业法》，国会于同年设立小企业管理局（Small Business Administration），作为联邦政府机构成员之一，承担起支持美国小企业发展的法定职责。小企业管理局按照《小企业法》及相关法律规定，代表众多美国小企业利益，并为其发展争取更多的法律、制度、政策保障。小企业管理局对小企业的支持主要表现在以下几个方面。

一是融资支持。除了救灾贷款，小企业管理局并不通过直接贷款或者给予赠款的方式，而是通过贷款担保、与金融机构合作的方式帮助小企业获取资金，以支持小企业的发展。此外，小企业管理局根据法律规定，可以通过受托机构在公开市场募集资金，以联邦政府为其提供信用担保，并通过小企业投资公司向小企业进行风险投资。

二是咨询及培训服务。目前，小企业管理局在全美设置了1800多个地点，为初生创业者提供免费咨询服务和低价培训服务，通过教育、培训、技术支持及技能培训促进小企业成长。

三是帮助小企业获得联邦政府采购合同。美国联邦政府每一财政年度的政府采购规模十分庞大，为了保证美国小企业享有平等的机会向政府供应产品或服务，《小企业法》制定了有利于小企业的政府采购政策。《小企业法》第 15（g）部分规定，每一财政年度由总统制定小企业政府采购目标，并对政府采购目标进行明确的法律规定。政府采购的初级合同，来自小企业的合同金额比重不能低于 23%。同时，对于特别人群、特定区域规定不同的政府采购标准。比如，对于由伤残退伍军人拥有、控制的小企业，政府采购初级合同及分包合同金额不能低于 3%；在经济上和社会上处于劣势地位的个人，其拥有、控制的小企业获得的政府采购初级合同及分包合同不得低于 5%；由妇女拥有、控制的小企业获得的政府采购初级合同及分包合同金额不得低于 5%。对于那些获得 HUBZone（Historically Underutilized Business Zones）认证的小企业，获得政府采购初级合同及分包合同金额不得低于 5%。

此外，小企业管理局作为美国小企业的代言人，代表小企业利益在联邦政府内部进行游说，以达到影响政府政策制定、维护小企业权益的目的。

为了进一步促进美国小企业的快速发展，奥巴马政府加大对美国小企业的扶持力度。在 2015 年财政预算报告中，提出了十项支持小企业发展的预算方案。

一是帮助小企业获得信贷资金以刺激经济增长、创造就业就会。预算方案为小企业管理局商业贷款计划提供 4750 万美元的补贴。对 7（a）贷款担保项目提供 175 亿美元，将支持小企业获取至少 4.5 笔贷款。根据 504CDC（Certified Development Company）计划为小企业提供 75 亿美元担保贷款，以支持小企业发展商业地产、购买重型机械设备。为超过 3500 家创业初期的小企业提供 2500 万美元直接小额贷款。此外，预算方案对小企业投资公司提供 40 亿美元的信用担保。

二是增强美国制造业的技术创新水平。除了小企业投资公司资金，预算中要求国会与总统启动一个公私投资基金，以支持在美国发明的先进新兴制造技术实现商业化应用。

三是对于小额贷款及退伍军人拥有的企业贷款减免费用。对于 7（a）计划下低于 35 万美元的 SBA Express 贷款免除预付费用（Upfront Fees），非 SBA Express 贷款金额超过 15 万美元，则减免 50%。

四是为小企业提供更多的再融资机会。预算建立授权 504 贷款再融资计划，提供 75 亿美元的担保贷款。这一计划有助于小企业在商业抵押贷款、设备债务方面锁定长期低利率，并有助于促使小企业使用自有资源以寻找新的投资机会。

五是为灾害援助贷款提供资金支持。小企业管理局灾害贷款计划为所有受灾的房主、承租人、各类企业所受到的财产损失提供低利率贷款。预算方案中对于当年的直接灾害支持贷款总额将超过 10 亿美元。为了继续减轻飓风桑迪的影响，以及防范未来可能发生的灾难，预算提供 1.87 亿美元用于支持灾害贷款计划。

六是简化小企业管理局贷款申请手续。预算方案支持小企业管理局一站式贷款服务平台，该平台将简化贷款申请手续，使小企业获取 7（a）贷款更加方便、快捷。

七是投资小企业领导人项目。预算方案提供 1500 万美元推动创业教育计划的实施。这一计划基于私有部门及非营利组织的最佳实践，以公私合作伙伴关系的形式，支持建立小企业领导模式。

八是对美国转业退伍军人的创业培训进行投资。预算方案中提供 700 万美元资金，对大约 2.5 万名退伍军人进行必要培训，使其能够适应社会生活、掌握创业技能。

九是支持开展创业信息服务以及区域经济发展。预算方案中提供 1.98 亿美元用于支持小企业管理局技术支持计划，其中 1.14 亿美元授权给 63 个小企业发展中心，2000 万美元用于支持小额贷款项目以支持小企业起步。预算方案中还对小企业管理局经济增长加速器计划提供 500 万美元，对区域创新集群计划提供 600 万美元，以支持小企业与大学、科研机构、风险投资家、地区产业领导人建立紧密联系，利用地区独特资源将创新理念变成可持续、高增长的小企业。

十是为小企业获取联邦政府援助资源提供一站式服务。预算方案中提供 600 万美元用于商务美国（Business USA）——一站式服务平台。小企业管理局继续将商务美国扩展为一个稳健、友好的系统，以支持美国小企业、出口商获取联邦、州及地方商业资源。

（三）设立国有企业

美国是世界上市场经济最为发达的国家之一，私有企业是美国主要的企业组织形式。美国社会对国有企业怀有较强的敌意，既反对把社会主义作为一种政治哲学，也不拥护把公有制作为控制经济制高点或达成既定政治目标的工具（米什勒、雷维森卡，2012）。然而，现实经济中的市场失灵现象无法自动消除，用“有形之手”取代“无形之手”是解决这一问题的普遍做法。美国政府直接投资一些公益性强、投资回收期长、风险大、效益差的，企业无力承担或因投资周期长、效益低而不愿意承担，但具备全局经济效益的基础设施和公共设施项目，为这个社会的发展创造必要支撑。为了避免国有企业与私有企业进行直接竞争，破坏自由竞争市场秩序，美国国会通过一系列法律措施，在要求国有企业提高经济效率的同时，严格限制国有企业的行为。

一是严格控制国有企业数量。美国联邦政府、州及地方政府均建立了一定数量的国有企业。在不同时期，针对特定的经济环境，美国政府对国有企业采取了不同的态度。面对20世纪30年代的大萧条，国家直接干预经济的理论思想被视为资本主义世界应对危机的“救星”。就以联邦政府层面为例，为扭转经济颓势，在国家干预主义指引下，时任美国总统罗斯福建立了一批重要的联邦政府公司，如商品信贷公司（简称CCC）、美国进出口银行（简称EXIM）、联邦谷物保险公司（简称FCIC）、联邦存款保险公司（简称FDIC）以及田纳西河流域管理局（简称TVA）等。70年代，面对整体业绩下滑的铁路产业，联邦政府出资设立了Conrail和AMTRAK两家铁路公司。然而，两家联邦政府公司命运却不相同，Conrail在扭亏为盈之后实现了私有化，而AMTRAK一直在亏损状态下负责提供全美铁路旅客城际运输服务。总之，就联邦政府层面，联邦政府公司数量较少，仅有十余家。

二是明确界定国有企业的产业分布。联邦政府公司产业分布界限明确、范围狭窄。国会设立联邦政府公司的目的并非与私有企业在市场上进行竞争，更不是要取代美国的资本主义私有制。相反，联邦政府出资设立联邦政府公司，其目的在于弥补市场失灵，促进资本主义私有制能够更加有效运转。在此基础上，国会在设立联邦政府公司之初，就通过单独立法的方式，将每一家联邦政府公司的生产经营范围限定在一个具体的生产服务领域，并竭力避开与私有企业进行竞争。目前，联邦政府公司的产业分布范围极其有限，主要集中在金融保险业等服务业，在制造业也有少量的联邦政府公司。同时，每一家联邦政府公司的主营业务单一，不存在多元化经营现象（见表7-9）。

表 7-9　美国部分联邦政府公司主营业务产业分布情况

公司	主营业务	所属行业
AMTRAK	主要依靠租借私人铁路公司的轨道、车站等基础设施提供城际铁路客运服务；拥有一定规模的铁路路网	铁路运输
CCC	向农民和农场主提供财务援助，生态保护计划支持，出口信贷	金融保险
EXIM	为美国出口企业提供流动资金担保、出口信贷保险、贷款担保以及直接贷款；EXIM 是否对出口业务进行资助，与企业规模、业务量大小无关，但其业务量的 85% 直接惠及美国小企业	金融保险
FCIC	对私有企业提供的农作物保险提供再保险服务	金融保险
FDIC	仅对储蓄存款进行保险，而为股票、债券、共同基金、人寿保险、年金以及银行和储蓄机构提供的类似投资项目提供保险不在保险范围之列	金融保险
OPIC	为美国企业在海外投资提供保险（货币不可兑换风险、没收风险以及战争暴力险）、贷款担保以及为中小企业提供直接担保	金融保险
PBGC	为福利确定型企业年金计划提供担保服务，包括单雇主福利确定性计划和多雇主福利确定性计划	金融保险
TVA	区域电力生产及供应、灌溉、洪水控制、农业和工业发展以及田纳西河流域综合治理与全面开发	公用事业
UNICOR	生产服装与纺织品、电子产品、车辆部件、工业产品、办公家具，以及提供车队管理、回收活动、数据录入与编码服务等	制造业及相关服务业
USPS	邮政服务（一级邮件、标准邮件、优先邮件、期刊以及包裹）	邮政服务

资料来源：笔者自行整理。

三是严格控制对国有企业的财政补贴。联邦政府公司要获得政府财政补贴，前提条件是企业亏损以至于威胁其正常运营。即便联邦政府公司某些业务领域处于亏损状态，只要能够持续正常运营，通常情况下是不会得到联邦政府拨款补贴的。联邦政府公司要获得财政拨款，必须要经过立法过程来实现。同时，财政拨款过程也是总统与国会、民主党与共和党博弈的过程，总统及其下属的管理与预算办公室等行政部门以及国会下属的拨款委员会等立法部门，均参与美国联邦政府年度拨款事务。其中，国会在拨款事务决策中发挥着决定性作用，这是由美国宪法所赋予的权力。正如《美利坚合众国宪法》第 1 条第 9 款规定，“除了依照法律的规定拨款之外，不得自国库中提出任何款项”。对于拨款资金的使用要进行严格管理。拨款资金的使用必须按照法律规定进行，必须用于特定目的和具体项目，如联邦政府对 AMTRAK 拨款要将运营账户和资本账户分开，对 USPS 的联邦拨款也要分为低价邮件补贴和收入放弃拨款补贴。其目的在于防止交叉补贴、监管拨款资金使用、保证普遍服务的持续供给。

第四节　跨太平洋伙伴关系协定（TPP）的统一市场建设

一　TPP 发展状况

跨太平洋伙伴关系协定（Trans - Pacific Partnership Agreement，TPP）是 12 个环太平洋国家[①]达成的贸易协定。TPP 旨在通过降低各种贸易壁垒、建立投资者—东道国争端解决机制（Investor - State Dispute Settlement），以促进经济增长、创造就业机会、加强技术创新、提高生产力与竞争力、提升居民生活水平、减少贫困、加强劳工和环境保护等。TPP 前身是跨太平洋战略经济伙伴关系协定（Trans - Pacific Strategic Economic Partnership Agreement，简称 P4 协定），其是一个涵盖商品贸易、服务贸易、原产地规则、贸易救济、技术壁垒、知识产权、政府采购、竞争政策等多项举措的自由贸易协定。2005 年智利、新加坡、文莱、新西兰四国签署 P4 协定并于次年生效，其目的在于通过建立自由贸易区促进地区贸易自由化，以增强成员之间在货物贸易、服务贸易、知识产权以及投资等领域的互惠合作。从 2008 年开始，美国、澳大利亚、加拿大、日本、马来西亚、墨西哥、秘鲁、越南等国要求扩大 P4 协定成员范围，并开始了长期 TPP 协定谈判。2015 年 10 月 5 日，12 个 TPP 成员宣告谈判结束并达成贸易协定，最终于 2016 年 2 月 4 日签署 TPP 协定。一些潜在国家或地区，如哥伦比亚、菲律宾、泰国、中国台湾、印度尼西亚，也先后表示愿意加入 TPP 协定（见表 7 - 10）。

---

① 截至 2016 年 3 月 1 日，TPP 共有 12 个成员，分别是智利、新加坡、文莱、新西兰、美国、澳大利亚、秘鲁、越南、马来西亚、墨西哥、加拿大和日本。

表 7－10　　TPP 成员及潜在成员加入 TPP 协定时间一览

国家或地区	签订协议	正式谈判	表达愿望
智利	2016 年 2 月 4 日	2008 年 2 月	—
新加坡	2016 年 2 月 4 日	2008 年 2 月	—
文莱	2016 年 2 月 4 日	2008 年 2 月	—
新西兰	2016 年 2 月 4 日	2008 年 2 月	—
美国	2016 年 2 月 4 日	2008 年 2 月	—
澳大利亚	2016 年 2 月 4 日	2008 年 11 月	—
秘鲁	2016 年 2 月 4 日	2008 年 11 月	—
越南	2016 年 2 月 4 日	2008 年 11 月	—
马来西亚	2016 年 2 月 4 日	2010 年 10 月	—
墨西哥	2016 年 2 月 4 日	2012 年 10 月	—
加拿大	2016 年 2 月 4 日	2012 年 10 月	—
日本	2016 年 2 月 4 日	2013 年 5 月	—
哥伦比亚	—	—	2010 年 1 月
菲律宾	—	—	2010 年 9 月
泰国	—	—	2012 年 11 月
中国台湾	—	—	2013 年 9 月
韩国	—	—	2013 年 11 月
印度尼西亚	—	—	2015 年 10 月

资料来源：笔者自行整理。

二　TPP 基本特征

TPP 具有以下几个显著特征。

一是成员间差异性明显。当前，12 个 TPP 缔约方的经济、政治、地理环境差异较大（见表 7－11）。首先，从土地面积和人口规模看，美国、加拿大、澳大利亚、墨西哥等国不仅国土辽阔，而且人口总量规模较为庞大。新加坡、文莱、越南、新西兰、马来西亚等国国土面积狭小，如新加坡国土面积为 1000 平方千米，马来西亚和越南国土面积仅为加拿大的 1/30，而且人口数量不足 1000 万（不包括越南和马来西亚）。其次，从地理分布看，TPP 成员区域分布较为广泛，覆盖亚洲、大洋洲、南美洲和北美洲，成员在陆地上无法紧密连接起来。太平洋将 12 个成员分成两个区域，日本、越南、新加坡、文莱、马来西亚、澳大利亚、新西兰处于太平洋西岸，而美国、加拿大、墨西哥、秘鲁、智利则位于太平洋东岸。最后，成员间经济差异性明显。从经济总量看，成员间经济实力悬殊，美国、日本、加拿大、澳大利亚四国 GDP 规模均超过万亿美元，而文莱 GDP 则不足 200 亿美元，越南、新西兰、秘鲁、智利四国 GDP 处于 2000 亿美元左右的水平。从国民生活水平角度看，成员间差异异常明显，美国、新加坡、澳大利亚、加拿大、日本、新西兰、文莱七国人均 GDP 均超过 3 万美元，属于高收入国家，居民生活富裕，而秘鲁、越南人均 GDP 不足 1 万美元，属于低收入国家。从进出口贸易情况看，新加坡、越南、马来西亚三国进出口贸易总额均超过本国 GDP，属于典型的外向型经济，外贸依存度高，而美国、澳大利亚、日本等国进出口贸易总额占本国 GDP 的比重不到一半，外贸依存度较低。由此可以看出，TPP 成员不仅包括美国、日本等发达国家，而且有秘鲁、越南、马来西亚等发展中国家，成员间的经济水平、综合实力等存在较大差距。

表 7－11　　2014 年 TPP 成员基本概况一览

国家	国土面积（万平方千米）	总人口（万人）	GDP（亿美元）	人均 GDP（美元）	进出口贸易（亿美元）			外贸依存度（进出口总额/GDP，%）
					出口	进口	总额	
智利	75.7	1777	2581	14520	742	654	1396	54
新加坡	0.1	547	3079	56287	4098	3662	7760	252
文莱	0.6	42	173	40776	105	34	139	80
新西兰	26.8	451	1826	40842	416	425	841	46
美国	983.2	31886	174190	54630	16232	24094	40326	23
澳大利亚	774.1	2349	14538	61887	2402	2376	4778	33
秘鲁	128.5	3077	2029	6594	381	423	804	40
越南	33.1	9073	1862	2052	1505	1493	2998	161
马来西亚	33.1	3019	3269	10830	2341	2089	4430	136
墨西哥	196.4	12380	12827	10361	3975	4116	8091	63
加拿大	998.5	3554	17867	50271	4743	4749	9492	53
日本	37.8	12713	46015	36194	6838	8223	15061	33

资料来源：根据国家统计局网站数据整理。

二是TPP协定内容本身具有广覆盖、高标准的特点。TPP协定内涵覆盖面相当广泛，是一个综合性的贸易协定。TPP成员除了遵守有关贸易方面的规则或约定，还将受到法律法规、生态环境、社会团体、商业模式等方面的约束。TPP协定共有30章，内容涵盖商品贸易、服务贸易、跨境投资等相关问题，主要包括市场准入、原产地规则、海关管理、动植物卫生检疫、技术壁垒、跨境投资、跨境服务、金融服务、纺织服装、知识产权、劳工和环境保护等（见表7－12）。TPP协定在环境保护、劳工、政府采购、知识产权保护等方面确定了高标准条款。在环境保护领域，TPP协定要求成员在执行本国环境保护法律、履行《濒危野生动植物贸易国际公约》的基础上，采取措施共同应对环境挑战，联合打击野生动植物非法贸易，实施森林、渔业可持续管理，保护海洋环境等。在劳工权益保护方面，TPP协定制定了一系列严格的标准。例如，维护工会集体议价权，消除强迫劳动、禁止雇用童工，制定法律规定最低工资、最长工作时间、职业安全及健康等，对违反劳工保护的情况要实施有效的法律救济。在政府采购领域，TPP协定要求各成员履行国民待遇和非歧视原则，及时公开政府采购有关信息，公开、公平、公正地进行招投标，制定正当法律程序以妥善处理对中标结果的申诉和质疑。TPP协定对知识产权的保护更加严格，在产品地理标志、专利保护、版权保护、药品等方面的保护力度将会大幅提高。

表7－12　　TPP正文文本目录

条目	内容	条目	内容	条目	内容
前言	—	第十一章	金融服务	第二十二章	竞争与商业便利
第一章	初始条款及一般定义	第十二章	商务人员临时入境	第二十三章	发展
第二章	国民待遇及产品市场准入	第十三章	电信	第二十四章	中小企业
第三章	原产地规则	第十四章	电子商务	第二十五章	统一监管
第四章	纺织服装	第十五章	政府采购	第二十六章	透明度及反腐败
第五章	海关管理及贸易便利化	第十六章	竞争政策	第二十七章	管理和机制条款
第六章	贸易救济	第十七章	国有企业	第二十八章	争议处置
第七章	卫生与动植物检疫	第十八章	知识产权	第二十九章	例外条款
第八章	贸易技术壁垒	第十九章	劳工	第三十章	最终条款
第九章	投资	第二十章	环境	附录	—
第十章	跨境服务贸易	第二十一章	合作与能力建设		

资料来源：根据美国贸易代表办公室网站（https：//ustr. gov/）数据整理而得。

三是 TPP 协定具有开放性。在自由贸易框架下，TPP 协定为经济、文化、政治、历史、地理状况差异较大的一批国家提供一体化发展平台，鼓励符合条件的其他国家或地区加入 TPP 协定。2010 年 11 月韩国受邀加入 TPP 谈判，其他国家或地区如中国台湾、菲律宾、哥伦比亚、泰国、老挝、印度尼西亚、柬埔寨、孟加拉国、印度等对加入 TPP 表示出极大兴趣。

三　TPP 发展前景

一是 TPP 生效问题。12 个缔约方已完成谈判并签署协议，但 TPP 协定的正式生效还必须通过初始缔约方立法机构的批准。按照 TPP 协定生效条款，若所有初始缔约方在两年内完成立法批准程序，TPP 将在 60 日后生效。否则，只要有 6 个初始缔约方完成立法批准程序，且其 2013 年 GDP 占所有初始缔约方 GDP 的比重超过 85% 时，在 TPP 协定签署之日起 2 年 60 天后正式生效。如果超过 2 年审批时间，缔约方经济总量未达到这一标准，TPP 协定生效时间顺延 60 日。作为 TPP 初始缔约方的两个经济大国，美国和日本何时能够完成其国内审批程序，关系 TPP 协定的生效时间。而两国在短期内批准 TPP 协定的难度较大。特别是美国，受总统换届选举、劳动组织和环保组织反对等因素影响，国会即便最终批准 TPP 协定，也不会在短期内完成。因此，TPP 协定正式生效还需要经历较长时间。

二是 TPP 扩容问题。社会各界认为 TPP 成员数量会扩张。哥伦比亚、菲律宾、泰国、中国台湾、韩国、印度尼西亚等国家或地区已表示愿意加入 TPP 协定。然而，加入 TPP 协定，必须进行一系列谈判，完成相关立法审批程序。在较短时间内实现 TPP 成员扩容不可能实现。TPP 协定自 2008 年正式开启谈判，历经 6 年才完成文本签署。上述潜在成员虽已表达加入愿望，但尚未开启正式谈判，完成相关程序也将经历较长时间。更为重要的是，作为亚太地区有影响力的大国，中国的参与具有重大意义。然而，当前 TPP 协定诸多条款对中国的加入设置了许多障碍。即便是亚太地区部分国家或地区加入 TPP 协定，经济总量也不会得到实质性提高。

三是 TPP 实施问题。即便 TPP 协定能够如期生效，其最终实施也将面临不少挑战，执行难度较大。例如，缔约方约定取消上万种商品关税，但未明确规定在何时实现“零关税”。此外，还有 TPP 协定与已经实施的双边和多边贸易协定之间的相互影响问题，TPP 协定在各国国内因规则不统一所带来的问题（仇朝兵，2015），等等。

第五节 治理商业贿赂、保障公平竞争的做法

20 世纪 70 年代以来，经济全球化使商业贿赂在国际泛滥和蔓延，商业贿赂从一个单边问题转变为全球性问题。许多国家和国际组织积极主动采取措施防治商业贿赂，制定和完善相关立法、公约、指南。美国制定了全球第一部惩治贿赂外国官员行为的法律——《反海外腐败法》（1977 年），英国制定了《2010 年贿赂法》，经济合作与发展组织（OECD）制定了《国际商务交易活动反对行贿外国公职人员公约》（1997 年），联合国制定了《联合国反腐败公约》（2003 年）。上述法律和公约总结了部分发达市场经济国家和国际组织反腐败的经验与教训，为公共部门和私有部门反腐败与防治商业贿赂提供了重要依据和框架。

目前，国际社会普遍认识到反对商业贿赂的重要意义，在立法、司法、行政、企业自律等方面取得了治理商业贿赂的丰富经验。尤其是经过近几年对相关立法、公约的修改完善，防治商业贿赂的基本框架更加完备。本节重点介绍美国、英国有关商业贿赂的立法以及经济合作与发展组织、《联合国反腐败公约》中有关治理商业贿赂的做法和经验，以便我国可以更好地借鉴。

一 美国

美国是世界上经济规模最大、市场经济体制完备的发达国家，经过长期发展逐步形成了相对完善、行之有效的反腐败和治理商业贿赂体系，并成功走出了腐败高发期、锐减期，目前处于低水平稳定期。根据国际透明组织的历年调查和评估报告，美国一直为名列全球前十的低贪腐国家。然而，美国的公共部门和私有部门并不是一直都如此廉洁透明。19 世纪中后期和 20 世纪初，贪污受贿、收取回扣、巧取豪夺、偷盗欺诈、内线交易等形形色色的丑闻充斥着美国社会。与今日国际透明组织调查和评估中被列为“贪腐国家”的发展中国家相比，当时美国腐败的程度有过之而无不及。即便如此，美国仍时有企业和政府官员因

腐败和商业贿赂丑闻被曝光和查处，甚至有多名州长和国会议员因受贿被调查、起诉和判刑。

（一）法律框架

美国的反商业贿赂立法很分散，由多个相互重叠和相互关联的法规组成，这些法规分为联邦法和州法，其中4个最主要的法律是《贿赂和赏钱法》（*Bribery and Gratuities*）、《联邦项目贿赂法》（*Federal Program Bribery*）、《霍布斯法》（*The Hobbs Act*）、《反海外腐败法》（*The Foreign Corrupt Practices Act*）。美国50个州各自均制定了惩治腐败和贿赂犯罪的法律。

《贿赂和赏钱法》是联邦最重要的有关贿赂的法律，现为《美国法典》第18章第201条。201（b）是美国惩治贿赂犯罪的基本条款。第201条系1962年为整合几个分离的法律条款而制定。201（b）规定贿赂犯罪最高处15年徒刑、受贿金额3倍罚金，剥夺联邦岗位资格。违反第201条的受贿者不必是联邦雇员，只要具有受托承担联邦责任就可以受到该法管辖。《联邦项目贿赂法》为《美国法典》第18章第666条，1984年制定，该条规定只要涉及联邦资金，《联邦项目贿赂法》就对联邦官员以外的人具有效力。《霍布斯法》于1946年制定，现为《美国法典》第18章第1951条。该法规定了抢劫、敲诈（通过暴力、威胁、恐吓）和敲诈（利用行政职权）3种不同的犯罪行为，其中利用行政职权敲诈可能构成贿赂犯罪，最高处20年徒刑。

第201条、第666条和第1951条的一个区别在于，第201条和第666条只适用于涉及联邦官员、受托承担联邦责任或涉及联邦资金的贿赂。而一个地方市长或州议员受贿，只要不涉及联邦资金就不受第201条和第666条管辖，但可根据第1951条起诉。两者的另一个区别是，第201条和第666条适用于受贿者和行贿者，第1951条只适用于受贿者。

《反海外腐败法》最初于1977年颁布，其间经过1988年、1994年和1998年三次修改，1988年的修正案是修改幅度最大的一次，现为《美国法典》第15章78m、78dd和78ff。该法最初只适用于源于美国国内的贿赂，1998年经修订将效力延伸到源于美国以外的贿赂，将FCPA司法管辖权扩大到在美国从事活动的非美国公民以及在美国以外的美国公民，从而使美国公司对外国雇员的行为负责。从1977年颁布算起，该法至今已走过了40多年的历程，该法旨在限制美国公司和个人贿赂国外政府官员或国际公共组织官员的行为，并对上市公司的会计记录和内部控制制度做出了规定。将贿赂外国官员的行为非法化的理由，首先在于这种行为是不道德的行为，有违美国公众的期望和价值观，也极大地腐蚀了美国一直引以为荣的市场体系的效率。其次，贿赂行为并不是成功市场活动的要素之一，市场经济的内涵在于通过竞争提供最优性价比的产品或服务，而贿赂恰恰导致资源配置的扭曲，破坏了市场的正常运行，因此政府必须进行干预，这与政府不应当过多干预经济发展的理念并不相悖。最后，虽然行贿的对象都是外国政府官员，但其消极影响也会及于国内，而且在不少案件中，行贿者不是为了排挤外国竞争者，而是为了赢得与其他美国公司之间的竞争，禁止贿赂外国公职人员有利于美国的整体利益。另外，证券交易委员会从保护投资者的角度强调财会制度，要求所涉公司建立内部控制机制。

美国国会从来没有将相关条款整合在一起以解决不同条款之间的矛盾和重叠，或制定一部综合性的贿赂法。除了上述涉及公共贿赂的联邦立法，美国还有许多联邦法律规范私有部门之间的商业贿赂，这些法律规定转包商、投资顾问、电视智力竞赛、银行雇员、酒精饮料、公会官员、铁路雇员、赛马给予或接受贿赂属于违法。但在实践中，私有部门之间违反商业贿赂由联邦机构起诉十分罕见。

除了以上几部最主要法律，还有一些联邦立法涉及商业贿赂治理。《美国虚假索取法》（*False Claim Act*，1863）是美国最早的直接涉及反商业贿赂内容的立法，是规制与政府交易中商业贿赂行为的重要法律。该法适用的案件主要集中在医疗保险、军需物资采购和其他政府开支项目中。1986年颁布的《美国反回扣法》（*Anti - Kickback Act*，1986）弥补了之前规定的关于政府交易相关法律的不足之处，是一部打击给予公务员回扣行为的法律。由于该法扩大了禁止性行为的范围，并使法律适用于政府分包中更广泛的人群，《美国反回扣法》成为起诉不法行为的有力工具。《不正敛财及不正犯罪组织法》规定因为违法者的非法行为而丧失交易机会的竞争对手，可以根据该法或者其他联邦和州的法律对违法者提起民事诉讼。该法最初的立法目的是打击以黑手党为主的有组织犯罪活动，现在成为处罚企业进行贿赂等经济犯罪活动的重要法律。美国的《反不正当竞争立法》《防止贷款中的佣金或礼物法》《旅行法》以及《标准刑法典》与部分州刑法中都有关于反商业贿赂行为的规定。

美国贿赂立法的管辖重点是司法、立法和行政官员，委托代理关系是其基本范式。如果考察美国有关贿赂立法的历史沿革，可以看到其是在委托代理基础上稳定地发展的。早期，有关贿赂的立法重点关注向法官行贿。法官向诉讼当事人索取贿赂，违反了代理人应尽的职责。后来，有关贿赂的立法管辖范围逐步延伸到立法、行政部门的官员，他们被认为是选民的代理人。

（二）《反海外腐败法》

在美国的反商业贿赂立法中，最值得强调的是《反海外腐败法》。该法的调整对象是美国企业贿赂外国公职人员的行为。该法的特殊之处在于，它所涉及的行为一般发生在美国之外，并且与美国国内社会秩序看似无关，同时它也是世界上第一部作出如此规定并付诸实施的法律。打击国际商业交易中的贿赂行为有利于维护公平竞争的国际经济秩序，有助于维护国家公职人员职务行为的廉洁性，其立法理念得到了国际社会的普遍接受。随着全球化的迅猛发展，该法对美国企业的影响日益扩大。

《反海外腐败法》的内容可以分为两部分。一部分为反贿赂条款，禁止向海外官员行贿。另一部分为企业会计账簿和记录条款，针对企业在对外行贿时对行贿款项不入账或做假账问题而作出规定。

反贿赂条款规定，美国证券发行者、雇员或发行者代理人不得使用邮件、电话、互联网或其他手段为获得标的、支付、支付承诺或授权而向任何外国官员支付报酬或礼品。该条款目的是禁止企业为获取不适当的利益或优势，通过贿赂外国官员而影响其行为或决策。《反海外腐败法》使任何美国人、美国公司或在美国上市的外国公司为获取或保留其商业利益而向外国官员支付报酬成为非法行为。贿赂承诺或授权也将违反《反海外腐败法》。即使支付与获取商业利益无关，美国公司也可能受到违反《反海外腐败法》的指控。如果一个外国国有企业招标但隐匿一些信息，为获取隐匿信息而进行的支付被认为违反《反海外腐败法》。

《反海外腐败法》的保留记录和会计账目条款（Record - Keeping and Accounting Provisions）则不为人注意，但这一重要性不亚于禁止贿赂条款。该条款规定，企业应设计并保持一种有效的内部会计体系，以确保交易的实施符合企业内部要求；交易的记录必须足以使财务报表符合公认的会计准则或与适用于此报表的其他标准相一致，记录要能充分说明资产的情况；财产变动只有与企业管理部门的一般要求或特殊授权一致时才可入账并要经常进行内部审计。《反海外腐败法》会计账簿和记录条款可以被视为《证券交易法》有关条款的延伸。1934 年《证券交易法》第 15 节要求上市公司定期披露财务状况，财务报告应该提供准确信息，合理详细、准确和公允地反映公司资产的交易和处置。保留记录条款要求美国公司合理详细地记账、建档、保存会计账目，正当地反映其交易和资产处置。会计账目条款规定在美国发行证券的公司应合理详细地记账、建档、保存会计记录，准确地、正当地反映发行者资产处置。除了要求诚实报告，《反海外腐败法》要求公司制定和实施有效的内部控制，开发和维持一个内部会计控制系统，确保交易经过管理者一般或特殊授权以及会计系统准确记录。建立和保持公司内部会计控制，确保交易与管理者意图或授权一致，与会计准则或相关标准一致，可以进行责任追查，其目的是防止证券发行者通过会计账目和财务报告隐匿贿赂。《反海外腐败法》的会计和内部控制条款结合在一起，构成了十分有效的武器。即使不能证明公司对财务状况做虚假陈述，或者公司根本没有对财务状况做虚假陈述，美国证券交易委员会也可以对公司内部控制进行调查，可以仅仅根据公司内部控制缺陷就可采取行动。这个机制在防治商业贿赂方面十分重要。

尽管各个公司的结构、规模各有不同，但是证券发行公司的基本义务是制作并保留合理详细、精确的账簿、记录和账目，清楚地反映发行公司的交易过程及对资产的处置，设计并维持一种内部财务控制制度。《反海外腐败法》会计条款要求公司在涉及可疑支付时，在会计记录中必须如实反映。如果公司通过商业贿赂获得了交易机会，除非发行者在其会计记录中标明这笔支出是用于获得商业机会的贿赂，否则证券交易委员会会认为该公司的会计记录是不真实、不清楚的。会计条款的适用范围非常广泛，能够适用于美国证券交易委员会指定的证券公司从事的所有交易，而无论该交易是否涉及海外运作或者该交易是否与贿赂有关。对海外子公司控股 50% 以上的证券公司必须确保子公司遵守会计条款。

在法律责任方面，这些法律都规定了相应的民事、刑事和行政责任，同时制定了比较严厉的处罚措施。《联邦项目贿赂法》中重型贿赂罪的法定刑为15年以下监禁、受贿价值3倍的罚金或两者并罚；轻型贿赂罪的法定刑为2年以下监禁、受贿价值3倍的罚金或两者并罚。《美国虚假索取法》规定任何故意、放任欺骗政府牟利的行为都要受严厉的处罚，除特定罚金以外，还要处以给政府造成损失金额3倍的罚金。即使在未案发时及时主动交代罪行，也要处以不少于政府损失2倍的罚金。行贿人也要承担美国政府因该案件提起所有民事诉讼的费用。《霍布斯法》的惩处对象是州公务员受贿的案件，法定刑为20年以下监禁、1万美元以下罚金或两者并罚。《不正敛财及不正犯罪组织法》的法定刑为20年以下监禁、2.5万美元以下罚金或者两者并罚。对于通过不正敛财行为得到的一切利益，与不正敛财行为有关而设立、经营、控制、参加的企业中的一切利益，全部予以没收。《反海外腐败法》规定，对于犯罪企业和其他商业实体，可处以最高200万美元的罚金；自然人则会被处以最高10万美元的罚金和5年以下的监禁。民事责任方面，美国司法部部长可以对行贿者提起民事诉讼，要求最高1万美元的罚款。同时，受损害的企业和个人也可以根据《不正敛财及不正犯罪组织法》或者其他联邦和州的法律，对违法者提起民事诉讼。一般来说，因为违法者的非法行为而丧失了交易机会的竞争对手，可以提起民事诉讼。

《反海外腐败法》规定了明确的执法机构和严厉的处罚措施。个人或企业违反《反海外腐败法》保留会计账目或禁止贿赂条款会受到刑事和民事处罚。刑事处罚包括罚金和入狱，民事责任为罚金。此外，美国证券交易委员会要求美国企业吐出任何通过违反《反海外腐败法》获得的利益。美国司法部负责该法的刑事部分及与国内关联者相关条款的民事部分的执法，而美国证券交易委员会负责与发行者相关条款的民事部分的执法。这样有利于避免在执法过程中的相互推诿或争夺管辖权的现象，以确保有关商业贿赂行为能得到准确、及时的处理。根据该法，个人或公司一旦被认定实施了商业贿赂，则可能面临三个方面的处罚。首先，是美国司法部的刑事处罚。违法公司或商业机构可能被处以最高200万美元的罚款，高级职员、董事、持股人、雇员的代理人可能会被处以最高10万美元的个人罚款和5年监禁。其次，是美国证券交易委员会针对违法公司和有关个人提起民事赔偿诉讼。在会计条款方面，任何人在有关申请、报告、文件中有意地或者明知地制作、促成制作在实质性事实方面存在虚假或误导性陈述的，应在判定有罪后处以最高不超过 500 万美元的罚金，或处以最长不超过 20 年的监禁，或者两者并罚。如果该人是非自然人，最高可处罚金 2500 万美元。如果证券发行公司不交存法律或证券交易委员会要求交存的资料、文件、报告，只要这种不交存状态持续存在，便可处以每天 100 美元的罚款，上缴美国国库。最后，是美国政府的行政制裁。除了刑事和民事处罚，个人或公司违犯《反海外腐败法》还可能导致被禁止经营与联邦政府有关的业务，被拒绝获得出口许可证等。此外，因其是通过贿赂拿到业务，还有可能被竞争对手起诉索赔。

《反海外腐败法》只处理向外国官员的腐败支付，而把向非政府官员支付排除在外。“外国官员”作为《反海外腐败法》的行贿对象，是判断违反该法的一项重要构成要件，一个关键问题在于如何定义外国官员（Foreign Official）。《反海外腐败法》将外国官员定义为外国政府任何部门、代理机构或分支机构的任何官员或雇员，或公共国际组织官员或雇员。根据美国司法部解释，外国官员包括国有企业和国有医院官员或雇员。经济合作与发展组织《国际商务交易活动反对行贿外国公职人员公约》将行贿对象定义为外国公共官员（Foreign Public Official），包括公共机构和公共企业雇员。《反海外腐败法》对外国政府的“机构”未做出明确界定。一般认为，由政府所有的公司都可以被认定属于政府的“机构”。美国《外国主权豁免法》（*Foreign Sovereign Immunities Act*）对“机构”作了界定。依据《外国主权豁免法》的规定，如外国政府或政党在一个实体中拥有多数的所有者权益，则该实体可以被看作外国政府或政党的“机构”。但是，美国证券交易委员会对此采取了更为保守的做法。1934 年美国《证券交易法》认为一个公司的主要股东是指，一个直接或间接持有任何一个依据《证券交易法》第 12 条进行登记的公司 10% 以上任何类型股票证券（豁免证券除外）的所有人。实际上，美国证券交易委员会对于控制或影响一个公司行为的人的所有权比例规定了一个更低的门槛。

需要注意的是，《反海外腐败法》禁止商业贿赂有三个例外。一是 1988 年修改允许油脂（Grease）支付或便利（Facilitating）支付，即为加快或确保日常政府行为顺利进行而向外国官员支付。油脂支付通常指向低级别政府官员进行的小额支付，以便为其日常政府行为提供额外激励。二是为合法目的允许美国公司出资培训外国政府官员，但培训内容应该与公司业务、产品或活动有关。三是在贿赂合法的国家支付贿赂，这些国家必须有书面法律条款规定贿赂合法。此外，《反海外腐败法》并不明确地禁止对私有单位贿赂。私有部门对私有部门的贿赂在美国大多数州为非法。自 1977 年以来，向外国官员行贿为非法，但私有部门向私有部门贿赂并没有被联邦法律明确禁止。司法部主要依据州法律和联邦《邮政电信反欺诈法》（*Mail Fraud and Wire Fraud Acts*）、《旅行法》（*Travel Act*）对国内私有商业机构的行贿提起公诉。问题在于，在海外向私有部门行贿没有被联邦法律明确禁止，司法部无法根据上述法律起诉此类行为。当然，只要司法部能够找到手段可以适用于海外贿赂，海外向私有机构行贿同样受到惩处。《反海外腐败法》在这一点上与一些国际文件存在差异。2002 年生效的欧盟刑法第 8 章（Article 8 of the Counsel of Europe's Criminal Law Convention on Corruption）规定，成员应通过立法或采取其他措施惩治商业过程中向私有机构行贿的行为。相似地，2003 年生效的《联合国反跨国机构犯罪》（*United Nations Convention against Trans - National Organized Crime*），要求成员考虑将非政府腐败视为犯罪行为。2005 年生效的《联合国反腐败公约》（*United Nations Convention against Corruption*）鼓励成员将公共机构和私有机构的商业贿赂视为犯罪行为。

作为全球第一部惩治贿赂外国官员行为的法律，《反海外腐败法》在制定伊始颇受争议，主要在于美国公司为了遵守《反海外腐败法》的规定丧失了大量的海外市场和竞争优势。虽然精确地测算这种损失是困难的，但每年都有许多公司抱怨遵守《反海外腐败法》增加了其成本，使其在与其他国家公司的竞争中处于不利地位。与利用贿赂打开市场又不担心遭受刑罚处罚的外国竞争对手相比，国际竞争舞台上的美国公司犹如“戴着镣铐跳舞”。

（三）若干近期案例

《反海外腐败法》通过后，美国司法部（DOJ）和证券交易委员会调查了 500 多个美国公司，涉及非法或被怀疑非法向外国政府官员支付贿赂。以下案例根据美国司法部（U. S. Department of Justice，2010）的一个报告整理。

1. ABB Inc. 雇员贿赂 CFE 官员

该案中 ABB 这个著名跨国公司的子公司，为取得经营所在地国有企业经营合同，通过中间商向该国有企业多名官员行贿，最终受到美国司法部和证券交易委员会起诉和处罚。ABB Ltd. 是瑞典一个在纽约证券交易所挂牌交易的能源装备和服务公司。2005 年 4 月 18 日，该公司向美国证券交易委员会和司法部报告，其德克萨斯州子公司 Sugar Land 可能存在为获取墨西哥国有事业公司 Comisión Federal de Electricidad（CFE）的合同而贿赂墨西哥政府官员的行为。ABB Inc. 与 ABB Network Management（ABB NM）向发电、输电和配电企业提供电力事业产品和服务，不少买方为国有企业。ABB NM 代总经理 John Joseph O'Shea安排和授权向多个 CFE 官员支付款项以换取有利的合同。

为隐瞒这些贿赂行为，ABB NM 雇用了墨西哥公司 Fernando Basurto 作为墨西哥销售代表。该公司在该项销售业务中收取销售收入的一定百分比，部分用于支付贿赂款项。ABB NM 还承认通过 Enrique Aguilar 和 Angela Aguilar 控制的 Sorvill International，S. A. 支付贿赂款。1997 年 12 月 CFE 与 ABB NM 签订 SITRACEN 合同，该合同服务于墨西哥电网的一次重要升级。2003 年 10 月 CFE 与 ABB NM 签订 Evergreen 合同，这是一个SITRACEN多年维护和升级的合同。作为换取 Evergreen 的报酬，O'Shea、Basurto 和 CFE 官员承认，贿赂 CFE 官员的款项大约为合同金额的 10%，O'Shea 收取的回扣为合同金额的 1%。Evergreen 合同大约有 3700 万美元用于向 O'Shea 和 Basurto 支付回扣、贿赂，还有一些贿赂通过虚假发票支付。向 Basurto 支付的佣金后来用于转给 CFE 官员。合在一起，O'Shea 承认在 ABB Ltd. 内部调查禁止支付贿赂款前，向 CFE 官员支付贿赂款 90 万美元。随后，O'Shea 被 ABB NM 停止职务，O'Shea和 Basurto 以及其他参与方承认为掩盖贿赂行为，O'Shea 和 Basurto 伪造文件企图证明虚假发票是 ABB NM 和墨西哥公司的合法业务。

由于贿赂 CFE 官员和企图掩盖贿赂行为，2009 年 11 月在联邦法庭调查期间，O'Shea 被指控犯有向外国官员行贿、国际洗钱、伪造文件等罪名。对该案的起诉分别由司法部和证券交易委员会提起。2010 年 9 月 29 日，司法部指控 ABB NM 违反了《反海外腐败法》的反贿赂条款，证券交易委员会指控 ABB Ltd. 违反了《反海外腐败法》的反贿赂、账面记录和内部控制条款。根据法庭文件，ABB NM 为获取 SITRACEN 和 Evergreen 合同，向 CFE 官员支付 1900 万美元贿赂款。2010 年 9 月29 日，ABB Inc.（ABB NM）承认有罪，被判罚金 1710 万美元。Angela Aguilar 和 O'Shea、Basurto 正在等待审判，Enrique Aguilar 在逃。证券交易委员会要求 ABB Ltd. 和 Hozhabri 承诺不再违反《反海外腐败法》，ABB Ltd. 同意吐出 1714 万美元非法所得，并缴纳 1651 万美元罚金。

2. 联一国际公司（Alliance One International，Inc.）

该案是烟叶经销企业为取得烟叶购买许可、逃避处罚和税务调查、获得销售配额，向经营地中央政府和地方政府官员行贿，最终受到司法部和证券交易委员会查处。联一国际公司是总部设在北卡罗来纳州莫里斯维尔的全球烟叶贸易商。2010 年 8 月 6 日，司法部指控其两个海外子公司违反《反海外腐败法》的反贿赂和账面记录条款。同日，美国证券交易委员会对联一国际公司提起民事诉讼。

联一国际公司是在 2005 年合并 Dimon Incorporated 和 Standard Commercial Corporation 后形成的，被合并的两家公司均为烟草批发商。司法部和证券交易委员会指控 Dimon 与 Standard 雇员和代理人在合并前行为不当。2010 年 8 月 30 日，Dimon 原驻吉尔吉斯斯坦的经理 Bobby J. Elkin被指控违反《反海外腐败法》反贿赂条款，Elkin 与另外三名前联一国际公司雇员在多个国家行贿。根据法庭文件，联一国际公司吉尔吉斯斯坦子公司 AOI - Kyrgyzstan 承认 Dimon 的雇员在 1996—2004 年向吉尔吉斯斯坦官员支付了大约 300 万美元贿赂款，受贿者包括政府控制和监管烟草工业部门的官员。为了取得烟叶购买许可，Dimon 的吉尔吉斯斯坦雇员还向 5 个地方的政府官员行贿 254262 美元。为了避免处罚和税务调查，Dimon 的吉尔吉斯斯坦雇员向吉尔吉斯斯坦税务警察行贿 82000 美元。作为驻吉尔吉斯斯坦的经理，Bobby J. Elkin 直接授权利用其个人名下的一个银行特别账户支付贿赂款。根据证券交易委员会指控，前区域财务总监 Baxter J. Myers 授权从 Dimon 子公司银行账户将贿赂款转移到该特别账户，前公司财务控制人员 Thomas G. Reynolds 将其记录在公司内部报告中。

2000—2004 年，Dimon、Standard 和另一个竞争者环球烟叶公司（Universal Leaf Tabacos Ltda.）向泰国烟草公司（Thailand Tobacco Monopoly，TTM）销售巴西产烟叶。这三家企业自行协商销售配额，协调

销售价格。为了确保在泰国烟草市场的份额，向 TTM 官员行贿，每个公司根据销售数量向 TTM 代表支付一定比例的贿赂。2000—2004 年这两个企业向 TTM 官员支付贿赂款 1238750 美元，其中 Dimon 支付贿赂款 542590 美元，Standard 支付贿赂款 696160 美元。两家公司将贿赂款作为销售佣金入账。根据证券交易委员会指控，前高级销售副总经理 Tommy L. Williams 直接把巴西和马拉维的烟草销售款通过 Dimon 泰国代理转给 TTM，Williams 授权向 TTM 官员支付贿赂款。此外，证券交易委员会指控 Standard 和 Dimon 公司不适当地向一些国家政府官员提供有价值的物品。2005 年 5 月，Standard 向泰国政府烟草部门官员提供礼品、旅行和娱乐费用。礼品包括手表、照相机、笔记本电脑等，旅行包括到阿拉斯加、洛杉矶和拉斯维加斯观光。2003 年 4 月，Dimon 驻希腊公司经理向正在对公司进行审计的希腊税务官员行贿 96000 美元，结果纳税额从 250 万欧元减少到 60 万欧元。2004 年 8 月，Dimon 驻印度尼西亚负责人为尽快终止对其子公司审计并获得 67000 美元退税，向印度尼西亚税务官员行贿 44000 美元。

2010 年 8 月 6 日，联一国际公司与司法部达成协议，同意对其遵守法律情况进行至少为期 3 年的独立监管。同日，AOI - Kyrgyzstan 和 AOIAG 承认有罪，AOIAG 同意支付罚金 525 万美元，AOI - Kyrgyzstan 同意支付罚金 420 万美元，两者合计支付罚金 945 万美元。Elkin 承认有罪，正在等待判决。联一国际公司同意承诺不再违反《反海外腐败法》的反贿赂、账面记录和内部控制条款，证券交易委员会要求没收联一国际公司非法所得 1000 万美元。2010 年 4 月 28 日，证券交易委员会永久性禁止 Elkin、Myers、Reynolds 和 Williams 违反《反海外腐败法》条款。

3. 赛博网公司（Innospec Inc.）

该案是一家炼油添加剂公司，为向伊拉克石油部经营的炼油厂销售产品，对伊拉克政府官员行贿，受到美国司法部和证券交易委员会调查。2008 年 8 月 7 日，司法部指控 Innospec 在中东各地区的代理，拥有加拿大和黎巴嫩双重国籍的 Ousama Naaman 参加共谋欺骗联合国石油换食品计划（OFFP），为销售炼油添加剂向伊拉克政府官员行贿。Naaman 被指控犯有电信欺诈（Wire Fraud）和违反《反海外腐败法》。

2010 年 3 月 17 日，Innospec 被指控违反《反海外腐败法》，参与共谋、行贿和电报欺诈。2010 年 3 月 18 日，证券交易委员会决定对 Innospec 违反《反海外腐败法》反贿赂、内部控制和账面记录条款进行民事处罚。证券交易委员会认定 Naaman 和 Innospec 前业务经理 David Turner，违反《反海外腐败法》反贿赂、账面记录和内部控制条款。根据法庭文件，2000—2003 年，Innospec 的瑞典子公司 Alcor 签订了 5 个合同，向联合国石油换食品计划下的、由伊拉克石油部经营的炼油厂销售四乙铅，合同金额达 4000 万欧元。为了获得这些合同，Innospec、Alcor、Turner 和 Naaman 向伊拉克政府官员支付或承诺支付至少 400 万美元贿赂款。Innospec 业务经理 Turner 批准了贿赂款支付。由于经手贿赂款，Naaman 除了收取 2% 佣金，还收取了合同金额的 2% 。为了掩盖向伊拉克政府官员支付的贿赂款，Innospec 随后将合同价格提高到 OFFP 批准的价格以上。证券交易委员会指控，在 Innospec 内部审计人员询问在 OFFP 下向 Naaman 支付佣金的性质时，Turner 对审计人员做了伪证，并隐瞒了向 Naaman 支付的佣金包括给伊拉克政府官员的贿赂款。此外，2004—2008 年，为顺利销售四乙铅和取得有利的汇率，Innospec、Turner 和 Naaman 以现金、旅行、礼品和娱乐方式向伊拉克石油部和伊拉克贸易银行官员支付贿赂款 300 万美元。Naaman 随后向 Innospec 提供了虚假发票，Innospec 以虚假发票为依据偿还了 Naaman 支付的贿赂款。2006 年，为阻止另一家公司的产品进入伊拉克市场，Turner 和 Innospec 其他官员指示 Naaman 向伊拉克石油部官员支付 15 万美元贿赂款。根据法庭文件，Turner 和 Innospec 其他高级官员为换取合同，通过印度尼西亚代理向印度尼西亚政府官员支付贿赂款 280 万美元。

2009 年 7 月 30 日，Naaman 在德国法兰克福被逮捕。2010 年 4 月 30 日，美国司法部将 Naaman 从德国引渡到美国。2010 年 3 月 18 日，Innospec 同意支付犯罪罚金 1410 万美元，接受为期 3 年的海外反腐败监视。Turner 和 Naaman 没有承认也没有否认证券交易委员会的指控，同意永久性不再违反《反海外腐败法》反贿赂、账面记录和内部控制条款。Turner 同意吐出 4 万美元。为了应对证券交易委员会指控，Naaman 同意吐出 810076 美元及利息 77030 美元，支付民事罚金 438028 美元。

二　英国

作为世界上第一个工业化国家，英国市场经济体制成熟，拥有比较完善的反腐败体系。英国是世界上最早进行反腐败立法的国家，也是《联合国反腐败公约》、经济合作与发展组织《国际商务交易活动反对行贿外国公职人员公约》（1997 年）、欧盟理事会《腐败刑法公约》（2005 年）及《附加议定书》（2005 年）等反腐败文件的签约国。通过制定《2010 年贿赂法》，英国保持在反腐败和治理商业贿赂领域的世界前沿地位。

（一）法律框架

英国反商业贿赂立法主要有《1889 年公共实体腐败法》（*Public Bodies Corrupt Practices Act*，1889）、《1906 年腐败预防法》（*Prevention of Corruption Act*，1906）、《1916 年腐败预防法》（*Prevention of Corruption Act*，1916）和《2010 年贿赂法》（*The Bribery Act*，2010）。在英国，贿赂被认为是一种严重违法行为，对这种犯罪进行惩治有根深蒂固的公共利益传统。

《1889 年公共实体腐败法》管辖范围仅限于公共实体雇员和官员，公共实体即一切行使公共职能或法定职能的机构，公共实体雇员、官员的主动或被动受贿均被规定为腐败行为。该法规定，无论是个人，或者同任何他人，为了自己或者他人利益，共同进行收买性劝说、接受或者同意接受任何赠品、贷款、酬金、酬劳或者好处，无论是作为诱因、作为或者不作为任何与公共部门有关的问题或者交易，无论这是实际的还是计划中的，都是腐败行为。个人不能将收买性承诺、任何礼品、贷款、酬金、酬劳或者好处，无论是为了本人还是他人的利益，作为任何与公共机构有关问题或者交易的作为或者不作为的诱因或者酬劳，无论这是实际的还是计划中的。对于好处的内涵，该法第 7 条规定其包括任何职位或荣誉、延缓清偿任何价金或有价之物。该法规定，对于犯有此类罪行的公务人员可处以 6 个月至 7 年的监禁，或者加上不设上限的罚款。此外，还包括对某些政治权利的剥夺，如除了解除职务，还规定，从犯罪之日起 5 年内相关人员不得担任任何公职。如果第二次再犯类似的罪行，则永远不得担任任何公职，并剥夺其自犯罪之日起 5 年内在议会和其他任何公共机构选举中的选举权，还有可能剥夺其领取养老金的权利。

《1906 年腐败预防法》将《1889 年公共实体腐败法》的贿赂犯罪管辖范围延伸到代理人，无论其受雇于或服务于公共部门还是私有部门，明确任何代理人受贿都属于犯罪。代理人指的是在公共或者私有部门受雇或者为他人充当代理。《1916 年腐败预防法》拓展了公共实体的定义，提高了与政府或公共实体合同有关的贿赂的最高刑期，确立了一项紧急措施，对于战争办公室卷入与合同有关的贿赂可以立即采取行动。

除了上述三部专门规定反腐败行为的法律，英国其他有关立法中均有针对贿赂问题的条款。如《2001 年反恐、犯罪和安全法》，适用于英国公民或根据英国任何一个地区的法律注册设立的机构在英国以外的国家或领土上发生的贿赂行为，其禁止英国企业在国外行贿或受贿。又如《2006 年公共合同法》赋予欧盟法在英国国内发生效力，如果一个公司被判处腐败违法，则被认定自动和永久地禁止参与公共合同投标。

上述法律在防止商业贿赂和其他腐败行为方面具有重要作用，但由于没有将贿赂犯罪整合在一部法律中，也没有区别对待公共部门贿赂和私有部门贿赂，给起诉带来困难，被认为不协调、过时和不适当。20 世纪 70 年代以来，英国很多方面建议修改相关立法并将其编纂成法典，但政府和议会没有采取相应行动。1994 年英国公共生活标准委员会、1997 年英国内政部先后发布咨询报告讨论反贿赂和反腐败法律。英国认识到其反贿赂和反腐败立法与经济合作与发展组织《国际商务交易活动反对行贿外国公职人员公约》的规定不一致，相应的立法亟待修改。2002 年发布贿赂法草案，但被审查该草案的联合委员会否决。2005 年审查委员会再次发布咨询报告，认为改革目前立法拥有广泛支持，但对于如何实现这一点没有达成共识。2009 年法律委员会发布白皮书和贿赂法草案。尽管该草案遭到英国产业联合会反对，认为该法会损害英国产业竞争力，但 2010 年 8 月 8 日该草案还是取得了皇室批准，成为《2010 年贿赂法》。该法于 2011 年 7 月 1 日生效，2011 年 3 月司法部发布《关于贿赂法解释和实施的指导》。

（二）《2010 年贿赂法》

作为英国议会通过的与贿赂犯罪有关的一部法律，《2010 年贿赂法》废除了《1889 年公共实体腐败法》《1906 年腐败预防法》《1916 年腐败预防法》等先前法令和习惯法中与贿赂有关的条款，并以行贿、受贿、贿赂外国公共官员和商业组织未能预防贿赂等条款取而代之。《2010 年贿赂法》反映了英国与贿赂斗争的新成果，提供了一个现代的、综合惩治贿赂犯罪的文件，为公共部门和私有部门防治贿赂提供了一个新的框架。该法涵盖各种贿赂形式，但其明确列举的4种贿赂犯罪形式均与企业有关，可以认为其主要针对商业贿赂。英国政府希望该法能够对其他国家和国际组织防治贿赂有所贡献。

《2010年贿赂法》使用提议、承诺或给予（offering，promising or giving）一种利益描述行贿，请求、同意接受或接受（requesting，agreeing to receive or accepting）一种利益描述受贿。上述词汇含义广泛，囊括了各种贿赂情形。无论利益是否已经给予或收到，无论交易是否完成，不影响贿赂犯罪定罪。该法重视的是行为而不是结果。

一般贿赂犯罪由该法第1条—第5条规定。第1条将贿赂犯罪定义为一个人提议给予或承诺给予另外一个人货币或其他利益，以换取不适当履行相关职责或行为。贿赂另一个人（offences of bribing another person），只要提出、承诺或给予一个金融或其他利益，无论贿赂直接或通过第三方实施均构成犯罪行为。第2条将受贿行为定义为请求接受或同意接受这样一种利益，以换取不适当地履行职责或行为。该法没有明确定义货币或其他利益，但一般认为包括合同、非货币礼品和提供就业岗位。第3条规定相关职责或行为包括任何公共性质的职责，与企业、贸易和职业有关的任何行为，工作过程中的任何行为，受组织或个人委托的任何行为。该条适用于私有部门和公共部门，即使相关行为发生在英国以外，甚至行为与英国没有联系，该法也有管辖权。第4条规定当期望的忠诚或不偏不倚被违反，或没有以期望的信任履行职责，该行为被认定为不当行为（improper performance）。该条规定的不当行为是一般贿赂犯罪的中心，也是商业组织未能预防贿赂犯罪的构成要素。不当行为包括在履行职责或行动时违反忠诚、公正或信任的期望。第5条规定了违反忠诚的判别标准。

贿赂外国公职人员由该法第6条规定。OECD公约要求成员方采取必要措施，使贿赂外国公职人员成为刑事犯罪行为。公约允许成员方实施一般性惩治贿赂法律而不是针对贿赂外国公职人员制定专门的法律规范。英国《2010年贿赂法》除了对一般贿赂行为进行规定，还对贿赂外国公职人员有专门规定，作为对一般贿赂行为规定的补充。该规定指出，只要一个人为影响外国公职人员履行职责，提出、承诺或给予其金融或其他利益，就视为犯罪。这一点与OECD《国际商务交易活动反对行贿外国公职人员公约》一致。如果一个人给予或承诺给予外国公职人员货币或非货币利益，无论直接或通过第三方均视为犯罪。第 6 条第 4 节将外国公职人员定义为在立法、行政或司法岗位的人，或外国公共机构任何履行公共职责的人，或公共国际组织官员或代理人。

值得注意的一点是，贿赂外国公职人员只起诉行贿者。英国法律委员会认为，在国内官员卷入贿赂的案件中，起诉受贿官员与起诉行贿者同样重要，因为双方都在国内容易起诉。但是，对于贿赂外国公职人员，英国法院不可能或很难起诉卷入受贿案件的外国公职人员。目前，国际条约普遍规定起诉行贿方而不是起诉外国公职人员，起诉行贿方被认为是与行贿外国公职人员腐败行为做斗争的最有效方法（Law Commission，2010）。问题在于关于贿赂的一般规定是否足以应对贿赂外国公职人员的行贿案件。关于贿赂的一般规定要求证明受贿者给予或承诺给予不当利益。如果按照一般规定起诉贿赂外国公职人员的行贿者，每个案件都将要求证明外国公职人员给予了不当利益，从而使起诉十分困难。

商业组织未能预防贿赂由该法第 7 条规定。与先前法律规定不同，《2010 年贿赂法》对公司未能预防贿赂实施严格责任制度。根据第 7 条，商业组织未能预防贿赂也是一种违法行为。该条适用于在英国有业务的所有商业组织，不仅适用于商业组织本身，而且适用于个人和雇员。在违法认定上，该条采用严格赔偿责任，不需要证明任何目的。商业组织可能因为其雇员、代理人、分支机构或另一个第三方行为而违反该条。第三方位置与违法行为无关，即使一个在英国有零售店的德国企业在西班牙行贿，英国也有管辖权。但是，即使行贿发生了，如果商业组织能够证明已经采取适当的事先设计的措施预防此类行为，则不认为是犯罪。该规定的直接结果是提高了公司、董事和管理人员的责任。为避免承担贿赂的责任，公司必须建立有效的反贿赂政策和制度。

英国法律委员会（Law Commission，2008）在一份关于贿赂法的咨询报告中明确，公司等商业组织需要对任何直接贿赂承担责任，对高级管理人员直接违法承担责任，对未能适当地监督和管理其人员承担责任，公司董事对未能适当地监督和管理其人员承担责任。法律委员会在该咨询报告中提出，公司反贿赂计划应该以对贿赂“零容忍”政策为基础。董事会和相关机构负责在公司内建立一种文化，永远不接受贿赂，清晰地以书面形式表达公司禁止贿赂，并有效地设计和实施反贿赂计划。董事会负责让公司管理层、雇员和任何外部相关方知晓公司对贿赂实行“零容忍”的政策和承诺，不容忍其董事、管理者、雇员或与公司有关系的第三方卷入贿赂行为，无论是提出、承诺、给予或接受贿赂。《2010 年贿赂法》第 8 条对相关人（Associated Person）进行了界定。该法规定，商业组织对相关人贿赂犯罪负有责任。相关人是否与商业组织相关由行为的本质而不是行为者的能力决定，必须考虑所有相关情况，而不仅是关系的性质。商业组织雇员、代理人或分支机构都是相关人。

起诉和处罚由该法第 11 条规定。根据第 11 条，一旦个人和组织被认定有罪则应当进行处罚。如果个人被判定有行贿罪，对于简易程序罪行将被判不超过 12 个月的有期徒刑和不超过 5000 英镑的罚金。如果被起诉，面临最高 10 年有期徒刑和无限额的罚金。如果商业组织被判未能预防贿赂发生，罚金没有限额。此外，个人或商业组织如果被判决有罪，还可能根据《2002 年犯罪收益法》（*Proceeds of Crime Act* 2002）规定被没收财产。

（三）《2010 年贿赂法》与《反海外腐败法》的比较

《2010 年贿赂法》制定了一个比美国《反海外腐败法》更强有力的措施。与许多国家反腐败法律仅限于管辖自己国家内的贿赂行为不同，美国《反海外腐败法》和英国《2010 年贿赂法》均享有域外司法管辖权，这就要求企业在各国经营均要遵守这些法律。《2010 年贿赂法》管辖范围不限于英国公司，而适用于在英国有经营业务的任何公司在世界任何地区的行为。无论公司和合伙企业在哪里注册、在哪里从事主要经营业务，只要在英国有业务或业务分支机构，就受到该法管辖。例如，一个在英国有业务或分支机构的美国企业，即使其非英国分支机构雇员在英国以外行贿，英国也有管辖权。根据该法的域外管辖权，公司等商业组织不仅会因为其附属机构和雇员未能防止贿赂被认定有罪，而且会因为相关人员未能防止贿赂被认定为有罪。这里相关人员是指代表公司或合伙企业执行服务的人员。根据具体情形，相关人员可以是个人或与经营业务有关的实体，如代理人、供应商、分销商、转包商等。公司必须证明其已经采取适当程序防止贿赂。该法因此被称为世界上最强硬的反腐败立法。

与美国《反海外腐败法》相比较，英国《2010 年贿赂法》的主要不同之处详见表 7 - 13。其中，主要区别在于以下几方面。

第一，更严格的公司赔偿责任。《2010 年贿赂法》规定，公司需要采取适当措施防止贿赂发生。如果未能防止贿赂发生，公司需要承担其雇员或其他人员为其谋利益而从事贿赂的赔偿责任，即使公司管理层不掌握这些贿赂。通过这一规定，该法为未能防止商业贿赂的企业及其合伙企业创建了一个严格的赔偿责任。

第二，禁止对私有部门行贿。《2010 年贿赂法》明确禁止向私有部门人员及政府官员行贿，这一点与美国《反海外腐败法》不同。

第三，禁止支付加速费（Facilitating Payments）。加速费是为取得或加速完成日常行政程序给予官员的非官方支付。在先前立法和习惯法中，便利费被视为非法，《2010 年贿赂法》延续了这一做法，明确禁止对外国官员支付加速费，即以便利化为目的的支付，而美国《反海外腐败法》允许支付不为实现特定目的的小额加速费。

第四，刑期最长为美国的 2 倍。《2010 年贿赂法》规定个人违法每次刑期最长 10 年，美国《反海外腐败法》规定个人行贿违法每次刑期最长 5 年，但违反账簿条款的刑事处罚最高为 20 年监禁。

表 7－13　英国《2010 年贿赂法》和美国《反海外腐败法》比较

项目	英国《2010 年贿赂法》	美国《反海外腐败法》
行贿	向任何人（包括英国公共官员、外国公共官员、私有机构人员、公司法人）行贿均视为违法； 给予、提出或承诺金融或其他利益； 覆盖商业或私有机构贿赂	向外国官员行贿视为违法； 提出、给予或承诺货币或其他价值； 只适用贿赂外国官员，商业或私有机构贿赂适用其他法律
受贿	接受贿赂被视为违法； 索取或同意接受贿赂被视为违法； 外国官员受贿不受该法管辖，不能在英国国内起诉受贿的外国官员	受贿不视为违法； 美国国内官员行贿和受贿受其他法律管辖
贿赂外国官员	行贿外国官员为违法行为的特别情形； 贿赂包括直接或间接给予、提出或承诺； 如果根据外国官员所在地书面法律允许或要求接受贿赂，行贿不被认为是犯罪	专门针对行贿外国官员； 行贿包括直接或间接给予、承诺； 如果根据外国官员所在地书面法律接受贿赂合法，行贿方可以进行抗辩

续表

项目	英国《2010 年贿赂法》	美国《反海外腐败法》
行为	为换取金融或其他利益（financial or other advantage）而不适当地履行职责或活动（relevant function or activity）； 违反诚信或公正； 影响外国官员履行职责	影响外国官员履行职责，包括： 诱导外国官员做或不做某个行动，以违反其法定职责； 谋取不当利益
证据	不当履行要求证据，如理性的人期望的标准； 不要求腐败或不诚实的目的； 要求有意影响外国官员的证据	支付必须是为了诱导受贿者滥用其职位； 不要求成功地影响外国官员
高级官员责任	同意或默许贿赂被视为犯罪	密谋、协助或教唆贿赂被视为犯罪
公司违法	对未能预防贿赂的商业组织实施严格责任原则，要求公司证明已经建立适当的规程	对于未能预防贿赂的企业，不视为违法行为； 在起诉公司时，公诉人会考虑违法的性质和严重性； 公司有义务履行账簿、记录和内部控制条款
行贿目的	只对特定情形提出目的要求。行贿外国官员必须以获取或维持交易或其他商业利益为目的，其他贿赂行为不要求目的	贿赂必须为获得或维持交易或间接针对另一方
账簿和记录条款	没有专门的账簿和记录条款，但对未能保持准确账簿的企业可以提出犯罪指控或要求其复原准确账簿	有专门账簿和记录条款，企业有责任维持准确账簿和记录，有相应民事和刑事惩罚
便利支付	无专门豁免条款。公诉方可以斟酌决定，可以根据公共利益对小额支付不起诉	有限的豁免条款。例如，为获得许可、执照或其他官方文件的支付不认定为犯罪
执法部门	对个人和公司的刑事、民事调查主要由严重欺诈办公室（Serious Fraud Office）负责	司法部负责对国内企业、外国企业和个人的刑事、民事调查； 证券交易委员会负责对上市公司的民事调查； 证券交易委员会负责对违反账簿条款的民事调查； 司法部负责对故意违反账簿条款的刑事调查

续表

项目	英国《2010 年贿赂法》	美国《反海外腐败法》
处罚	个人最高处以10 年徒刑和无限额罚金； 公司处以无限额罚金； 可以根据情形没收个人和企业财产	行贿刑事处罚：个人最高 5 年徒刑，罚金最高 25 万美元或谋取或收到利益的 2 倍（取其值大者）；公司最高处 200 万美元罚金或谋取或取得利益的 2 倍（取其值大者）。 行贿民事处罚：证券交易委员会对个人和公司最高处罚金 1 万美元；法庭可处与所获利益相等的罚金，或个人处 1 万美元，公司处 50 万美元。 违反账簿条款民事处罚：个人最高处 15 万美元罚金，公司最高处 50 万美元罚金。 违反账簿条款刑事处罚：个人最高处 20 年徒刑，500 万美元罚金；公司最高处 2500 万美元罚金

资料来源：笔者根据英国《2010 年贿赂法》和 1977 年美国《反海外腐败法》整理。

三　联合国

自 20 世纪 70 年代以来，联合国开始致力于推动成员的反贿赂制度建设，先后通过了《跨国公司行动守则（草案）》、《公职人员国际行为守则》（1996 年 12 月 12 日第 51/59 号决议）、《联合国反对国际商业交易中的贪污贿赂行为宣言》（1997 年 2 月 21 日第 51/191 号决议）、《关于国际合作打击国际商业往来中贪污贿赂行为的决议》（1997 年 12 月 12 日第 52/87 号决议）、《国际商业交易中的反贪污贿赂行动》（1999 年 2 月 25 日第 53/176 号决议）、《联合国打击跨国有组织犯罪公约》（2000 年 11 月 15 日第 55 届联合国大会第 62 次全体会议通过）、《联合国反腐败公约》（2003 年 10 月 31 日第 58 届联合国大会通过）等国际法律文件，加大了对商业贿赂的打击力度，形成反腐败及预防、惩治商业贿赂工作的制度框架。其中，《联合国打击跨国有组织犯罪公约》和《联合国反腐败公约》是联合国于 21 世纪初通过的涉及犯罪预防和刑事司法问题的重要国际公约。鉴于两者在宗旨、目标和内容上存在诸多相通之处，国际社会往往将之称为姊妹公约。

（一）《跨国公司行动守则（草案）》

《跨国公司行动守则（草案）》是联合国跨国公司委员会于 1982 年

制定的有关跨国公司活动的指导性文件，共6章71条。主要内容有：序言和目标、跨国公司的定义和适用、跨国公司的活动、跨国公司的待遇、政府间协调以及行为守则的实施等。其中，第20条就避免贿赂行为做了规定，该条主要内容有3项。一是跨国公司在其交易活动中应/须禁止向政府官员提出、允诺或给予任何款项、礼品或其他好处，以期促成或制止政府官员对这些交易的有关事宜履行其职责。二是跨国公司必须保存其为了交易的目的而向政府官员或其他中介人支付款项的完整记录。当其营业地所在国主管机关要求查阅有关支付款项的凭据，以便对收受款项事宜进行调查或起诉时，跨国公司必须提供付款记录。三是为实现本公约的目标，对避免贿赂行为的问题，应适用《关于非正当付款的国际协定》中所确立的原则。

守则第1条对跨国公司从两个角度进行了定义。第一个角度从法律形式和活动范围进行定义，即：本守则所使用的“跨国公司”一词，系指一种企业，构成这种企业的实体分布于两个或两个以上的国家，而不论其法律形式和活动范围如何。各个实体通过一个或数个决策中心，在一个决策系统的统辖之下开展经营活动，彼此有着共同的战略并执行一致的政策。由于所有权关系或其他因素，各个实体相互联系，其中一个或数个实体对其他实体的活动能施加相当大影响，甚至还能分享其他实体的知识、资源，并为它们分担责任。第二个角度从所有权性质即公营还是私营进行定义，即：本守则所使用的“跨国公司”一词，系指一种企业，它可以是公营企业，也可以是私营的或公私合营的企业。构成这种企业的实体分布于两个或两个以上的国家，不论其法律形式和活动范围如何。各个实体通过一个或数个决策中心，在一个决策系统的统辖之下开展经营活动，彼此有着共同的战略并执行一致的政策。由于所有权关系或其他因素，各个实体相互联系，其中的一个或数个实体，对其他实体的活动能施加相当大的影响，甚至还能分享其他实体的知识、资源，并为它们分担责任。

（二）《公职人员国际行为守则》

《公职人员国际行为守则》不具有强制约束力，只是指导性的文件，在法律地位上相当于示范法。但《公职人员国际行为守则》建议会员国将守则用作指导反腐败工作的工具。该守则共6章11条，前4章9条直接针对防治公职人员腐败，主要是商业贿赂行为，从明确公职人员职位的受托性质、避免职责与个人利益冲突、公布资产、接受礼品等馈赠几个方面进行了规范，具体内容如下。

第 1 章为总则，由第 1 条至第 3 条构成。第 1 条，根据国内法的定义，公职为信托的职位，意味着有责任从公共利益出发行事。因此，公职人员的最高忠诚应当是对通过政府的民主体制所体现的本国公共利益的忠诚。第 2 条，公职人员应保证根据法律或行政政策切实有效地履行其职责和职能，做到秉公办事。无论何时，公职人员都应努力保证由其所负责的公共资源得到最切实有效的管理。第 3 条，公职人员应全心全意、公正而无私地履行其职责，尤其是在处理与公众的关系方面。无论何时，公职人员都不应对任何集团或个人给予任何不应有的优先照顾，或对任何集团或个人加以不当歧视，或以其他方式滥用赋予他们的权力和威信。

第 2 章为利益冲突和回避，由第 4 条至第 7 条构成。第 4 条，公职人员不得利用职务之便不正当地为本人或其家庭成员谋取个人利益或经济利益。公职人员不得进行与其公务、职能和职责或履行这些职责不相符合的任何交易，取得任何职位或职能或在其中拥有任何经济、商业或其他类似的利益。第 5 条，公职人员应根据法律和行政政策，视本人职务的要求，公布可能会构成利益冲突的业务、商业和经济利益或为经济盈利而从事的活动，在可能产生或已觉察到公职人员的职责与个人利益间利益冲突的情况下，公职人员应遵守为减少或消除这类利益冲突而制定的措施。第 6 条，无论何时，公职人员都不得不正当地利用在履行公务过程中取得的或由于其公职而得到的公款、公共财产、服务或信息来从事与其公务无关的活动。第 7 条，公职人员应遵守法律或行政政策所制定的措施，以免卸职后不正当地利用其原先的公职。

第 3 章为公布资产，由第 8 条构成。第 8 条，公职人员应视本人的职务并根据法律和行政政策的许可或要求，按要求公布或披露，并在可能的情况下，公布或披露其配偶和/或其他受赡养者的私人资产和债务。

第 4 章为接受礼品或其他惠赠，由第 9 条构成。第 9 条，公职人员不得直接或间接地索取或接受任何可能影响其行使职责、履行职务或作出判断的礼品或其他惠赠。

第 5 章和第 6 章分别为机密资料和政治活动，分别由第 10 条和第 11 条构成。这两条不直接针对受贿和腐败，但可能有间接联系。第 10

条，公职人员对于拥有的带有机密性质的资料应保守机密，但因国家立法、履行职责或司法需要而严格规定不予保密者除外。这些限制也应适用于已卸职的公职人员。第 11 条，公职人员公务范围之外的政治活动或其他活动应根据法律和行政政策，不在任何方面影响到公众对其公正履行职能和职责的信任。

（三）《联合国反对国际商业交易中的贪污贿赂行为宣言》

作为指导性文件，《联合国反对国际商业交易中的贪污贿赂行为宣言》（以下简称《宣言》）并未形成完整的行为规范，但阐述了反对商业交易中一切形式的贿赂行为的原则，建议各国加强反商业贿赂立法，从刑事、行政、侦查程序、没收、企业治理、交流和培训等方面向各成员国提供了比较全面的反商业贿赂方案，并要求企业界酌情制定守则、标准和最佳惯例。

《宣言》谴责国际商业交易中包括贿赂在内的一切贪污作风，重申任何国家都有权按照本国法律和条例就这类贪污作风通过立法进行调查并采取适当的法律行动，并要求各国政府合作防止包括贿赂在内的贪污作风。《宣言》深信为所有国家的国际商业交易提供稳定透明的环境是跨国界调动投资金融技术技能和其他重要资源，以促进特别是经济及社会发展和环境保护的基本条件。《宣言》提出，必须促使从事国际商业交易的公私营公司包括跨国公司和个人负起社会责任并遵守适当的道德标准，特别是遵守在其境内经商的国家的法律和条例，并考虑到其活动对经济及社会发展和环境保护的影响。《宣言》要求各会员国自行并通过国际和区域组织，遵照本国自己的宪法和基本法律原则并按照本国法律和程序采取行动，具体内容主要有 12 条。

（1）采取有效的具体行动取缔国际商业交易中一切形式的贪污贿赂及有关违法作风，特别是致力于有效地执行禁止在国际商业交易中行贿的现行法律，鼓励没有这种法律的国家为此目的通过法律，并吁请在其管辖范围内从事国际商业交易的公私营公司包括跨国公司和个人促进本宣言的目标。

（2）切实采取协调一致的行动，将贿赂外国公职官员的这种行为治罪，但决不排除阻碍或推迟推动本宣言的执行的国际区域或国家行动。

（3）除其他外，贿赂可包括下列要素：①一个国家的任何公私营公司包括跨国公司和个人直接或间接向另一个国家的任何公职官员或民选代表提出允诺或给予任何款项、礼物或其他好处，作为该官员或代表在国际商业交易中履行或不履行其职责的不正当报酬；②一个国家的任何公职官员或民选代表直接或间接向另一个国家的任何公私营公司包括跨国公司和个人要求、索取、接受或收取任何款项、礼物或其他好处，作为该官员或代表在国际商业交易中履行或不履行其职责的不正当报酬。

（4）尚未这样做的国家应禁止一国的任何公私营公司或个人利用向另一个国家的任何公职官员或民选代表支付的贿金来减税，并为此目的研究它们各别采用的方法。

（5）制定或保持会计标准和惯例，提高国际商业交易的透明度，并鼓励从事国际商业交易的公私营公司包括跨国公司和个人防止和对抗贪污贿赂及有关违法作风。

（6）制定或鼓励酌情制定商业守则标准或最佳惯例，禁止国际商业交易中的贪污贿赂及有关违法作风。

（7）检查是否可能将公职官员或民选代表违法致富的行径定为犯法行为。

（8）在对国际商业交易中的贪污和贿赂行为进行刑事调查和采取其他法律程序方面进行合作并在受影响国家本国法律允许范围内或根据其双边条约或其他适用的安排相互提供尽可能最大的协助，并酌情顾及保密需要，相互协助应包括：

①编制文件和其他资料取证以及提供与刑事调查和其他法律程序有关的文件；

②将关于国际商业交易中的贿赂行为的刑事诉讼的提起和结果通知其他可能对同一犯法行为具有管辖权的国家；

③酌情适用引渡程序。

（9）采取适当行动加强合作，便利取得关于交易和在国际商业交易中行贿者身份的文件和记录。

（10）确保银行保密规定不阻碍或妨碍对国际商业交易中的贪污贿赂或有关违法作风进行的刑事调查或其他法律程序，并确保向寻求关于这类交易资料的各国政府提供充分合作。

（11）为促进本宣言而采取的行动应充分尊重各会员国的国家主权

和领土管辖权，以及各会员国在现行条约和国际法下应有的权利和义务，并应符合各项人权和基本自由。

（12）各会员国同意，它们为确立对贿赂外国公职官员行为的管辖权而采取的行动，应该符合国际法中关于一国法律在域外适用的原则。

（四）《关于国际合作打击国际商业往来中贪污贿赂行为的决议》

《关于国际合作打击国际商业往来中贪污贿赂行为的决议》系为防治在国际商业交易中他国的个人和企业向公职人员行贿而通过的。决议特别谴责跨国公司和其他公司及其中间人和其他有关人员违反所在国的法律和条例的一切腐败行径，认为这种腐败因助长公共部门的腐败而会破坏国家机关的廉洁，削弱社会和经济政策，从而减损其威信，决议提出打击贪污腐败一定要以真诚的国际合作努力为基础。该决议共7条，具体内容如下。

（1）商定所有国家应采取一切可能的措施，进一步执行《宣言》和《公职人员国际行为守则》。

（2）促请尚未实施有关国际宣言的会员国实施这些宣言，并酌情批准打击腐败的国际文书。

（3）促请各会员国以有效和协调的方式将在国际商业交易中向其他国家公职人员行贿的行为按刑事罪论处，并鼓励它们酌情开展方案和活动，阻止、防止和打击行贿受贿和贪污腐败，例如通过发展综合管理制度和在公私部门促进根据本国基本法律原则进行法律改革来减少机构障碍，鼓励公民在建立一个透明、负责的政府方面发挥更大的作用，支持非政府组织积极参与查明、规划和执行措施，以提高政府和商业交易的道德标准和行为，酌情向其他国家提供培训和技术援助，以制定和实施廉政特别是责任制和透明度标准、合法的商业和财务运作方式以及其他反腐败的措施。

（4）请秘书长邀请各会员国提交一份报告，介绍为执行《宣言》的条款包括按刑事罪论处、有效惩治、贿金扣税、会计标准和惯例、制定商业守则、非法致富、司法互助和银行保密规定等条款而采取的步骤，并说明本国打击腐败的战略和政策，由秘书长加以汇编，在预防犯罪和刑事司法委员会会议上分发和审议，以便审查为充分实施《宣言》而拟采取的进一步步骤。

（5）请各有关国际、区域和非政府组织向预防犯罪和刑事司法委员会提供关于打击贪污腐败和贿赂行为的国际努力的有关资料。

（6）请秘书长在有预算外资金的情况下，加强对反贪污腐败的技术援助，向要求咨询服务的会员国提供咨询服务，并促请会员国向秘书处提供这些技术援助所需的预算外资金。

（7）请预防犯罪和刑事司法委员会注意在国际商业交易中向其他国家的公职人员行贿的问题，并在其未来一届会议的议程上列入一个审查各国为执行《宣言》而采取的行动的项目。

（五）《联合国打击跨国有组织犯罪公约》

《联合国打击跨国有组织犯罪公约》是目前世界上第一个针对跨国有组织犯罪的全球性公约。它确立了通过促进国际合作，更加有效地预防和打击跨国有组织犯罪的宗旨，是各国打击参加有组织犯罪集团、洗钱、腐败和妨碍司法等犯罪活动的一个有力的工具和法律框架。公约于2000年11月15日经第55届联合国大会通过，2000年12月12日开放供各国签署，2003年9月29日生效。中国政府于2000年12月12日签署了该公约，2003年8月27日第十届全国人民代表大会常务委员会第四次会议批准该公约，并声明对该公约第35条第2款关于通过仲裁和国际法院解决争议条款做出保留。公约共41条，其中第8条腐败行为的刑事定罪和第9条反腐败措施直接与治理商业贿赂有关。

第8条共4款，明确行贿、受贿及其他参与者为犯罪行为。第1款规定，各缔约国均应采取必要的立法和其他措施，将下列故意行为规定为刑事犯罪：直接或间接向公职人员许诺、提议给予或给予该公职人员或其他人员或实体不应有的好处，以使该公职人员在执行任务时作为或不作为；公职人员为其本人或其他人员或实体直接或间接索取或接受不应有的好处，以作为其在执行公务时作为或不作为的条件。第2款规定，各缔约国均应考虑采取必要的立法和其他措施，以便将本条第1款所述涉及外国公职人员或国际公务员的行为规定为刑事犯罪。各缔约国同样也应考虑将其他形式的腐败行为规定为刑事犯罪。第3款规定，各缔约国还应该采取必要的措施，将作为共犯参与根据本条所确立的犯罪规定为刑事犯罪。第4款规定，本公约本条第1款和第9条中的“公职人员”，系指任职者任职地国法律所界定的且适用于该国刑法的公职人员或提供公共服务的人员。

值得注意的是，公约第8条对贿赂内容明确界定为“不应有的好处”（of an undue advantage），并不局限于“财物”或“财产性利益”的范围。从理论上说，能够成为公职人员“在执行公务时作为或不作为的条件”的“不应有的好处”，除了包括“财物”“财产性利益”，还包括能够满足人的某种需要和欲望的“非财产性利益”。

第9条共2款。第1款规定，除本公约第8条所列各措施外，各缔约国均应在适当时并在符合其法律制度的情况下，采取立法、行政或其他有效措施，以促进公职人员廉洁奉公，并预防、调查和惩治腐败行为。第2款规定，各缔约国均应采取措施，确保本国当局在预防、调查和惩治公职人员腐败行为方面采取有效行动，包括使该当局具备适当的独立性，以免其行动受到不适当的影响。

（六）《联合国反腐败公约》

《联合国反腐败公约》是联合国历史上第一部指导国际反腐败斗争的法律文件，为国际社会全面治理腐败提供了完整、全面的法律蓝本。2003年10月31日公约经第58届联合国大会审议通过，同年12月9—11日在墨西哥梅里达召开高级别政治签署会议后，供各国开放签署。2005年10月27日经第十届全国人大常委会第十八次会议通过，中国正式加入该公约。此公约共71条，除序言外分为8章，分别是总则、预防措施、定罪和执法、国际合作、资产的追回、技术援助和信息交流、实施机制以及最后条款。公约序言指出公约缔约国应关注腐败对社会稳定与安全所造成问题和构成威胁的严重性，它破坏民主体制和价值观、道德观和正义，并危害可持续发展合法制度，因此设定四项缔约国义务从事国际合作的反贪腐事项，包括贿赂、监守自盗、洗钱及相关活动；并规范各缔约国应加强各种预防措施，包括制定有效促进社会参与、体现法治、妥善管理公共事务和公共财产及廉政透明度和问责制原则等反腐败政策与有效做法并定期评估，以及与国际组织或区域性组织合作反腐败工作。从公约内容看，不仅在第12条使用了“私营部门的腐败”一词，第21条更是专门针对私营部门内的贿赂，几乎每条都直接或间接地与防治商业贿赂有关。其中，直接相关的部分重要条款如下。

第1章为总则，规定了公约的宗旨、术语使用、适用范围等。第1条明确指出本公约的宗旨有三项。一是促进和加强各项措施，以便更加高效而有力地预防和打击腐败。二是促进、便利和支持预防与打击腐败方面的国际合作和技术援助，包括资产追回方面。三是提倡廉正、问责制及对公共事务和公共财产的妥善管理。基于此，公约确立了反腐败的预防、刑事定罪与执法、国际司法合作与执法合作、资产追回与返还、履约监督等法律机制。

第 2 章为预防措施，由第 5 条至第 14 条构成。第 5 条对预防性反腐败政策和做法进行了规定，要求各缔约国均应当根据本国法律制度的基本原则，制定和执行或者坚持有效而协调的反腐败政策，应当努力制定和促进各种预防腐败的有效做法，促进社会参与，并体现法治、妥善管理公共事务和公共财产、廉正、透明度和问责制的原则。

第 6 条内容是关于预防性反腐败机构，要求各缔约国均应当根据本国法律制度的基本原则，确保设有一个或酌情设有多个机构预防腐败，并赋予有关机构必要的独立性，使其能够有效地履行职能和免受任何不正当的影响。

第 7 条内容是关于公共部门。该条要求各缔约国均应当根据本国法律制度的基本原则，酌情努力采用、维持和加强公务员和适当情况下其他非选举产生公职人员的招聘、雇用、留用、晋升和退休制度，努力采用、维持和加强促进透明度和防止利益冲突的制度。

第 8 条规定了公职人员行为守则。其主要内容是，在本国公职人员中特别提倡廉正、诚实和尽责，制定措施和建立制度以便公职人员在履行公务过程中发现腐败行为时向有关部门举报，就可能与其公职人员的职能发生利益冲突的职务外活动、任职、投资、资产以及贵重馈赠或者重大利益向有关机关申报，对违反守则或者标准的公职人员采取纪律措施或者其他措施。

第 9 条的内容是公共采购和公共财政管理。该条对公共采购的规定，要求各缔约国均应当根据本国法律制度的基本原则采取必要步骤，建立对预防腐败特别有效的，以透明度、竞争和按客观标准决定为基础的适当的采购制度。这类制度可以在适用时考虑到适当的最低限值，包括公开分发关于采购程序及合同的资料，采用客观和事先确定的标准作出公共采购决定，以便于随后核查各项规则或者程序是否得到正确适用，建立有效的国内复审制度和申诉制度。该条对公共财政管理的规定，要求各缔约国均应当根据本国法律制度的基本原则采取适当措施，促进公共财政管理的透明度和问责制。

第 12 条的内容是关于私营部门，有 4 项。第 1 项要求各缔约国均应当根据本国法律的基本原则采取措施，防止涉及私营部门的腐败，加强私营部门的会计和审计标准，并酌情对不遵守措施的行为规定有效、适度而且具有警戒性的民事、行政或者刑事处罚。第 2 项提出了为达到上述目的可以采取的措施。这些措施包括促进执法机构与有关私营实体之间的合作；促进制定各种旨在维护有关私营实体操守的标准和程序，其中既包括正确、诚实和妥善从事商业活动和所有相关职业活动并防止利益冲突的行为守则，也包括在企业之间以及企业与国家的合同关系中促进良好商业惯例而采用的行为守则；提高私营实体透明度，包括酌情采取措施鉴定参与公司的设立和管理的法人和自然人的身份；防止滥用对私营实体的管理程序，包括公共机关对商业活动给予补贴和颁发许可证的程序；在合理的期限内，对原公职人员的职业活动或者对公职人员辞职或者退休后在私营部门的任职进行适当的限制，以防止利益冲突，只要这种活动或者任职同这些公职人员任期内曾经担任或者监管的职能直接有关；确保私营企业根据其结构和规模实行有助于预防和发现腐败的充分内部审计控制，并确保这种私营企业的账目和必要的财务报表符合适当的审计和核证程序。第 3 项对账簿和记录进行了规定，要求各缔约国均应当根据本国关于账簿和记录保存、财务报表披露以及会计和审计标准的法律法规采取必要措施，禁止为实施根据本公约确立的任何犯罪而设立账外账户、进行账外交易或者账实不符的交易、虚列支出、登录负债账目时谎报用途、使用虚假单据以及故意在法律规定的期限前销毁账簿。第 4 项要求各缔约国均应当拒绝对贿赂构成的费用实行税款扣减，并在适用情况下拒绝对促成腐败行为所支付的其他费用实行税款扣减。

第 13 条的内容是关于社会参与，有 2 项。第 1 项是推动社会参与，要求各缔约国均应当根据本国法律的基本原则在其力所能及的范围内采取适当措施，推动公共部门以外的个人和团体，例如民间团体、非政府组织和社区组织等，积极参与预防和打击腐败，并提高公众对腐败的存在、根源、严重性及其所构成的威胁的认识。第 2 项是关于举报，要求各缔约国均应当采取适当的措施，确保公众知悉本公约提到的相关反腐败机构，并应当酌情提供途径，以便以包括匿名举报在内的方式向这些机构举报可能被视为构成根据本公约确立的犯罪的事件。

第 3 章为定罪和执法，由第 15 条至第 42 条构成。第 15 条内容是关于贿赂本国公职人员，要求各缔约国均应当采取必要的立法措施和其他措施，将下列故意实施的行为规定为犯罪：直接或间接向公职人员许诺给予、提议给予或者实际给予该公职人员本人或者其他人员或实体不正当好处，以使该公职人员在执行公务时作为或者不作为；公职人员为其本人或者其他人员或实体直接或间接索取或者收受不正当好处，以作为其在执行公务时作为或者不作为的条件。

第 16 条是关于贿赂外国公职人员或者国际公共组织官员，有 2 项。第 1 项关于行贿，要求各缔约国均应当采取必要的立法和其他措施，将下述故意实施的行为规定为犯罪：直接或间接向外国公职人员或者国际公共组织官员许诺给予、提议给予或者实际给予该公职人员本人或者其他人员或实体不正当好处，以使该公职人员或者该官员在执行公务时作为或者不作为，以便获得或者保留与进行国际商务有关的商业或者其他不正当好处。第 2 项关于受贿，要求各缔约国均应当考虑采取必要的立法和其他措施，将下述故意实施的行为规定为犯罪：外国公职人员或者国际公共组织官员直接或间接为其本人或者其他人员或实体索取或者收受不正当好处，以作为其在执行公务时作为或者不作为的条件。

第 18 条是关于影响力交易。该条要求各缔约国均应当考虑采取必要的立法和其他措施，将下列故意实施的行为规定为犯罪：直接或间接向公职人员或者其他任何人员许诺给予、提议给予或者实际给予任何不正当好处，以使其滥用本人的实际影响力或者被认为具有的影响力，为该行为的造意人或者其他任何人从缔约国的行政部门或者公共机关获得不正当好处；公职人员或者其他任何人员为其本人或者他人直接或间接索取或者收受任何不正当好处，以作为该公职人员或者其他人员滥用本人的实际影响力或者被认为具有的影响力，从缔约国的行政部门或者公共机关获得任何不正当好处的条件。

第 21 条是关于私营部门内的贿赂。该条要求各缔约国均应当考虑采取必要的立法和其他措施，将经济、金融或者商业活动过程中下列故意实施的行为规定为犯罪：直接或间接向以任何身份领导私营部门实体或者为该实体工作的任何人许诺给予、提议给予或者实际给予该人本人或者他人不正当好处，以使该人违背职责作为或者不作为；以任何身份领导私营部门实体或者为该实体工作的任何人为其本人或者他人直接或间接索取或者收受不正当好处，以作为其违背职责作为或者不作为的条件。

第 26 条是关于法人责任，具体包括 4 项。第 1 项要求各缔约国均应当采取符合其法律原则的必要措施，确定法人参与根据本公约确立的犯罪应当承担的责任。第 2 项规定在不违反缔约国法律原则的情况下，法人责任可以包括刑事责任、民事责任或者行政责任。第 3 项规定法人责任不应当影响实施这种犯罪的自然人的刑事责任。第 4 项要求各缔约国均应当特别确保使依照本条应当承担责任的法人受到有效、适度而且具有警戒性的刑事或者非刑事制裁，包括金钱制裁。

四 经济合作与发展组织

随着经济全球化的发展，国际商事交易中的商业贿赂开始成为经济合作与发展组织（OECD）关注的重要问题。OECD 理事会先后制定和颁布了多个反贿赂建议案和公约，包括《关于在国际商务交易活动中反行贿的建议》（1994 年）、《关于行贿外国公职人员贿资课税减扣的建议》（1994 年）、《关于双边援助采购反腐败计划的建议》（1996 年）、《关于在国际商务交易活动中反行贿的修订建议案》及附件《刑事立法及相关行动公认通则》（1997 年）、《国际商务交易活动反对行贿外国公职人员公约》（1997 年）、《国际投资与跨国企业宣言》（2000 年）和《跨国企业准则》（2000 年）。

上述文件中最重要、影响最广泛的是《国际商务交易活动反对行贿外国公职人员公约》。该公约虽然反映了 OECD 的内部需要，但美国的直接推动至关重要。1977 年美国颁布《反海外腐败法》，客观上使美国企业在世界市场因担心违反该法遭受惩处而丧失了大量竞争机会。从 20 世纪 80 年代起，为了推动全球的反商业贿赂行为，更为了使本国公司在世界市场获得公平竞争机会，美国致力于推动其贸易伙伴出台同样的反海外腐败法。1988 年美国正式开始同 OECD 协商，大力推动关于反商业贿赂国际公约的通过与签署。在美国的推动下，OECD 29 个成员和阿根廷、巴西、保加利亚、智利、斯洛伐克 5 个非成员于 1997 年 11 月 21 日通过了《国际商务交易活动反对行贿外国公职人员公约》及其附件。

（一）《国际商务交易活动反对行贿外国公职人员公约》

《国际商务交易活动反对行贿外国公职人员公约》是第一个专门治理行贿外国公职人员的国际公约，填补了国际经贸活动中行贿外国官员行为的国际立法空白。公约参照 OECD 理事会此前通过的有关文件，采纳了联合国、世界银行、国际货币基金组织、世界贸易组织、美洲国家组织、欧洲理事会和欧盟等组织的反行贿活动相关文件，为世界各国和国际组织制定反商业贿赂立法提供了样本，对于以后出台的一些国际反腐败公约影响深远。公约在反商业贿赂相关的国际合作公约中占有相当重要的地位，OECD 因此在国际反商业贿赂领域发挥重要作用。

《国际商务交易活动反对行贿外国公职人员公约》由前言、17 条正文和相关附件组成。前言部分阐述了公约制定的背景和宗旨，正文有 17 条。前言指出，行贿行为已是国际商业交易活动包括贸易与投资活动中，普遍存在的现象，引起了道德和政治方面的严重忧虑，破坏了良好的管理与经济的发展，扭曲了国际竞争条件。前言特别强调，所有国家在国际商业交易活动中都负有反行贿责任。附件包括《关于〈国际商务交易活动反对行贿外国公职人员公约〉的注释》《刑事立法及相关行动公认通则》等。正文中与治理商业贿赂直接相关的条款如下。

第 1 条规定了行贿外国公职人员罪，由 4 项构成。第 1 项为行贿罪，要求缔约方应当采取必要的措施设定，任何人，无论是直接还是通过中间方，故意地向外国公职人员或者为外国公职人员或第三方提议给予、承诺给予或事实上给予不当的金钱或其他利益，以期该外国公职人员在履行其职责中采取行动或不行动，进而在国际商业活动中获得或保留其业务或其他不当利益的行为，依法定为犯罪。第 2 项为共同参与行贿罪，要求缔约方应当采取必要的措施设定共同参与包括煽动、协助、唆使或授意他人行贿外国公职人员的行为是犯罪行为。企图行贿外国公职人员或共谋行贿外国公职人员与企图行贿本国公职人员或共谋行贿本国公职人员一样，同为犯罪。第 3 项定义犯罪名称，以上两项犯罪罪名为“行贿外国公职人员罪”。第 4 项对外国公职人员、履行公务的作为或不作为等进行定义。外国公职人员被定义为任何因委任或选任而在外国立法、行政或司法机构中任职的人，任何代表外国国家包括政府机构和国营企业行使公共职能的人，或国际公共组织的任何官员或代理人。履行公务的作为或不作为包括公职人员任何利用其职位的行为，而无论这种行为是否在其法定的权限内。

值得注意的是，OECD 公约特别强调在国际商务交易中打击行贿方，即从贿赂供给侧治理商业贿赂，但该公约没有简单地使用“主动行贿”[①] 这一术语，以免非专业读者误解，认为行贿行为是主动行为而受贿者仅仅是被动无辜的受害者。某些国家法律采用“主动腐败”或“主动行贿”术语，意指承诺给予或事实上给予贿赂的人所犯的罪行，与“消极受贿”形成对比，以区别接受贿赂的官员所犯的罪行。而实际上，多数情况下，受贿者已经先有意地诱导甚或强迫行贿者向其行贿，从这个角度来看，受贿者的腐败行为要比行贿者更具有主动性。《关于〈国际商务交易活动反对行贿外国公职人员公约〉的注释》第1条第4项规定，无论涉嫌的公司是不是最合格的投标公司，也就是说，即令不行贿本来也应当被授予相应的业务的公司，为了获得或保有业务或其他不当利益而行贿就是公约第1条所述意义范围内的犯罪行为。

第2条规定了法人的责任。该条要求缔约方均须依其法律准则采取必要的措施，确立法人行贿外国公职人员应承担的责任。

第3条规定了制裁。该条确定贿赂外国公职人员需要承担刑事、民事和行政责任，在责任承担上明确区分了自然人和法人的区别，具体内容由4项构成。第1项为量刑，要求对行贿外国公职人员的行为应当适当量刑，有效地予以刑事处罚，以示劝诫。惩罚的量刑应当与行贿缔约方本国公职人员行为的量刑相当，如果行贿者为自然人，则量刑中应包括剥夺其足够的自由权以便能够行之有效采用各缔约方公认的法律援助和引渡措施。第2项专门针对法人的责任。根据该项规定，如果在缔约方的法律制度中，刑事责任不适用于法人，则该缔约方应当确保对行贿外国公职人员的法人给予行之有效的、量刑适当的非刑事制裁，以示劝诫，包括经济方面的制裁。第3项为经济制裁，要求缔约方应当采取其认为必要的措施，规定行贿外国公职人员的贿金及行贿外国公职人员的非法所得或与该行贿非法所得价值相当的财产可以予以查封和没收充公或者规定可采用同等效力的经济制裁。第4项规定了行政制裁，要求缔约方对行贿外国公职人员的行贿除了给予上述条款中规定的刑事或经济制裁，还应当考虑给予民事或行政制裁。

---

① 欧盟理事会《腐败刑法公约》（*Criminal Law Convention on Corruption*）将贿赂区分为主动贿赂（Active Bribery）和被动贿赂（Passive Bribery）。主动贿赂被定义为直接或间接地有意承诺、提出或给予特定人任何不当利益，以便为自己或第三方换取利益。被动贿赂被定义为直接或间接地有意索取或接受特定人给予的不当利益。

该条所称外国公职官员（Foreign Public Official）包括：拥有立法、行政和司法权的外国官员，无论选举或任命；任何行使公共权力的外国人，包括公共代理人或公共企业；任何公共国际组织官员或代理人。国际商务交易包括贸易和投资。

第 8 条规定了会计制度，由 2 项构成。第 1 项对企业账簿和财务制度进行了规定，要求缔约方应当在其会计账簿管理、财务状况披露、会计审计标准等有关的法律法规框架范围内采取必要的措施禁止应当遵守这些法律法规的公司另设账外账户，进行账外或性质不明的交易活动，入账未发生的支出，入账去向不明的债务和使用虚假账簿，从事行贿外国公职人员或隐瞒行贿行为。第 2 项为关于违反前项的制裁，规定缔约方应当对公司在会计账簿、会计记录、会计账目和财务报表中的不作为行为和弄虚作假行为给予行之有效的量刑，经以适度的民事、行政或刑事惩罚，以示劝诫。

该条要求企业采用较高标准的审计和会计制度，以便于发现公司资金的不当使用，如行贿。这些要求包括：适当地保留公司现金收入和支出的记录以辨别支出和收据问题，明确应该予以禁止的支出事项；对会计遗漏、错误和欺诈给予适当制裁；国家和专业协会维持适当的标准，确保外部审计可以独立地对公司财务制度、会计报表和内部控制进行评估；要求审计人员将发现的可能存在的非法行贿线索向公司管理层及监事会报告；要求审计人员将发现的可能存在的非法行贿线索向公司主管当局报告。

上述有关会计标准、独立外部审计和公司内部控制等方面的要求，对提高国际商务反行贿活动的综合效率具有重要意义。此外，该条所指的会计犯罪一般都在公司的驻在地国境内发生，而行贿犯罪行为的本身可能在另一国家境内发生，这样该公约的适用范围就能做到行之有效，堵住了法律适用上的漏洞。

（二）《国际投资与跨国企业宣言》和《跨国企业准则》

OCED 于 1976 年制定了《国际投资与跨国企业宣言》，OECD 理事会通过了各项相关的决议。其中，《跨国企业准则》对跨国企业责任及商业行为提出了原则及标准。OECD 对该宣言及相关决议分别于 1979 年、1982 年、1984 年、1991 年和 2000 年进行修改。2000 年修订时 OCED 通过了《国际投资与跨国企业宣言》（2000 年），宣言的附件之一是《跨国企业准则》。准则是一种自愿适用的建议性文件，不具有强制的法律效力，但有较强的示范和宣示效应，有利于跨国企业自觉约束其经营行为。准则由前言、概念与原则、一般政策、信息公布、劳资关系、环境、打击行贿、消费者利益、科学技术、竞争、税收等构成。其中，第 6 章打击行贿直接与治理商业贿赂有关。该章要求企业不应直接或间接地提出、许诺、给予或索要贿赂或其他不正当利益，以获得或保留商业或其他非正当优势，也不应要求或期望企业提供贿赂或其他不正当利益。具体规定包括以下 6 项。

（1）既不提出向公务人员或合作企业雇员提供占合同支付任何比例的报酬，也不接受这样的要求。不应以分包合同、采购订单或咨询协议为手段向公务人员、合作企业的雇员及其亲属或商业性协作单位提供报酬。

（2）确保代理商的报酬合理并只为合法服务支付报酬。若有必要应编制一个为了与公共机构或国营企业交易而聘请的代理商的名单，并向主管部门提供该名单。

（3）提高打击行贿与索贿活动的透明度。其中的措施可能包括公开打击行贿与索贿的承诺，并公布公司为履行承诺而制定的管理制度。企业还应提高公开性并与公众对话，以此提高和促进公众对打击行贿与索贿的认识与合作。

（4）通过适当地宣传公司政策，并执行培训计划或纪律程序，促进雇员了解并遵守公司政策。

（5）采用抑制行贿或腐败行为的管理控制制度，并采用可以防止建立“账外账”、秘密账户或建立不能适当和公平地记录有关交易的档案的财务与税收账目及审计制度。

（6）不向公职候选人、政党或其他政治组织非法捐款。捐款应完全符合向公众公开的要求并向上一级管理部门报告。

参考文献

［英］F. A. 冯·哈耶克：《个人主义与经济秩序》，邓正来译，生活·读书·新知三联书店 2003 年版。

［美］埃兹拉·沃格尔：《日本的成功与美国的复兴》，韩铁英等译，生活·读书·新知三联书店 1985 年版。

陈群伟：《我国环境检查网格化管理的实践和思考》，《环境保护》2014 年第 24 期。

程宝库：《从商业贿赂手段的本质看其表现形式》，《工商行政管理》2006 年第 2 期。

程宝库：《商业贿赂——全球治理的立法与实践》，法律出版社 2006 年版。

邓兰燕：《基于城乡一体化的我国农村土地市场发展创新研究》，《特区经济》2011 年第 5 期。

邓楠主编：《可持续发展：经济与环境》（上、下册），同济大学出版社 2005 年版。

邓启惠：《对商业贿赂行为的探析》，《山东经济》1996 年第 2 期。

东艳、张琳：《美国区域贸易投资协定框架下的竞争中立原则分析》，《当代亚太》2014 年第 6 期。

范华：《企业生命周期及其土地弹性出让年期研究》，《上海国土资源》2014 年第 2 期。

傅江景：《集体腐败的博弈分析》，《经济研究》2000 年第 12 期。

高圣平、刘守英：《集体建设用地进入市场：现实与法律困境》，《管理世界》2013 年第 3 期。

高世楫、李佐军、陈健鹏：《从“多管”走向“严管”——简政放权背景下环境监管政策建议》，《环境保护》2013 年第 17 期。

高艳梅、刘小玲、张效军：《农村集体建设用地市场化流转的制度解析》，《农村经济》2014 年第 10 期。

工业和信息化部：《关于继续开展新能源汽车推广应用工作的通知》，http：//www. miit. gov. cn/n11293472/n11293832/n12843926/n13917042/15629217. html。

过勇、胡鞍钢：《行政垄断、寻租与腐败——转型经济的腐败机理分析》，《经济社会体制比较》2003 年第 2 期。

何格、王燕：《集体建设用地流转应注意的几个问题》，《国土经济》2014 年第 3 期。

何梦笔：《建立和维持一个竞争秩序》，《读书》2013 年第 3 期。

何顺果：《关于国内市场形成问题》，《历史研究》1986 年第 6 期。

何增科：《依靠制度建设遏制商业贿赂》，《经济社会体制比较》2008 年第 1 期。

[西] 赫苏斯·韦尔塔·德索托：《奥地利学派：市场秩序与企业家创造性》，朱海就译，浙江大学出版社 2010 年版。

洪银兴：《关于市场决定资源配置和更好发挥政府作用的理论说明》，《经济理论与经济管理》2014 年第 10 期。

洪银兴：《论市场对资源配置起决定性作用后的政府作用》，载《深化经济体制改革　推动市场配置资源作用》，《经济研究》2014 年第 1 期。

黄静波：《WTO 贸易政策规范及其扩展与中国贸易政策》，《中山大学学报》（社会科学版）2000 年第 3 期。

江飞涛：《中国钢铁工业产能过剩问题研究》，博士学位论文，中南大学，2008 年。

江飞涛、曹建海：《市场失灵还是体制扭曲——重复建设形成机理研究中的争论、缺陷与新进展》，《中国工业经济》2009 年第 1 期。

江飞涛、陈伟刚等：《投资规制政策的缺陷与不良效应——基于中国钢铁工业的考察》，《中国工业经济》2007 年第 6 期。

江飞涛、李晓萍：《直接干预市场与限制竞争：中国产业政策的取向与根本缺陷》，《中国工业经济》2010 年第 9 期。

江小涓：《经济转轨时期的产业政策：对中国经验的实证分析与前景展望》，上海人民出版社 1996 年版。

江小涓：《体制转轨时期的增长、绩效与产业组织的变化：对中国若干行业的实证研究》，上海人民出版社、上海三联书店 1999 年版。
焦国华、江飞涛、陈舸：《中国钢铁企业的相对效率与规模效率》，《中国工业经济》2007 年第 10 期。
［日］今井贤一：《综合评论之二》，载［日］小宫隆太郎等编《日本的产业政策》，黄晓勇等译，国际文化出版公司 1988 年版。
靳晓磊：《289 个乡镇和园区成立环保所》，《石家庄日报》2015 年 6 月 11 日。
李昌麒：《经济法学》，中国政法大学出版社 1999 年版。
李创、宋文婷：《美日欧环境管制政策的特点分析》，《资源开发与市场》2015 年第 6 期。
李恒炜、杨佩刚：《矿产资源有偿使用的国际经验借鉴和税费改革趋势》，《改革》2013 年第 7 期。
李怀：《公共权力腐败行为的经济学分析及其政策导向》，《经济研究》1996 年第 9 期。
李景国：《城市化背景下的农村建设用地流转与新农村建设》，《农村经济与科技》2010 年第 8 期。
李平、简泽、江飞涛：《进入退出、竞争与中国工业部门的生产率——开放竞争作为一个效率增进过程》，工作论文，2012 年。
李平、江飞涛、王宏伟：《重点产业调整振兴规划与政策取向探讨》，《宏观经济研究》2010 年第 10 期。
李文青、刘海滨等：《网格化环境管理特征分析及实施建议》，《中国环境管理》2005 年第 1 期。
李轶楠、房广顺：《社会主义市场经济体制下新型政商关系的构建》，《人民论坛》2015 年第 2 期。
联合国：《联合国反对国际商业交易中的贪污贿赂行为宣言》，http://www.un.org/chinese/documents/decl - con/docs/a - res - 51 - 191.pdf，1997 年。
联合国：《联合国反腐败公约》，http://www.un.org/zh/events/anticorruptionday/convention.shtml，2003 年。
梁本凡：《中国环境税制问题及其改革方向》，载中国社会科学院编《首届中国经济论坛论文集》，2005 年。
林泉贞、张琪：《关于推进矿产资源有偿使用制度改革的思考》，《中国矿业》2014 年第 1 期。

刘少杰：《网格化时代的社会治理创新》，《中共中央党校学报》2015 年第 3 期。

刘世锦：《市场开放、竞争与产业进步——中国汽车产业 30 年发展中的争论和重要经验》，《管理世界》2008 年第 12 期。

刘小玲：《建立我国城乡一体的土地市场体系探索》，《南方经济》2015 年第 8 期。

刘愿：《打破土地市场政府垄断及双轨制　建设城乡统一的建设用地市场》，《农村经济与科技》2011 年第 7 期。

刘志彪：《建设统一市场呼唤产业政策率先转型》，《光明日报》2014 年 3 月 15 日第 5 版。

刘志彪：《建设统一市场是中国经济开放的第二季》，《学习与探索》2013 年第 12 期。

楼立明、张安强、廖永杰：《关于宁波市工业用地供应和开发利用情况的调研》，《浙江国土资源》2013 年第 4 期。

鲁春阳、文枫、杨庆媛：《“地票”收益如何分配》，《中国土地》2011 年第 7 期。

［美］罗纳德·I. 麦金农：《经济市场化的次序——向市场经济过渡时期的金融控制》，周庭煜等译，上海三联书店、上海人民出版社 1999 年版。

［英］罗纳德·哈里·科斯、王宁：《变革中国——市场经济的中国之路》，徐尧、李哲民译，中信出版社 2013 年版。

马兆瑞、穆伯祥：《商业贿赂治理研究》，知识产权出版社 2007 年版。

［美］曼瑟·奥尔森：《权力与繁荣》，苏长和译，上海人民出版社 2005 年版。

［日］南亮进：《日本的经济发展》，毕志恒、关权译，经济管理出版社 1992 年版。

倪星、王立京：《中国腐败现状的测量与腐败后果的估算》，《江汉论坛》2003 年第 19 期。

潘复生：《建议加快推进环境影响评价制度改革》，中国民族广播网，2015 年 3 月 5 日。

潘岳：《战略环评与可持续发展》，《中国环境报》2005 年 8 月 30 日。

漆多俊：《经济法学》，武汉大学出版社 2000 年版。
齐晔：《环境保护从监管到治理的转变》，《环境保护》2014 年第 13 期。
青木昌彦、凯文·穆尔多克、奥野正宽：《东亚经济发展中政府作用的新诠释：市场增进论》，载［日］青木昌彦等主编《政府在东亚经济发展中的作用：比较制度分析》，中国经济出版社 1998 年版。
曲振涛、周方召：《商业贿赂的经济分析》，《商业研究》2006 年第 21 期。
［日］三轮芳郎：《日本产业政策论的误解》，东京经济新报社 2002 年版。
沙希德·尤素福：《新千年的东亚奇迹》，载［美］约瑟夫·E. 斯蒂格利茨、沙希德·尤素福编《东亚奇迹的反思》，王玉清、朱文晖等译，中国人民大学出版社 2003 年版。
申恩威：《反商业贿赂：理论分析与对策研究》，社会科学文献出版社 2009 年版。
盛宇明：《腐败的经济学分析》，《经济研究》2000 年第 5 期。
施文泼、贾康：《中国矿产资源税费制度的整体配套改革：国际比较视野》，《改革》2011 年第 1 期。
松山公纪：《经济发展：协调问题》，载［日］青木昌彦等主编《政府在东亚经济发展中的作用：比较制度分析》，中国经济出版社 1998 年版。
［瑞典］托马斯·思德纳：《环境与自然资源管理的政策工具》，张蔚文、黄祖辉译，上海三联书店、上海人民出版社 2005 年版。
万安培：《租金规模变动的再考察》，《经济研究》1998 年第 7 期。
万国鼎：《中国田制史》，商务印书馆 2011 年版。
汪劲、王社坤、严厚福：《环保法治三十年：我们成功了吗？——中国环保法治蓝皮书（1979—2010）》，北京大学出版社 2011 年版。
汪小勇、万玉秋、姜文等：《美国跨界大气环境监管经验对中国的借鉴》，《中国人口·资源与环境》2012 年第 3 期。
王焯：《反商业贿赂的经济分析》，《商业研究》2007 年第 12 期。
王大伟、黄跃：《集体建设用地流转的困境》，《中国投资》2013 年第 8 期。

王俊杰：《高效利用开发园区工业用地———北京经济技术开发区工业用地管理实践探索》，《中国地产市场》2014 年第 4 期。

王廷惠：《竞争与垄断：过程竞争理论视角的分析》，经济科学出版社 2007 年版。

王廷惠：《微观规制理论研究——基于对正统理论的批判和将市场作为一个过程的理解》，中国社会科学出版社 2005 年版。

王燕东、吕宾、秦静：《土地税费政策参与宏观调控的实践研究》，《中国国土资源经济》2014 年第 10 期。

王忠、周昱岑：《资源产权、政府竞争与矿业权规制策略》，《中国行政管理》2015 年第 10 期。

吴敬琏：《产业振兴规划重在策动市场力量》，《改革》2009 年第 2 期。

吴敬琏：《中国腐败的治理》，《战略与管理》2003 年第 2 期。

吴一平：《经济转轨、集体腐败与政治改革——基于中国转轨经验的经济学分析》，《当代经济科学》2005 年第 3 期。

夏光、张胜波：《权力市场下的腐败机制和治理研究》，《中国工业经济》2005 年第 8 期。

夏业良：《反腐败经济学：成本和收益的经济学分析》，《上海经济研究》2000 年第 6 期。

［日］小宫隆太郎等编：《日本的产业政策》，黄晓勇等译，国际文化出版公司 1988 年版。

［日］新野幸次郎：《产业政策的经济学评价》，《国民经济杂志》1988 年第 9 期。

许宝健：《城市化进程中的农地转用问题研究》，中国农业出版社 2012 年版。

许超诣、刘云中：《从城市工业用地“低价”出让的动机和收益看土地出让结构调整的方向》，《发展研究》2014 年第 1 期。

许坚：《集体建设用地直接入市应慎重》，《中国国土资源经济》2014 年第 3 期。

许建明：《制度性腐败的机制：兼评有关腐败成因研究文献》，中国留美经济学会年会入选论文，上海，2006 年，http：//www. tecn. cn/download/6630_1_paper. pdf。

许伟：《商业贿赂治理研究：基于企业内部控制系统的微观视角》，《西部财会》2007 年第 1 期。

杨灿明、赵福军：《行政腐败的宏观经济学分析》，《经济研究》2004 年第 9 期。

杨晓维：《渎职的经济分析》，《经济研究》1994 年第 1 期。

［日］一柳良雄、细谷佑二：《市场和政府的互补关系——市场机能扩张性政策的必要性》，载［日］青木昌彦等编著《市场的作用　国家的作用》，林家彬等译，中国发展出版社 2002 年版。

［日］伊藤元重：《修正市场失灵的产业政策》，载［日］小宫隆太郎等主编《日本的产业政策》，东京大学出版社 1984 年版。

［美］约瑟夫·熊彼特：《资本主义、社会主义与民主》，吴良健译，商务印书馆 1999 年版。

岳晓武、雷爱先：《农民集体所有建设用地使用权流转若干问题》，《中国土地》2015 年第 12 期。

岳永兵、刘向敏：《新型城镇化背景下宅基地管理制度创新思路》，《国土资源科技管理》2013 年第 6 期。

张合林：《中国城乡统一土地市场理论与制度创新研究》，经济科学出版社 2008 年版。

张洁：《河北 2014 年起全面实施网格化环境监管》，《燕赵都市报》2013 年 11 月 21 日。

张亮、刘义成：《新时期我国产业政策与竞争政策协调运用的思考》，《发展研究》2015 年第 12 期。

张林学、付亚秋：《反腐败与发展市场经济》，《吉林师范学院院报》1996 年第 11 期。

张鹏飞、徐朝阳：《干预抑或不干预？——围绕政府产业政策有效性的争论》，《经济社会体制比较》2007 年第 4 期。

张其仔、郭朝先、孙天法：《中国工业污染防治的制度性缺陷及其纠正》，《中国工业经济》2006 年第 8 期。

张琦：《商业贿赂影响我国金融资源配置效率的实证研究》，《贵州社会科学》2015 年第 8 期。

张维宸：《我国矿业权市场与矿业权调控的关系》，《国土资源科技管理》2014 年第 2 期。

张兴林、吴玉萍：《甘肃“6+1”模式强化环境监管》，《中国环境报》

2014 年 7 月 7 日。

张宇燕：《键盘上的经济学》，生活·读书·新知三联书店 2010 年版。

郑敬高、冯森：《“中国模式”下的地方政府行为——地方保护的产生和应对》，《学术界》2015 年第 6 期。

郑利平：《腐败成因的经济理性与预期效用的论析》，《中国社会科学》2001 年第 1 期。

郑利霞：《区域建立网格化环境管理模式的思考》，《环境与发展》2014 年第 4 期。

郑也夫：《腐败的正负功能》，《读书》1993 年第 5 期。

［日］植草益等：《日本的产业组织：理论与实证的前沿》，锁箭译，经济管理出版社 2000 年版。

中国社会科学院环境与发展研究中心编：《中国环境与发展评论》（第二卷），社会科学文献出版社 2004 年版。

种明钊：《竞争法》，法律出版社 1999 年版。

周生贤：《改革生态环境保护管理体制（学习贯彻十八届三中全会精神）》，人民网，2015 年 2 月 7 日。

周适：《环境监管的他国镜鉴与对策选择》，《改革》2015 年第 4 期。

周伟贤：《寻租与腐败的经济学分析》，《特区经济》2006 年第 41 期。

邹薇：《商业贿赂的经济学分析与制度透视》，《学习与实践》2007 年第 7 期。

Ades, Alberto and Di Tella, Rafael, “Rents, Competition, and Corruption”, *American Economic Review*, 1999, 89 (4): 982 - 993.

Bac, Mehmet and Bag, Parimal Kanti, “Beneficial Collusion in Corruption Control: The Case of Nonmonetary Penalties”, Department of Economics Discussion Papers 0205, Department of Economics, University of Surrey, 2005.

Bardhan, Pranab, “Corruption and Development: A Review of Issues”, *Journal of Economic Literature*, 1997, 35 (3): 1320 - 1346.

Basu, Kaushik, “Industrial Organization Theory and Development Economics”, in Mookherjee, Dilip ed., *Indian Industry: Policies and Performance*, Oxford University Press, 1995.

Baumol, William J., “Entrepreneurship: Productive, Unproductive, and Destructive", *Journal of Political Economy*, 1990, 98: 893 -921.

Beck, Paul J. and Maher, Michael W., "Competition, Regulation and Bribery", *Managerial and Decision Economics*, 1989, 10: 1 -12.

Beck, Paul J. and Maher, Michael W., "A Comparison of Bribery and Bidding in Thin Markets", *Economic Letters*, 1986, 20 (1): 1 -5.

Becker, Gary and Stigler, George G., "Law Enforcement, Malfeasance and the Compensation of Enforcers", *Journal of Legal Studies*, 1974, 3 (1): 1 -19.

Becker, Gary S., "Crime and Punishment: An Economic Approach", *Journal of Political Economy*, 1968, 76: 169 -217.

Begovic, B., "Corruption: Concepts, Types, Causes, and Consequences", Center for International Private Enterprise, 2005.

Blecker, Robert A. and Esquivel, Gerardo, "NAFTA, Trade, and Development", Center for U. S. - Mexican Studies, The Mexico Institute of the Woodrow Wilson Center, El Colegio de la Frontera Norte, and El olegio de México, USMEXWP 10 -03, 2010.

Bliss, Christopher and Di Tella, Rafael, "Does Competition Kill Corruption?", *Journal of Political Economy*, 1997, 105 (5): 1001 -1023.

Caliendo, L. and Parro, F., "Estimates of the Trade and Welfare Effects of NAFTA", NBER Working Paper, November 2012, Revised December 2014.

Carrillo, J. D., "Grafts, Bribes and the Practice of Corruption", *Journal of Economics & Management Strategy*, 2000, 9 (3).

Chetwynd, Eric, Chetwynd, Frances and Spector Bertram, *Corruption and Poverty: A Review of Recent Literature*, Management Systems International Final Report, 2003.

Congressional Budget Office of the United States, *The Effects of NAFTA on U. S. -Mexican Trade and GDP*, May 2003.

De Hoyos, Rafael E. and Iacovone, Leonardo, *Economic Performance under NAFTA*, The World Bank Development Research Group, May 2011.

Eiras, Ana Isabel, "Ethics, Corruption, and Economic Freedom", Heritage Lectures, December 9, 2003.

European Bank for Reconstruction and Development (EBRD), *Transition Report* 2005, London: EBRD, 2005.

Ferrell, O. C., Fraedrich, J. and Ferrell, L., *Business Ethics: Ethical Decision Making and Cases*, Houghton Mifflin Company, 2002.

Fisman, Raymond and Miguel Edward, "Culture of Corruption: Evidence from Diplomatic Parking Tickets", NBER Working Paper Series, 2006.

Garner, Bryan A., *Black's Law Dictionary*, West Group, 2004.

Gordon, Kathryn and Miyake Maiko, "Business Approaches to Combating Bribery: A Study of Codes of Conduct", Working Papers on International Investment, No. 2000/1, 2000.

Hanson, G., "Nort h American Economic Integration and Industry Location", *Oxford Review of Economic Policy*, 1998, 6.

Huntington, Samuel P., *Political Order in Changing Societies*, New Haven: Yale University Press, 1968.

Husted, B., "Wealth, Culture, and Corruption", *Journal of International Business Studies*, 1999, 30 (2): 339 - 359.

Kaufmann, Daniel and Wei, Shang - Jin, "Does 'Grease Money' Speed up the Wheels of Commerce?", NBER Working Papers 7093, 1999.

Kiltgaard, Robert, "International Cooperation against Corruption", *Finance and Development*, March 1998.

Klitgaard, Robert E., *Controlling Corruption*, University of California Press, 1988.

Krueger, Anne O., "The Political Economy of the Rent - Seeking Society", *American Economic Review*, 1974, 64: 291 - 303.

Law Commission, "Reforming Bribery", Consultation Paper No. 185, http: //www. lawcom. gov. uk/bribery. htm, 2010.

Lederman, Daniel, William, F. Maloney and Servén, Luis, *Lessons from NAFTA for Latin America and the Caribbean*, The World Bank, 2005.

Leff, N. H., "Economic Development through Bureaucratic Corruption", *American Behavioral Scientist*, 1964, 8 (3): 8 - 14.

Lui, Francis T., "An Equilibrium Queuing Model of Bribery", *Journal of Political Economy*, 1985, 93: 760 - 781.

Lui, Francis T., "Three Aspects of Corruption", *Contemporary Economic Policy*, *1996*, *14* (*3*): *26 – 29.*

Mauro, Paolo, "Corruption and Growth", *Quarterly Journal of Economics*, 1995, 110 (3): 681 – 712.

Meon, Pierre – Guillaume and Sekkat, Khalid, "Does Corruption Grease or Sand the Wheels of Growth?", *Public Choice*, 2005, 122: 69 – 97.

Moore Jr., Edwin C., "Causes of Demand for International Bribery", *Electronic Journal of Business Ethics and Organization Studies*, 2007, 12 (2).

Murphy, Kevin M., Shleifer, Andrei and Vishny, Robert W., "The Allocation of Talent: Implication for Growth", *Quarterly Journal of Economics*, 1991, 106 (2): 503 – 530.

Napal, Geetanee, "An Assessment of the Ethical Dimensions of Corruption", *Electronic Journal of Business Ethics and Organization Studies*, 2006, 11 (1).

OECD, "OECD Guidelines for Multinational Enterprises – Recommendations for Responsible Business Conduct in a Global Context", http://www.oecd.org/dataoecd/43/29/48004323.pdf, 2011.

Oi, Jean C. "The Role of the Local State in China's Transitional Economy", *The China Quarterly*, 1995 (144): 1097.

Olsen, T. and Torsvik, G., "Collusion and Renegotiation in Hierarchies: A Case of Beneficial Corruption", *International Economic Review*, 1998, 39 (2): 413 – 438.

Philips, Michael, "Bribery", *Ethics*, 1984, 94 (4): 621 – 636.

Reidenbach, R. E., Robin, D. P. and Dawson, L., "An Application and Extension of a Multidimensional Ethics Scale to Selected Marketing Practices and Marketing Groups", *Journal of the Academy Science*, 1991, 19 (2): 83 – 92.

Rose – Ackerman, Susan, *Corruption: A Study in Political Economy*, New York: Academic Press, 1978.

Rose – Ackerman, Susa. n, "The Economics of Corruption", *Journal of Public Economics*, 1975, 4: 187 – 203.

Rubin, Robert E., "Corruption (Chapter 8)", in Address to the Development Committee of the IBRD and IMF, September, 1996.

Scott, Robert E., Salas, Carlos, Campbell, Bruce and Faux, Jeff, "Revisiting NAFTA: Still Not Working for North America's Workers", Economic Policy Institute, Briefing Paper #173.

Shleifer, Andrei and Vishny, Robert W., "Corruption", *The Quarterly Journal of Economics*, 1993, 108 (3): 599 - 617.

Stigler, George J., "A Theory of Oligopoly", *Journal of Political Economy*, 1964, LXXII: 44 - 61.

Sung, H., "Between Demand and Supply: Bribery in International Trade", *Crime, Law, and Social Change*, 2005, 44 (1): 111 - 131.

Tanzi, Vito, "Corruption around the World: Causes, Consequences, Scope and Cures", International Monetary Fund Staff Papers 45, December 1998.

Tietenberg, T., "Disclosure Strategies for Pollution Control", *Environmental and Resource Economics*, 1998 (11).

Transparency International, "A Word from the Business Principles Steering Committiee", in *Business Principles for Countering Bribery*, 2005.

Treisman, Daniel, "The Causes of Corruption: A Cross - National Study", *Journal of Public Economics*, 2000, 76: 399 - 457.

U. S. Department of Justice, Summaries of Foreign Corrupt Practices Act Enforcement Actions by the United States, January 1, 1998 - September 30, 2010.

Vito, T. and Davoodi, H., "Corruption, Public Investment, and Growth", IMF Working Paper, Washington: International Monetary Fund, 1997.

Wolfensohn, James, *Dealing with Bribery and Corruption: A Management Primer*, Shell International Limited (SI), 2003.

后　　记

本书系笔者主持的国家自然科学基金应急管理项目“建设国内统一市场的重点领域、体制障碍与政府治理研究”（项目批准号：71441032）的最终成果。

中国经济体制改革的目标是建立社会主义市场经济体制，使市场在资源配置中发挥优先性、基础性和决定性作用。但是，目前我国还没有形成统一开放、竞争有序的市场体系，经济政策中还存在妨碍全国统一市场和公平竞争的规定和做法，市场条条分割和块块分割、垄断行业过度垄断和封闭运行、地区间在环境监管等领域的逐底竞争等问题依然突出，不少关键和重要稀缺资源配置效率亟待提高。本书围绕当前统一市场建设的紧迫需要，分析了国内外统一市场建设的经验教训和近期进展与问题，重点研究了垄断行业、产业政策、环境监管、土地和矿产、商业贿赂治理等关键领域的全国统一市场建设，从创新市场内在制度、促进有效竞争和完善市场竞争的约束条件等方面对推进全国统一市场建设提出了对策建议。

各章写作分工如下：总论、第三章，刘戒骄；第一章，江飞涛；第二章，郭朝先、杨晓琰；第四章，赵栩；第五章，王德华、刘戒骄；第六章，马祥佑、刘欧、王德华、刘戒骄；第七章第一节至第四节，徐孝新。陈晓东、薛晓光也参加了资料采集、调研和研究。北京理工大学人文与社会科学学院经济系昂歌尔协助翻译了部分英文文献。

本书能够在较短时间内完成，除了得益于工经所科研处、资料室提供的良好条件和课题组全体成员的努力，还要特别感谢黄群慧所长、史丹书记、张其仔所长助理的指导和督促。在课题申请和研究中，科研处王楠给予很多帮助。从学术角度看，统一市场建设是一个跨学科的综合性问题，从概念、理论、政策到建设方式都存在不同见解。限于我们的水平和对实际情况的了解，本书难免有所偏颇和错漏。课题组期盼读者的批评、指正，以便以后的研究中进一步完善提高。

刘戒骄

2020 年 7 月